菊

菊 * きく

일러두기

· 이 책은 동북아시아의 중심국가인 한국·중국·일본이 공유하고 있는 사물(事物)·사항(事項) 중 상징성이 높은 국화를 비롯한 사군자(四君子), 십이지(十二支) 등을 종교, 사상, 미술, 공예, 민속, 생활 등 다각도로 조명했다.

· 원고 내용은 집필자의 견해에 따르되, 문장은 누구나 쉽게 읽을 수 있도록 했으며, 관련 도판은 상징적이고 의미가 깊은 자료를 가능한 많이 넣어 이해를 돕도록 했다.

· 한글 전용을 원칙으로 하되, 어려운 어구(語句)나 특수용어 등은 괄호 안에 한자 또는 원어를 병기했다.

· 맞춤법, 띄어쓰기, 외래어 표기원칙 등은 교육인적자원부가 제정·발행한 〈한글맞춤법〉이나 〈편수자료〉를 따랐다. 예를 들어 보조동사(도움움직씨), 즉 보조용언(도움풀이씨)은 띄었고, 나타내는 용어가 한마디로 굳어진 관용어는 붙여 썼다.

· 연대는 서력기원으로 표시하고, 필요한 경우 괄호 안에 왕조년을 부기했으며, 본문 서술 중 중요한 경우 왕조년을 먼저 밝히기도 했다.

· 《 》는 서적·신문·잡지·작품 등의 제명(題名)을, 〈 〉는 논문명, 서지·문헌 등의 장(章)이나 편(篇)을 표시했다. 「 」은 인용문·가사를 표시했다.

· 도량형 단위는 미터법을 따르되 한글로 표시함을 원칙으로 삼았다.

· 일본의 도시명이나 인명은 현지음으로 표기했는데, 전체적으로 통일되어 있지 않다. 이는 집필자의 원고에 따른다는 원칙도 있었으나 표기가 통일되어 있지 않아도 내용을 이해하는 데 큰 불편이 없기 때문이다.

· 중국어 인명(人名)은 신해혁명(1911)을 기점으로 그 이전은 우리 한자 독음으로, 그 이후는 중국어음으로 표기했다.

· 내용의 교열·교정에 기준으로 삼은 사전은 《금성판 국어대사전》(금성출판사 간, 1999)이며, 외래어 표기법은 《표준 국어 대사전에 따른 외래어표기법》(초록배매직스 간, 2000)을 참고로 했다.

국화

菊 ● きく

【 이어령 책임편찬 】

종이나라

한·중·일 문화코드읽기를 펴내며

세계화와 함께 지역화가 이루어지고 있다. 국경은 소멸되어 가고 있지만 문화를 단위로 한 지역 간의 울타리는 날로 선명해지고 있다. 정치 경제의 이념으로 양극화되었던 세계는 이제 문명·문화를 토대로 한 다원적인 세계 구도로 변화해 가고 있다. 이미 우리는 초국가 형태의 유럽연합의 탄생을 통해서 문화의 공유와 그 정체성이 정치·경제를 이끌어 가는 새로운 파워로 등장하고 있음을 본다.

그래서 지금 문화·문명은 충돌하는 것인지 혹은 공존·융합하는 것인지 하는 문제가 세계의 화두로 제기되고 있다. 하지만 우리는 그러한 물음 이전에 우리가 서 있는 문화의 기반이 무엇이며 그것이 지금까지 우리가 추구해 왔던 근대화·서구화의 그것과는 어떻게 다른 것인지부터 깊이 알아야 할 것이다.

중국·한국·일본의 동북아시아 세 나라는 서양을 알기 이전부터 3000년 동안 함께 나눠 온 문화를 지니고 있다. 그런데도 중국의 중화사상과 일본의 대동아 공영권 같은 일국 중심의 지배 이론으로 그동안 동북아시아의 문화적 가치는 편향되고 왜곡되어 온 것이 사실이다. 그러므로 동북아시아가 공유하고 있는 지역 문화의 그 동질성과 특성을 다시 새롭게 물어야 할 중대한 문명사적 소명 앞에 우리는 서 있는 것이다.

특히 그 역할은 한 번도 그것을 지배의 도구로 이용해 본 일이 없던 한국이 주도해야 할 입장에 놓여 있다. 그리고 지정학적인 입장에서 보아도 중국의 대륙 문화와 일본의 해양 문화를 다같이 아우를 수 있는 것은 한국의 반도 문화일 수밖에 없다.

그리고 그것은 종래처럼 일국 중심의 패권이나 이념화를 통하지 않고 가치 중립적인 입장에서 접근하지 않으면 안 될 것이다. 그렇기 위해서 우리는 매화나 소나무·대나무처럼 역사적으로 공유해 온 구체적인 대상물의 상징과 이미지를 비교해 그 차이와 공통점을 밝혀 내는 방법을 선택하게 되었다. 이는 한마디로 동북아시아 세 나라의 문화 코드를 읽는 작업이다. 이 작업을 통해 공통의 언어와 상상력, 사고의 문법을 구축하고 그것을 새로운 글로벌 문명을 살아가는 데, 이른바 사회 자본(social capital)으로 삼아야 할 것이다.

그러므로 이 책은 자고도 큰 책이다. 이 책《국화》는 3000년의 문화, 그것도 한 나라가 아닌 동북아시아의 대륙과 해양·반도를 함께 융합하는 거대한 시공(時空)의 서(書)이다. 이에 뜻을 같이하는 3국의 지식인들이 모여 지금까지 어느 사람, 어느 나라에서도 시도하지 못한 모험적인 책을 내놓게 되었다. 끝으로 이 한·중·일 문화코드읽기의 기획은 유한킴벌리의 문국현 사장과 종이나라 노영혜 사장을 비롯한 두 회사 임직원 여러분의 헌신적인 도움으로 실현된 것임을 밝혀 둔다.

책임편찬인 │ 이어령

국화 문화권의 텍스트 읽기

1. 국화, 그 역동적인 상징의 세계

절대 권력의 상징

'동쪽'의 꽃인 국화는 땅 위에서 빛을 뿌리는 태양이다. 활짝 핀 꽃잎이 눈부신 햇살을 닮을 때 국화는 유럽의 동쪽 끝 그리스에서는 황금의 꽃 '(chryso+anthemon)'이 되었고, 품격에 따라 꽃을 분류한 유럽인에게는 '불멸의 꽃(immortelle)'이 되었다. 우리의 '국화〔菊〕'는 현장법사가 지칭한 동방(중국)에서부터 한반도를 거쳐 해동의 '해돋이' 방향을 따라 일본열도로 이동했고 천황을 상징하는 꽃이 되었다. 중국의 다른 문물과 함께 문자는 그대로 고스란히 옮겨 가지만 자음(字音)은 국경을 넘을 때마다 조금씩 바뀐다. 한반도에서는 국(guk)으로, 일본에 가면 기쿠(giku)가 되는 것이다.

《중국상징사전》을 편찬한 볼프람 에버하르트(Wolfram Eberhard)는 국의 원(原)자음을 '주=ju'로 상정한다.

피자식물(被子植物) 분포 영역의 10분의 1을 차지할 만큼 환경적응력이 매우 뛰어난 국화는 '불멸의 해'를 매개로 해서 한·중·일 3국을 한데 묶는 문학, 종교, 정치적 수사학의 키워드의 하나로, 성장하는 의미의 영토를 넓혀 나간 것이다. 태양과 국화를 접목시킨 상징사고의 전형적인 전개를 우리는 일본의 신화와 역사에서 쉽게 찾아볼 수 있다.

　태양신 아마테라스 오미카미(天照大神)로부터 통치권의 상징인 3종의 신기를 받은 그의 손자 니니기(瓊瓊杵)는 미야자키(宮城) 현과 가고시마(鹿兒島) 현 사이에 있는 기리시마(霧島) 산 다카치호(高千穗) 봉우리에 처음 내려왔다고 한다. 농경의 신 니니기를 비롯해 천황계 원조신을 모시는 기리시마 신궁이 근처에 있다. 지금도 건국신화가 살아 숨 쉬는 듯 울창한 숲속에 있는 신궁에는 건강장수, 사업번창, 합격을 빌러 온 사람들의 발길이 끊이지 않는다. 그들이 이곳에서 사 가는 말 그림 '우마에(馬繪)'를 보았는데, 이 부적에는 말이 없었다. 태양신을 즐겁게 할 제물인 말 대신 저마다 마음속에 그린 말을 소망과 함께 바치는 100퍼센트 상징에 의존하는 거래였다.

　태양신은 그 지방을 선점한 주민이 그럴싸한 신들을 먼저 단골로 삼아 버렸기 때문에 한발 늦은 '정복자'가 발견한 신이라고 했다. 하지만 600년 신라와의 관계 조정을 위해서 수(隋)나라에 파견된 일본 사신은 이런 말을 했다. "왜왕은 하늘이 형님이며 해가 동생입니다. 먼동이 트기 전에 나가서 정사를 보고 가부좌를 합니다. 그리고 해가 뜨면 일(理務)을 멈추고 동생에게 맡깁니다." 왜국의 풍습을 묻다가 그런 대답을 듣게 된 문제(文帝)는 놀라 "이 무슨 터무니(義理)없는 소리인고?"라고 한 마디 하고는 말을 잇지 못했다.

　이 수나라 문제의 발언은 《수서(隋書)》에 나오는 이야기일 뿐 《일본서기》에는 나오지 않는다. 일본 학자들이 《일본서기》의 편자가 사신을 보낸 사실을 고의로 누락했다고 주장하는 대목이다. 하늘의 태양을 통치자와 같은 반열에 올려놓은 국내 정치용 수사(修辭)가 국제무대에서 통하지 않게 된 일본 외교사상 최초의 좌절이라고 한다. 그러나 군주들의 태양에 대한 집착은 그때만 있었던 것은 아니다. 민족의 태양 김일(日)성, 정일(日) 부자를 비롯해서 면면히 내려오는 절대 권력의 상징이다.

도연명의 3가지 동작이 상징하는 참뜻

왜왕이 태양의 형님이라는 증언이 나오기 200년 전이다. 일본의 별명이 된 부상(扶桑)의 해를 닮은 「국화를 동쪽 울타리 밑에서 따노라(採菊東籬下).」하고 읊은 중국 시인이 있다. 시 〈음주(飲酒)〉(74쪽 참조)를 쓴 도연명(陶淵明)이다. 얼핏 들으

국일한묘(菊日閑猫) │ 정선(鄭歚), 조선, 간송미술관 소장 │ 국화를 고양이에 비해 상대적으로 크게 다룬 이 그림은 정선의 대표적인 국화 그림이다. 자색 들국화 꽃잎으로 벌 한 마리가 날아들고 검은 빛 고양이가 방아깨비를 노려보고 있으며, 나른한 한낮의 정취가 정겹게 묘사돼 있다.

면 평범한 사람의 소박한 일상생활을 말한 것 같은 이 시를 수백 년 동안 한·중·일 3국에서 함께 가르치고 읽어 온 이유는 무엇일까? 간단한 이유 하나를 들자면 신화 시대에나 있음직한 말투를 그대로 옮긴 7세기 초 일본인의 생각이 사물의 판별 기능을 벗어난 데 반해서 시인 도연명의 눈은 자신의 천부적인 시력을 회복하고 있기 때문이다. 국화를 따는 이 시인의 작은 손놀림에 이어 귀에 익은,「우연히 고개 들어 남산을 바라본다(悠然見南山).」는 지극히 절제된 표현이 1000년의 시공을 넘어 3국의 독자들 사이에 큰 공감대를 형성했다. 이 책의 각 항목에서 여러 필자가 다루고 있는 것을 종종 볼 수 있다.

국화는 은일(隱逸)의 꽃이라고 도연명이 상징의 1차적 의미를 정의한 다음부터 대륙의 전통주의자들은 도연명의 시와 사상을 은일이라는 메타포(metaphor, 은유) 하나로 처리하는 경향이 있었다. 하지만 술을 빚으려고 국화를 꺾어 (바구니에) 담고 눈길을 먼 산으로 옮기는 미세한 몸짓, 시선, 하나하나가 예사로우면서 심상치 않다. 산 기운을 먹음은 저녁 풍경을 헤치고 둥지로 날아 들어오는 한 쌍의 산새. 그들이 가담해도 시행에 표출된 움직임은 3가지를 넘지 않는다. 시인은 명암의 균형이 흔들리는 낮과 밤의 한가운데 참뜻이 숨어 있었지만 입을 열기 전에 잊었노라고 한다. 그것이 끝이다. 시인이 말하려던 참뜻[眞]은 이제 도연명이 서 있던 그 자리에 돌아가서 옛날 그대로의 풍경을 볼 수 있다고 해도 알 길은 없다. 본인도 잊었다고 고백하지 않았는가. 심경(private symbol)의 논리적 추적이 불가능한 자리에 우리가 이용할 수 있는 단서는 상황이 남긴 흔적일 뿐이다. 시 속에 남아 있는 손, 눈, 날아드는 새의 상징성을 복원해 보는 것이다. 국자동(菊慈童) 전설대로 옛사람들은 국화가 흐르는 물을 마시면 신선이 된다고 믿었는데, 국화를 따는 시인의 손길은 신선이 부럽지 않은 여유로운[悠悠自適] 농부의 이미지다. 날아드는 한 쌍의 새는 평화로운 가정을 수놓은 그림이겠다.

이 모든 것을 관조하며 서 있던 시인은 어떤 사람인가.

눈을 땅으로 내리깔고 살아야만 탈이 없던 난세에 도연명은 도시에서 내려오는 나이 어린 상관 앞에 머리를 굽히기가 싫어 낙향을 결심한 군인이었다.

문제(文帝) 앞에 머리를 조아린 일본 사신은 고개를 들고 자기 나라 왕의 얼굴을 볼 기회마저 없었을지도 모른다. 제왕이나 저들이 모시는 신과 같은 '성스러운 존재' 앞에서 허락 없이 고개를 든다는 것은 목숨을 위태롭게 하는 모험이었다. 코란은 여성의 성기 앞에서도 경건히 눈을 내리도록 지시한다. 그런 관습이 도처에 남아 있는 고대사회에서 고개를 들고 눈을 바로 세우는[正視] 자유를 되찾았다는 것은 군벌사회의 왜곡된 질서의식, 뒤틀린 인간관계를 일시에 뒤바꿔 놓을 용기와 고독을 각오한 결심 없이는 불가능한 일이었다. 그것은 아름다운 국화꽃이 진다고 해도 다시 필 수 있다는 생명에 대한 믿음이다.

중양절의 약속을 기억이나 하듯이 국화꽃은 핀다. 지상 최대의 양기를 상징하는 9[쥬]효가 겹친 위천(爲天)의 중양절, 9월 9일은 자연의 섭리를 지하에서 지키는 국화 뿌리가 살아 있는 한 다시 돌아온다. 쥬[久]＝긴 시간을 기다리면 저절로 돌아왔었다. 소나무와 함께 국화를 사랑한 도연명에게는 "불교적 무상감(無常感)이 드리운 어둠이 없다."고 중국 고대문학을 연구하는 전 일본 릿츠메이칸 대학 교수 시라카와 시즈카(白川靜, 1910~현재)는 말한다.

상징의 태허, 또 하나의 진

시라카와는 진(眞-전, 첸)의 자형이 주검이라고 풀이했다. 진혼(鎭魂)의 절차를 밟고 하얀 국화꽃 향기에 싸여 '진(眞)의 의미를 모두 잊어 버려'도 죽지 않는다고 생각하는 도교의 불사(不死)사상이다. 국화 문화를 먼저 만들어 낸 중국인의 연상대(聯想帶)를 짚으면 도연명이 마신 국화주(菊花酒) 병 안에 숨어 있는 상징 발원(發源)의 비밀도 알게 된다.

국(주)과 주(쥬)는 소리가 닮은 데서 멈추지 않는다. 서로 겉뜻은 다르지만 소리 값이 비슷한 어휘군의 친화력은 상징적인 유대와 통합을 유도한다. 국화가 장수를 상징하고 중양절을 기다려 양기가 넘치는 높은 산에 올라가서 국화주를 마시는 풍습은 같은 음원(異氣同音軌－嵇康: 죽림칠현의 한 사람)을 활용한 고대인의 지혜였다. 음이 유사한 구(久), 국(菊), 주(酒), 구(救), 구(九)는 상징의 유어(類語)로 거듭나는 것이다. 대가족 제도의 무궁한 번영을 의미하는 '구세동거(九世同居)'라는 제목의 그림이 널리 보급된 비결 또한 시청각 효과의 절묘한 조화였다. 야생의 용기를 상징하는 메추라기 아홉 마리가 국화향기 넘치는 세상에 살고 있으니 무릉도원이 따로 없다. 알다시피 九, 菊 그리고 이 사자성어를 완성한 동사 居, ju는 그림의 상징성을 강조하는 역할을 맡고 있다.

이렇게 유어의 친화력이 낳은 발상은 농경사회의 제사, 놀이를 풍요롭게 바꿔 놓는다. 《산해경(山海經)》에 국화는 호랑이가 살고 먹으면 몸이 가벼워진다는 웅

자국괴석(紫菊怪石) | 심사정(沈師正), 조선, 간송미술관 소장 | 이 작품은 묵국을 새로운 문인화의 소재로 조선에 확고히 자리잡게 한 현재의 담채 국화 그림이다. 보라색 꽃을 피운 일곱 송이의 국화가 괴석과 어울려 신비감을 자아낸다.

황(雄黃)이 나는 고장의 풀이라고 했다. 낙수 상류에서 발견된 국화는 물과 어울리면서 곡수연(曲水宴)과 같은 설화를 만들어 냈고 신라의 포석정, 바쇼의 하이쿠에 영향을 주었다. 중양절 민속의 핵심이 된 국화는 중국과 이웃한 동아시아 여러 농경 사회에서 받아들이기 쉬운 이데올로기가 된다. 국화를 알고 술을 알고 시간(계절)을 아는 농부들에게 주역은 몰라도 괜찮았을 것이다. 주역에 심취한 군주는 후궁제도를 운영하는 데도 역관의 지시에 따랐다고 한다. 나라를 다스리는 기운을 유지하기 위해서 매일 밤 동시에 아홉 명의 여자를 천자가 제어[御]해야 한다는, 성수(聖數) 9를 믿은 중국의 제왕들은 불로장생 실험에 쓰인 수은 중독이 겹친 황음(荒淫)으로 생명을 단축했다.

불교, 유교의 상이한 시각

색을 멀리한 승려의 세계는 어떨까?

서산대사 휴정은 〈재송국(栽松菊)〉(48쪽 참조)이라는 시를 남기고 있다. 소나무와 국화를 가꾼 이야기이긴 한데 "산속의 중이 화초를 사랑해서" 그런 것이 아니라, "색이 곧 공임을 알게 하려고" 꽃과 나무를 심는다고 했다. 불교의 핵심교리를 강조하고, 있지도 않은 의미를 초목에서 읽어 내려는 잘못을 깨치려는 목적이 방편이 된 시다. 지상의 아름다운 것들은 본질이 아닌 환영에 지나지 않는다고 한다. 그러나 자연을 가꾸는 대사의 손길이 드러난 이 시는 불제자들에게 '변명'처럼 들리기도 했다. 서산대사라면 7년 전쟁으로 숱한 주검들이 사그라진 산야에 끝없이 펼쳐진 쑥대밭을 지난 경험이 있다. 길목마다 진혼의 국화 한 송이 심고 싶지 않았을까, 생각하는 것이다. 시대 차이는 있지만 풀과 나무 역시 모두 부처가 된다고 믿은 (草木成佛說) 일본과는 다른 선승의 자연관이다.

고려의 고승 혜심은 "9월 9일에 국화가 새로 핀 것은 시절의 인연이 눈앞에 (본질이 아닌) 현상으로 나타난 것(뿐)"이라고 했다. 승려들의 국화에 대한 인식은 국화와 나무를 의인화하고 사랑하는 유교적 교양의 전통, 상징적 표현이 풍부한 세계, 자연주의적 오류를 예사로 범하는 수사에 비교하면 흑백 사진을 고집하는 카메라맨 같은 스타일이다.

한국의 민요 설화에 남다른 관심을 갖고 관인문학의 틀을 깼다는 강희맹(姜希孟)의 시 〈우국재부(友菊齋賦)〉(65쪽 참조)를 보면 초점이 불승과는 대조적이다.

오상고절(傲霜孤節) │ 홍진구(洪晋龜), 조선, 간송미술관 소장 │ 문아(文雅)한 필치와 맑고 그윽한 설색(設色)에서 아취(雅趣)가 저절로 배어 나온다.

「……만장의 홍진 눈을 가리고/ 된서리가 머리칼에 날아들어도/ 너는 끝내 향기를 지녀/ 밝은 달에는 그윽한 향기 보내누나.」

시인이 너라고 부른 국화는 순간, 눈과 머리카락이 사람 모습을 닮은 듯하다가 달빛이 밝아지면 다시 향기를 보내는 제 모습(주체)으로 돌아가는 것이다. 세조의 쿠데타에 동참, 천길만길 먼지를 뒤집어썼지만 시인 자신의 지조는 변치 않았다는

괴석묵국도(怪石墨菊圖) | 안중식(安中植), 조선, 진주국립박물관 소장 | 이 그림은 조선 말기의 정치·문화·사회계에서 활약하던 인사들의 서화와 일부 일본인의 서화로 된 《문인화첩》 중 하나다. 조석진과 더불어 장승업에게서 화법을 익혀 조선 말로부터 근대로 이어지는 동안, 화단에 끼친 영향과 역할이 지대한 안중식의 국화 그림으로 묵법이 깨끗하고 단정하다.

고백을 담은 자화상의 일종이다.

동시대 유교사회의 사대부들이 선호한 것은 쇠국(衰菊), 잔국(殘菊)의 이미지였다. 3국에 영향을 준 그 원풍경(原風景)은 이름도 확실하지 않은 무명 시인 도연명을 중국 역사상 최고의 시인이라고 절찬한 소동파의 시구였다.

「국화는 시들어도 오히려 서리에 이기는 가지가 있다(菊殘猶有傲霜枝).」고 했다. 서릿발 속에 얼어 찢기고 광국(狂菊)처럼 비틀어지면서도 앙상한 가지를 드러낸 채 겨울을 맞는 국화의 처연함을 이인상(李麟祥)의 〈병국도〉(108쪽 참조)처럼 표현한 그림은 많지 않았다.

잔국은 송대 개혁파 왕안석(王安石)과 그의 고향 선배이면서 급진개혁에 반대한 관료파 구양수(歐陽脩)가 벌인 논쟁의 주제이기도 하다. 보는 사람의 취향에 따라 평이 다른 것은 관찰력을 앞세운 구양수의 안목이나 먹는 국화 이야기를 끌어들인 왕안석의 반격이 모두 품격을 갖추고 있기 때문이겠다.

역동적으로 변화하는 상징은 상반된 위상을 동시에 포용하는 특징이 있다. 흔히 말하는 상징의 양극성, 다의성이다. 인간의 종교적 상상력이 낳은 위대한 신에게

서도 선과 악의 두 얼굴을 동시에 보는 것처럼 국화에 대한 정서적 반응이 때로는 극명하게 엇갈리기도 한다. 한국인, 중국인이 일본 국화를 볼 때 느끼는 암울한 느낌이 그렇다. 일륜(日輪)을 상징하는 만(卍) 자가 히틀러의 손에 들어가 전쟁, 죄악의 동의어가 된 것처럼 태양에서 국화잎 햇살이 퍼져 나간 일본 문장은 침략을 의미하는 귀자(鬼子), 악의 꽃으로 변했었다.

국화 육종에 많은 투자를 하고 다양한 품종을 수출해 21세기 국화전시의 본고장으로 바뀐 전후 일본은 고몬(御紋, 천황을 상징하는 국화 문양)의 아름다움을 노래로 만들고 있다. 그것이 어릴 때부터 순백, 황금빛 국화를 거룩한 꽃으로 우러러보는 습관을 길러 상징 천황과 더불어 일체감을 다지는 국민순화교육의 일환이기를 동아시아인들은 기대한다. 권력의 저주에서 풀린 국화는 일본인의 이상을 담은 나라꽃이면서 동아시아 3국의 전통적인 교류의 위대한 유산이기 때문이다. 《화한삼재도회(和漢三才圖會)》〈국경(菊經)〉을 보면 385년 백제는 선린의 뜻을 담은 5색의 국화를 일본에 보냈다. 일본인이 처음 보는 국화꽃이라고 했다. 평화를 상징하는 순백, 황금빛 국화가 그 속에 들어 있었다.

국화를 사랑하는 한·중·일 3국의 독자들은 병[兵]을 버리고 자연으로 돌아간 도연명이 짐짓 잊었노라고 말한 그의 참뜻을 다시 새겨 봐야 할 때다. 화면 상단에 남긴 동양화의 여백 같은 시인의 침묵 속에는 1000년을 두고 진(眞)을 화두로 삼아온 탁월한 감성을 지닌 모든 이의 해석을 다 받아들이고도 남을 여운, 못다 한 이야기가 있을 것이다. 그것은 전쟁의 참화를 체험한 자만이 아는 겸손이며 모든 생명에 대한 외경이고 진정한 평화의 축원일 수밖에 없다.

| 박석기 |

2. 육·덕·향을 함께 꽃피우는 국화

국화 삼체, 식의 꽃

몇 년 전 교토의 한 오래된 음식점에 갔을 때의 추억을 잊을 수가 없다. 사군자 장벽화(障壁畵)의 다다미방에 안내되었을 때 두 번 놀랐다. 첫 번째는 찬과 국을 담은 그 다양한 도기들, 두 번째는 붉은 옻칠한 주발의 흰 쌀밥에 정교하게 깨소금으로

송학정년도(松鶴廷年圖) | 허곡(虛谷), 청(淸), 쑤저우 박물관 소장 | 허곡의 화조도의 풍격은 매우 신랄하면서도 신기하고 독창적이며 독특한 품격을 이루고 있다. 이 그림은 허곡이 64세 때 그린 작품으로 필법이 기이하면서도 날카롭고 세련되고 우아하며, 채색은 수려하면서도 맑고 아름답다.

올린 국화 문양. 일본도를 연상하게 하는 긴 놋쇠 젓가락 앞에는 방금 잘라낸 듯 함초롬한 국화 한 송이가 놓여 있었다. 나는 그때 루스 베네딕트의 《국화와 칼》을 떠올리고 있었다. 그 긴 쇠 젓가락이 사무라이 문화의 한 자락을 생각나게 했을 만큼 국화로 장식한 식탁의 문화는 그와 절묘하게 어울리고 있었기 때문이다. '칼과 꽃'이 어울려 하나의 미학을 이룬다. 이 범상치 않은 배합을 어떻게 설명할 수 있을 것인가. 어쨌든 나는 그날 식탁에 놓인 생화로서의 국화를 '바라보며' 입으로는 깨소금 국화문의 밥을 '먹었다'. 이것이 중요하다. 국화가 상징하는 수(壽)를 그 상서로운 붉게 옻칠한 주발에 담아 먹음으로써 나는 단순히 공복을 채우는 밥을 먹은 것이 아니라 장생의 염원을 함께 내 몸속에 담은 것이다. 꽃을 눈으로 완상했을 뿐 아니라 입으로 먹은 것이다. 그뿐인가, 나는 그 향기를 맡고 아름다움 또한 보았다. 그날 식사는 그야말로 국화로 삼체(三體)를 이룬 셈이다. 그날 교토에서의 오찬은 일종의 국화 제의(祭儀)였던 것이다.

돌아보면 중국 고전 《속제해기(續齊諧記)》에 나오는 비장방

(費長房) 설화(161쪽 참조)에 나옴직한 현대판 음식상인 셈이다. 그때의 교토는 5월이었고 9월 9일 중구일이 아니었지만 밥상에 국화가 오롯이 피어 있었기 때문이다. 나는 그날 1500년 전 양나라 때 오균(吳均)이 쓴 책 속의 인물이 되어 이승의 액운이 말끔히 가시는 전율을 맛보게 되었다.

앞에서 나는 하얀 밥 위의 깨소금 문양 국화를 먹었다고 했고 이것이 중요하다고 했다. 고래로부터 국화는 완상용으로서뿐 아니라 식용으로서도 자주 사용되었다. 그것은 특히 우리나라에서 더 그러했던 것 같다.

그 많은 다식판의 국화문만 봐도 그렇다. 국화문의 기와집 아래에서 국화전을 부쳐 먹고 국화주에 국화 다식을 먹는다는 것은 서민들의 즐거움 중 하나였다. 현실로 오를 수 없는 황화(皇華)의 복을 음식과 주거 속에서 체현하는 것이다. 음식으로 먹기에는 쑥도 마찬가지지만 쑥이 떡과 국으로 만들어져 구황 혹은 식사 대용의 의미를 띠는 데 반해 국화로 빚어지는 술과 차와 다식은 식사 대용이 아닌 여가와 예취(藝趣)의 의미가 더 강하다. 그러기에 진실로 사군자 중 우리의 삶의 정서에 국화만큼 밀착되어 있는 것은 없는 것이다.

육성과 덕성의 꽃

사군자 중에서도 국화는 수명장수, 부귀복락의 상징을 가장 강하게 담고 있다. 매, 난, 죽이 지니는 고결성, 우아함, 강직함 같은 상징체계가 다분히 귀족적이고 정신 지향적인데 반해 국화는 부귀복록과 수명의 바람을 담고 있음을 굳이 감추려 하지 않는다. 그것은 유난히 땅과 결부되어 있다. 바람이나 구름보다는 육질(肉質)의 땅과 그 토리(土理)에 따라 피어오른다. 국화 그림이 유독 땅이나 바위, 돌과 함께 자주 나오는 것도 그 이유다. 따라서 사군자 중에서도 가장 후덕하고 수수한 화목(花目)이 국화가 아닌가 싶다.

이 육성(肉性)과 덕성(德性)때문에 군자라 명하지만 국화는 굳이 선비만이 선호하는 상징체계 속에 살아 있는 것은 아니다. 왕궁의 귀부인은 물론 시정의 부녀들과도 친숙하다. 민간으로부터 왕실에 이르기까지 허다한 의류, 장신구, 그릇에 국화문이 등장하는 것만 봐도 잘 알 수 있다. 부귀복록, 수명장수를 염원하는 데 있어 신분의 귀천과 높낮이가 따로 없을 터이다. 그래서 지배층의 문인, 선비 그림에 나올 뿐 아니라 기층민의 민화 그림에도 자주 나오는 것이 국화다. 우리네 어머니들이

오상고절(傲霜孤節) | 심사정(沈師正), 조선, 간송미술관 소장 | 은일과 절조의 상징으로 문인들에게 많은 사랑을 받아온 국화는 중국 명대 이후부터 화훼화의 소재가 아닌 사군자화의 소재로 다뤄졌다. 그래서 조선에서도 후기나 돼야 사군자로서의 국화 그림이 등장하게 된다. 따라서 중국의 각종 화보(畵譜)에 실린 국화 그림을 본격적으로 임모(臨摹)하기 시작했는데, 이 그림은 그 반증의 좋은 자료이다.

혼숫감으로 마련했던 침구류에 모란과 함께 가장 많이 등장하는 것이 국화다. 부귀와 복록을 베개로 베고 이불로 덮고 자라는 염원을 담고 있기 때문이다.

　필자의 생각이지만 서양에서 국화를 조화(弔花)로 쓰는 것 역시 죽음이 생명의 종결이 아닌 영원한 생명의 또 다른 시작이라는 의미를 담고 있는 것이다. 즉 영생을 희구하는 신앙체계에서 온 것이라고 본다. 국화를 덮고 잠자다가 부활하라는 염원을 담고 있는 것이다. 예수가 죽음을 일러 잔다고 표현했던 것을 봐도 알 수 있다. 수(壽)의 꽃, 부귀의 꽃으로서의 국화의 상징체계는 그런 점에서 한·중·일 뿐이 아닌 양의 동서를 넘나드는 것이다. 진실로 땅의 꽃이자 육(肉)의 꽃이면서, 생명의 꽃이자 부활의 꽃인 것이다. 땅의 삶을 하늘까지 연결시키는 꽃이다. 그래서 동양권에서, 특히 중국에서 팽조(彭祖)의 전설이 온전히 살아 있는 것이다.

이상이 현실화된 꽃

사군자는 원래 물아일체(物我一體)의 자연관에 의해 자연물을 이상화, 의인화시키는 시방식(示方式)에서 나왔다. 그것은 역사와 함께 예술화, 종교화, 문학화 되면서 단순히 매·난·국·죽의 생태적 범주를 넘어 다양한 상징성의 외연과의 내포를 지니게 된다. 자연을 지배하는 것이 아니라 자연과 내가 벗이 되고 더 나아가 하나가 된다는 생각에서 나온 것이다.

감정이입과 의인화의 형태를 띠고 있기 때문에 사군자는 현상이 아닌 본질이 된다. 한·중·일의 산천에 자생하는 수천 수만의 꽃과 식물 중에는 그 자태로 본다면 매·난·국·죽보다 훨씬 의젓하고 기품 있는 꽃과 식물이 많을 것이다. 그럼에도 불구하고 왜 매·난·국·죽인가? 왜 그것들을 일러 군자라고까지 말했는가? 그것은 하나의 상징체계이기 때문이다. 묵란·묵매를 예사로이 그리지만 검은 난초, 검은 매화는 현실에서는 존재하지 않는다. 사군자의 이 이상화, 상징화된 자연 체계 속에서도 국화는 가장 현실 가까이에 있다.

사군자는 본디 색의 상징을 지니고 있고 음양오행(陰陽五行)의 상호작용과 관련되어 있다. 오행의 이법(理法)에 의해 오채(五彩)는 상생, 상극의 관계를 지닌다. 따라서 오행, 즉 수·화·금·목·토에 원천을 둔 적·청·흑·백·황의 오채는 현실의 색이면서 동시에 상징의 색이 된다. 그것은 오향(五向), 사시(四時)와 결합되며 동시에 유가이념(儒家理念)인 오덕(五德), 즉 인·의·예·지·신의 상징으로 개념화된다. 이 오행의 구조 속에서 볼 때 향(向)은 동·서·중·남·북이요, 색(色)은 청·백·황·적·흑이며, 시(時)는 춘·추·하·동이고, 행(行)은 목·금·토·화·수이며, 동물(四神)에 와서는 용·호·작(雀)·무(武)요, 식물, 즉 사군자로는 매·난·국·죽이 되는 것이다. 그래서 동매(東梅) 북죽(北竹)이며 남란(南蘭) 서국(西菊)이고, 춘매(春梅) 동죽(冬竹)이며 하란(夏蘭) 추국(秋菊)이 된다. 이것이 오행, 오채와의 상징체계라는 사실은 푸른 용〔靑龍〕, 하얀 호랑이〔白虎〕의 푸른색·하얀색이 현상색, 현실의 색으로 존재하지 않는 것임을 봐도 알 수 있다.

이렇게 촘촘히 짜인 개념화, 상징화의 그물망 속에서도 국화는 유독 강한 현실성을 지닌다. 그것이 지닌 육성(肉性)과 토성(土性) 때문이다. 국화의 상징색인 황(黃)은 땅〔土〕의 현실색이다. 흔히 검을 현(玄) 누를 황(黃)이라고 할 때의 현은 검은색이 아니다. 도가 현허설(玄虛說)까지 갈 것도 없이, 현은 굳이 색으로 치자면

거무스름한 무한의 그 어떤 경지일 뿐 검은색 그 자체가 아닌 것이다. 이것은 중국 원명(元明)의 산수화가 다분히 의경(意境)과 허경(虛境)의 정신주의 속으로 기울 때에도 천강산수(淺絳山水)라 해서 땅은 담백한 황색이요 하늘은 옅은 푸른색이라 하여 최소한의 현실적 기반을 강조하고 있는 것을 봐도 알 수 있다. 푸른 용이 없는 것처럼 붉은 난[赤蘭]도 없지만 유독 황국(黃菊)만은 황국 그대로다. 이 황(黃)은 땅, 즉 대지의 색이면서 동시에 높은 것, 고귀한 것의 상징이 된다. 모든 고귀한 것, 높은 것은 대지와 멀리 있지만 유독 황색만은 땅과 결부되어 있다. 가을이 깊어 갈 때 황화지절(黃華之節)이라는 표현을 쓰는데 이것은 만개한 국화꽃 핀 계절이라는 뜻이다. 재미있는 것은 황색이 이처럼 고귀한 색, 높은 색의 의미를 띠고 있는 까닭에 황실의 용문양은 청룡이 아닌 황룡을 쓰고 있다는 점이다. 이른바 색의 가차(假借)가 일어나고 있는 셈이다. 황화(黃華)가 황화(皇化)로 되는 것이다.

실제로 홍무제(洪武帝) 주원장(朱元璋)이 몽고족을 몰아내기 위해 북경을 공략할 당시는 마침 오상(傲霜)이란 이름을 지닌 황국(黃菊)이 피었을 때다. 주원장은 노란 국화를 보는 순간 황금갑주(黃金甲冑)를 언급했다고 한다. 바로 마지막 원나라의 숨통을 조이고 황금갑주를 입는 황제가 되겠다는 은유였던 것이다.

황색이 이처럼 고귀한 색이 된 것은 고귀의 상징인 금색을 띠고 있기 때문이기도 할 것이다. 옛날 당나라 때에 한 화공이 무심중에 어부의 옷을 색칠하다가 황색을 썼다고 해서 역모의 의심을 받고 처형됐다는 고사는, 이 황색이 대지의 색이자 동시에 황실의 색이었음을 단적으로 드러내고 있다. 국화는 사군자 중에서도 유독 중의적 상징성을 지니고 있는 꽃이다. 이 꽃이 서민으로부터 왕실, 사대부에 이르기까지 두루 애호됐던 것은 그런 까닭이었을 것이다.

한·중·일의 국화에 대한 의미

이미 중국 위(魏)나라 종회(鍾會)가 〈국화부(菊花賦)〉(36쪽 참조)에서 명확히 설파한 대목이 있다. 「동그란 꽃송이가 높다랗게 달린 것은 천극(天極)을 본 뜬 것이요/ 잡색이 섞임이 없는 순수한 황색은 땅의 빛깔이고.」라고 했다. 국화꽃의 모양은 하늘이요, 땅의 색깔은 황색이니 당연히 땅의 주인인 황제가 아니고 무엇이겠는가. 그런가 하면 국자동 설화에서처럼 1700년의 기록적인 수명을 살게 한 팽조의 불로초 역시 국화가 아니던가. 그러나 우리나라에서의 국화는 부귀영화 같은 권력이나

묵국도(墨菊圖) | 황용하(黃庸河), 광복 이후(光復以後), 고려대학교박물관 소장 | 생몰년대가 정확하지 않은 개성 출신으로 사군자를 잘 그렸으며 특히 난과 국화를 잘 그렸다. 유남 박재표를 위해 그린 이 그림은 서리가 내린 후에도 여전히 아름다운 자태를 잃지 않는 가을 국화를 찬미하고 있다. 거의 채색을 배제한 채 수묵의 농담을 이용해 탐스런 국화 송이를 선면 가득히 채우고 있다.

탐욕과는 거리가 멀다. 사대부들이라 해서 국화차나 국화주를 즐기지 않은 것은 아니다. 하지만 국화차나 오늘날 소주와 같은 증류주에 꽃 한두 송이를 띄워 향과 색을 마신 것이지 장수 식품으로 사용한 것은 결코 아니다.

왜냐 하면 웰빙 붐이 기승을 부리는 첨단 정보화 시대에 살고 있는 한국인 어느 누구도 국화가 장수 식품이라는 사실을 아는 이가 드문 것을 보면 알 만한 일이다. 한국에서 국화는 부귀영화의 상징도 불로초도 아니다. 우리 산천에 지천으로 피어 있는 산국을 이용한 국화차가 최근에야 상품으로 개발된 것을 봐도 충분히 짐작할 수 있다. 우리의 국화는 세속적인 욕망으로부터 멀어져 가는 사람들의 눈에만 보이는 도연명의 국화일 뿐이다. 도연명이 그랬던 것처럼 거기에는 철저하게 절의, 은일의 이미지만 녹아 있다. 고려의 재상을 지낸 이규보(李奎報)나 이색(李穡), 조선에 들어서는 이황(李滉) 등 그 어느 누구도 국화를 부귀영화에 의탁하지 않았다. 어디까지나 세태인심에 귀 기울이지 않는 가장 이상적인 세계를 국화에서 읽었던 것이다.

그렇다고 국화가 부귀와 장수, 복록의 상징체계를 아주 벗어난 것은 아니다. 우리나라의 서민사회에서나 일부 상류사회에서의 국화는 앞에서 밝혔듯이 끊임없

잡화책(雜畫冊) 중 죽석추국도(竹石秋菊圖) | 곽후(郭珝), 명(明), 상하이 박물관 소장 | 모두 8폭으로 된 이 화첩은 산수, 화초, 인물을 모은 것으로 매 폭 각 그림의 제목은 7색 1수이며 시와 그림이 함께 어우러져 심중의 뜻을 나타내고 있다. 이 그림은 생기가 넘쳐 보는 이로 하여금 국화의 향과 더불어 청명한 가을 하늘을 떠올리게 한다.

이 사람들의 의식 속에서 부귀와 장수, 복록의 범주를 맴돌고 있는 것도 사실이다. 오상고절(傲霜孤節)의 절의나 은일의 세계와 달리 장인의 손이나 아녀자의 손길에서는 여전히 수복(壽福)의 이미지로 통해 오고 있다. 우리네 옛집에서는 늦가을 겨울맞이 준비를 하는 문종이와 창호지를 새로 바를 때 반드시 국화잎 같은 꽃잎을 손잡이 근처에 넣어 겹으로 발랐다. 겨울의 따뜻한 햇살이 문살에 비칠 때 그 푸른 잎이 살아나고 시들지 않는 꽃이 피어난다. 그것은 단순히 눈요깃거리나 장식만이 아니다. 이때의 국화는 방문을 지켜 주는 제액(除厄)의 신장(神將)이자 동시에 장수에 대한 염원을 담고 있는 부적인 것이다.

일본 또한 예외는 아니다. 일본 고유의 판소리라 할 수 있는 노(能)나 가부키(歌舞技)에서도 우리나라나 중국과 크게 다르지 않다. 다만 그 시적인 운율과 은유의 구체적인 내용으로 다듬은 것이 있는 데 비해 우리나라에는 그와 같은 몸짓이 없었다는 것이 다를 뿐이다.

야일의 꽃, 땅의 꽃 국화를 기리며

국화는 또한 그 야일(野逸)한 맛과 성글면서도 청초한 기품으로 인해 고래로부터 시인과 화가가 즐겨 다룬 소재였다. 그림에서는 특히 바위나 괴석 같은 소재와 자주 어울리며 등장하는데 이는 돌의 강한 맛과 부드럽게 조화되는 그 자태 때문에 더욱 그러했을 것이다. 국화는 피어 있을 때뿐 아니라 소슬한 바람에 땅이나 돌 위로 하늘하늘 떨어지는 꽃잎 또한 일품이다. 송나라 때의 왕안석은 「황혼의 비바람에 수풀 어두운데 쇠잔한 국화잎 떨어지니 온 땅이 황금색(黃昏風雨暝園林 殘菊票風零滿地金)」이라고 읊기도 했다.

국화는 또한 언제부턴가 동양 3국의 시화에서 은일사상의 한 표상이 되어 왔다. 겸재(謙齋)가 그린 〈동리채국도(東籬採菊圖)〉(96쪽 참조)를 보면 시정(市井)의 번다함으로부터 비켜나서 산중에 오두막 짓고 울타리 아래의 국화를 즐기려는 선비의 마음이 그 그림의 속뜻으로 읽혀진다. 청화백자의 국화 문양과 국화 그림을 완상하면서, 열린 문밖으로 울타리 아래에 핀 국화를 바라보면서 야일한 그 꽃의 생태를 닮고 싶었을 선비의 마음이 그대로 읽혀지는 것이다.

앞서 말했듯이 국화는 산비탈의 흙과 돌과 싸릿대로 얼기설기 엮어 세운 동쪽 울타리 밑에 있어야 제격인 꽃이다. 흙은 자연의 살이요, 돌은 자연의 뼈이니 국화의 국화다운 맛은 아무래도 흙과 땅의 산천에 자생하는 데 있다 할 것이다. 그러나 푸른 가을 하늘을 이고 소슬한 가을바람에 씻기며 하늘거리는 야국(野菊)의 맛은 이제 좀처럼 맛보기 어려워지고 있다. 온실에서만 재배되어 온 국화는 청명한 가을 하늘과 맑은 대기의 기운이 빠져 있어 국화의 국화다운 맛을 음미하기 어렵다. 불현듯 땅의 꽃 국화의 국화다운 맛을 다시 느끼고 싶은 이유도 여기에 있다.

이 책의 글들을 통해 우리는 국화의 진면목을 두루 볼 수 있게 된다. 실로 국화보학(譜學)이다. 동양 3국의 문사철예(文史哲藝)에 녹아 들어 있는 각양의 국화경(菊花境)에 취해 책장을 넘기다 보면 진실로 야국 만발한 산문에 들어서는 느낌일 것이다. 아름답고 튼실한 뿌리가 오랜 세월의 과정을 겪어야 마침내 피안의 꽃을 피울 수 있는 함영토화(含英吐華)가 바로 그 경지인 것이다.

| 김병종 |

차례

1
종교·사상으로 본 국화

4
생활 속의 국화

5

오늘날의 국화

부록

추정영희도(秋庭嬰戲圖) | 소한희(蘇漢姬), 송(宋), 타이페이 고궁박물원 소장 | 이 그림은 남매인 어린아이 둘이 대추시소놀이에 몰두해 있는 것을 그린 것이다. 아이들 뒤에는 또 다른 장난감이 놓여 있고 정원에는 커다란 돌이 세워져 있으며, 부용화와 국화의 일종인 데이지가 서로 경쟁하듯 활짝 피어 있어 깊어 가는 가을의 정취를 듬뿍 느낄 수 있다.

국화의 어원과 관련어 풀이

국화의 기원

국화는 광의로는 국화과 국화속 식물의 총칭이지만, 협의로는 주로 관상용으로 널리 재배되고 있는 국화과의 다년초를 가리킨다. 국화는 가을을 대표하는 꽃으로서 오랜 세월을 두고 우리나라와 중국, 일본에서 사랑을 받아왔다.

중국에서는 50만 년에서 100만 년 이상의 옛날 국화의 원종 화석이 발견되었고, 주(周)·진(秦) 이전의 고서에도 국(菊) 글자가 나타나 있다. 중국의 오래된 기서(奇書)의 하나인 《산해경(山海經)》에는 「여궤(女几)의 산에 국화가 있다.」고 했고, 주대(周代)의 《예기(禮記)》의 〈월령편(月令篇)〉에는 「계추(季秋)의 달에 국화의 누른 꽃이 있다.」고 했다. 또 《초사(楚辭)》에 실려 있는 굴원(屈原)의 시에는 「아침에는 목란(木蘭)의 이슬을 마시고 저녁엔 가을 국화의 꽃을 씹는다.」고 한 것으로 봐도 이를 짐작할 수 있다.

다만 이때는 대부분 야생 국화로 짐작되나 관상용으로 재배하게 되는 연대도 상당히 앞서고 있다. 앞에서 인용한 굴원의 시에도 심은 난초와 함께 국화가 등장하고, 위(魏)나라 때 종회(鍾會, 225~264)의 〈국화부(菊花賦)〉에서 「일찍 심어 늦

묵국도(墨菊圖) | 장문도(張問陶), 조선, 국립중앙박물관 소장 | 국화는 오랜 세월 동안 우리나라와 중국, 일본에서 가을을 대표하는 꽃으로 사랑받아 왔다. 「아침에는 목란의 이슬을 마시고 저녁엔 가을 국화의 꽃을 씹는다.」고 한 굴원의 시처럼 이목구비 온 가득 국화의 내음이 퍼져 있는 듯하다.

게 피는 것은 군자의 덕」이라고 한 것을 보면 이미 2300여 년 전부터 국화가 재배된 것으로 볼 수 있다.

신라국과 백제국은 어디에 있는가?

우리나라에도 국화는 오래 전부터 자생하고 있었던 것으로 볼 수 있다. 강희안(姜希顔)은《양화소록(養花小錄)》을 통해 다른 꽃들과 함께 여러 가지 품종의 국화를 고려 27대 왕 충숙왕(재위 1313~1330) 때 원나라로부터 도입한 것으로 기록하고 있다. 그러나 우리나라에서의 국화의 기원에 대해서는 연대가 훨씬 올라간다. 중국 송나라 때의 유몽(劉蒙)의《국보(菊譜)》에는 신라국(新羅菊)의 이름을 일명 옥매(玉梅) 또는 능국(陵菊)이라 한다고 기록하고 있다. 또 일본의《왜한삼재도회(倭

漢三才圖會)》에서는 4세기경(仁德帝, 385년)에 백제로부터 청·황·홍·백·흑 등 오색의 국화가 일본에 수입되었다는 기록이 나온다. 그러나 그 이후의 문헌에서는 신라국이나 백제국의 자취를 찾을 수 없는 것이 안타깝다. 다만 《고려사》에 의종(毅宗) 14년(1160) 9월에 왕이 국화를 감상했다는 기록이 있을 뿐이다. 이로 보아 우리나라는 삼국시대 또는 그 훨씬 이전부터 국화가 있었고, 중국으로부터 도래된 국화와 더불어 재배 또는 교류되었다고 볼 수 있다. 따라서 중국과 함께 우리나라를 국화의 원산지로 보는 견해가 있다. 그것은 국화 씨앗의 특성상 편서풍을 타고 얼마든지 오갔을 것으로 보면 그렇게 무리한 이론은 아니다.

《만요슈》에는 국화가 없다

일본에 국화가 전래된 것이 8세기 중반 또는 말이라고 한다. 중국에서 직접 건너왔다는 설도 있으나 한반도를 거쳤다고 봐야 할 것이다. 앞에서 언급한 바와 같이 4세기경에 백제로부터 전해졌다는 기록은 그 신뢰성에 문제가 없는 것은 아니다. 그것은 770년경에 집대성한 시가집인 《만요슈(萬葉集)》에 국화시가 없다는 것이다. 많은 꽃이 시가의 소재로 등장하고 있으나 유독 국화를 소재로 한 시가는 한 편도 없다. 그러나 《만요슈》보다 20여 년 앞서 751년에 간행된 《가이후소(懷風藻)》(현존 최고의 한시집)에는 국주(菊酒)와 국화에 관한 한시가 실려 있다. 국화주에 대한 한시가 있다는 것은 야생종이든 재배종이든 국화는 이미 일본 땅 어디에선가 자라고 있었다는 이야기가 된다. 따라서 현재까지 일본에서의 국화 재배의 기원은 여러 설이 있을 수밖에 없다.

국화의 어원과 자원

우리가 일반적으로 사용하고 있는 국화라는 명칭은 한자음으로서 순수한 우리말로 된 명칭이 따로 없다. 들국화(野菊)란 말은 국화의 종(種) 이름이 아니고, 구절초·개미취·개쑥부쟁이와 같이 산야에 자생하는 야생종 국화의 총칭이다. 그것은 문인들이 만들어낸 이름으로 우리의 정서 속에 깊이 뿌리를 내린 것이다.

　국화는 '국(菊)'과 '화(花)'의 합성어다. 고어에서는 '국'의 기억 받침이 탈락되어 '구화'라고도 일컬었다. 국화의 하나인 당국화(唐菊花)를 '과' 또는 '과꽃'이라고 일컫는데 이는 '구화'의 준말이라고 생각된다. 자원으로 보면 '국(菊)'자가 은나라의 갑골문에는 등장하지 않고 주대(周代)의 금문에는 '鞠(국)'의 자형으로 쓰였다. 진대(秦代)의 소전체에서도 역시 '鞠'의 자형으로 쓰였는데 점차 자획을 생략해 '菊'으로 쓰인 것으로 본다. 명대(明代) 이시진(李時珍, 1368~1644)이 편찬한 《본초강목(本草綱目)》에서는 송(宋)나라 육전(陸佃)의 〈비아(埤雅)〉편의 글을 인용해 「'菊(국)'은 원래 '鞠(국)'으로 썼는데 (발음은) '鞠(국)'에 따른다. 鞠은 窮(궁)을 의미한다.」고 기술하고 있다.

　　여기에서 옛글자인 鞠이 窮의 의미를 지니고 있다는 것은 시사하는 바가 있다. 국화는 늦은 가을 상설(霜雪)의 역경에도 굴하지 아니하고 꽃을 피움으로써 이른 봄 엄한(嚴寒)에 꽃망울을 터뜨리는 매화와 닮은 데가 있다. 그런데 매화가 봄이 오는 것을 알리는 화괴(花魁)인데 반해서 국화는 일 년의 마지막을 장식하는 '만영(晩榮)의 꽃'이라는, 즉 구극(究極)의 은유성에서 그 어원을 찾는 설도 있다. 이 외에도 여러 설이 있음을 밝혀 둔다.

　　일본에서는 국화를 '기쿠(キク)'라고 한다. 이것은 한명(漢名)인 菊(국)의 음독(音讀)이다. 일본에서는 한자를 읽을 때 음(音)과 훈(訓)의 구별이 있으나, 기쿠(菊)는 훈으로 읽는 것이 없다. 그런데 《화훈간(和訓栞)》에서는 기쿠를 본래 '구구(くく)'라고 읽었다고 한다. 한자로는 '久久(구구)'라고 썼으며, 그것은 향기가 오랫동안 좋기 때문에 붙여진 이름이라고 한다. 또 이 구구(くく)는 일본 고유의 야생 국화를 말하는 것이었는데 그 후 기쿠로 전화되었다고도 한다.

　　국화의 학명은 *Chrysanthemum morifolium Ramatuelle*이다. 속명(屬名)의 *Chrysanthemum*은 라틴어로 금(金)을 의미하는 *chrysos*와 꽃을 의미하는 *anthemon*이 합일화한 것이고, 종명(種名)의 *morifolium*은 뽕나무의 잎을 닮았다는 의미를 가진다. 이 속명은 그 이름의 유래에서 나타나는 바와 같이 여러 가지 꽃 색깔로 해서 오늘날의 관상국화에 붙여진 이름이 아니고 지중해산의 황갯의 꽃에 붙여진 이름이다. 국화의 영어 명칭은 *flowering chrysanthemum*이다.

국화의 이칭, 의칭으로 본 환유의 세계

국화는 이칭(異稱), 의칭(義稱)이 그 품종만큼이나 다양하다. 이러한 명칭들은 대부분 중국의 시부(詩賦) 등에서 유래된 것이지만 그중 일부는 우리나라나 일본에도 유입되어 시가 등에서 활용되고 있는 것이 많다.

계절로 얻은 별칭
예를 들면 국화를 '중양화(重陽花)'라고 한다. 음력 9월 중양절을 전후해서 핀다고 하여 중양화라고 한다. 음력 9월 9일을 중구(重九) 또는 중양절이라고 했다. 중구는 9가 겹쳤다는 뜻이고 중양은 양이 겹쳤다는 뜻이다. 9는 양수(陽數) 가운데서 극양(極陽)이므로 9월 9일을 특히 중양절이라 했고 따라서 꽃의 의칭도 만들어진 것이다. 뿐만 아니라 중양절과 관계되는 것으로 '구화(九花)' 또는 구 자와 음이 같으면서도 가장 오래 간다는 '구화(久花)'라는 명칭도 있다. 원래 '九'는 기수(奇數)의 한 자리 숫자 가운데 가장 큰 숫자다. 이 九는 특별한 자리의 양수로 취급되어 연기(緣起)가 무궁한 숫자로 인식되어 있다. 전통적으로 중국에서는 천하를 9주(九州), 9경(九卿), 9품(九品) 등으로 구분하기를 좋아하는 정서에서 또 하나의 의칭이 생긴 것이다.

그런가 하면 국화는 오상(傲霜)·상하걸(霜下傑)과 같이 찬 서리를 겁내지 않는 의연함과 자세를 바로잡고 서 있는 뛰어난 자태를 지칭하는 의칭이 있다. 그런가 하면 동쪽 울타리 밑 양지바른 곳에 심는다 하여 동리(東籬) 또는 황색의 꽃을 피워 색 바랜 울타리에서 더욱 돋보이게 하는 정경을 상찬한 동리가색(東籬佳色)과 같이 적극적인 이미지의 의칭이 있기도 하다. 세한조(歲寒操)·한화(寒花)·한영(寒英)·상영(霜英)·절우(節友)·절화(節花) 또한 꽃을 피울 수 없는 기후 조건인데도 불구하고 기어코 꽃을 피우는 절대성을 아름답게 환유한 명칭들이다. 여름의 폭풍우를 이겨내고 늦은 가을이 되어 마침내 꽃을 피우려 할 때는 다른 꽃과 풀들은 다 시들어 버린다. 그러나 서리와 추위를 두려워하지 않고 오연(傲然)히 맞서서 꽃을 피우는 국화에게는 절묘하게 어울리는 별칭들이다.

상파(霜葩)라는 명칭은 고려 말 목은 이색(牧隱 李穡, 1328~1396)이 자신의 시에서 국화를 '상파'라는 시어로 최초로 사용했다. 우리나라의 예원(藝苑)에서는 그 명칭을 가장 많이 사용하고 있다. 상파란 서리꽃이란 말로써 상극의 의미가 내포되어 있다. 서리와 꽃은 같이 있을 수가 없는 사물이나 국화만이 외적 요인들을 극복할 수 있음을 목은은 눈여겨보았던 것이다.

색깔로 얻은 의칭

'황화(黃花)' 또는 '황화(黃華)'란 명칭이 있다. 문헌에 의하면 중국의 위진(魏晉) 때까지는 황색의 꽃 한 종류만 있어서 국화의 보편적인 별칭이 된 것으로 보인다. 그러나 황색은 특히 중앙을 가리키는 색깔로 자신들이 살고 있는 나라가 바로 세상의 중심이 된다는 선민의식이 강한 민족임을 생각해 볼 때 황색을 신성하게 보는 것은 당연한 것이다. 그러니 황국을 꽃의 왕자라 하여 '黃花'나 '黃華'가 의칭이 되는 것이다. 이 외에 국화의 황색(금색)과 관련된 별칭으로 황예(黃蘂)·황영

자위부과(刺蝟負瓜) | 정선(鄭敾), 조선, 간송미술관 소장 | 오이 수확에 성공한 고슴도치가 오이를 등에 지고 오이밭을 막 빠져 나오고 있다. 오이밭 뒤에 핀 보라색 들국화가 무척 단아하여 푸른 오이밭에서 시선을 끌게 만드는 절묘한 색의 배합을 보여 주고 있다.

(黃英)·금예(金蘂)·금영(金英)·금류(金O)·금경(金莖)·금영롱(金玲瓏) 등이 있는데 모두 시인 묵객이 자신들의 의식과 취향을 은유해 붙인 의칭들이다.

또 다른 이칭으로 황금갑(黃金甲)·구시황(久視黃) 등이 있다. 여기에서 황금갑은 황금의 갑주를 몸에 걸치고 적과 싸우는 용감한 전사에 비유한 것으로 오상(傲霜)의 황국을 의미한다. 명나라를 일으킨 홍무제(洪武帝, 재위 1368~1398) 주원장(朱元璋)이 원군(元軍)이 사수하고 있는 북경을 공략할 때 읊은 국화 시에서 황금갑을 언급하고 있는데, 이것은 그가 머지않아 원나라를 타도하고 황제의 상징인 황포(黃袍)를 걸치겠다는 우의(寓意)인 것이다. 구시황(久視黃)은 글자 그대로 오랫동안 볼 수 있는 꽃이라는 뜻이다.

약효로 얻은 별칭

황색은 여러 가지 사물의 정점, 최고 단계를 말하며 찬란한 모습을 지칭한다. 그런가 하면 만고불변의 영화를 바랄 때 구화(九華)에서 또는 구화(久華)로 표현된다. 여기에서 국화는 마침내 연수화(延壽華)라는 미칭을 얻기에 이른다.

옛날부터 국화는 사람의 생명을 연장하는 약효가 있다 하여 연수객(延壽客)이란 별칭을 얻었다. 진나라 때 갈홍(葛洪, 283(?)~343)은 《포박자(抱朴子)》에서 선약을 3가지 단계로 나누어 소개하고 있는데 그 중 첫 단계인 상약(上藥)의 자리에 국화를 두었다. 국화의 약효에는 목숨을 연장할 수 있고, 신(神)에게 접근해 고통 없이 승천한다고 했다. 시가(詩歌)로서 범성대(范成大, 1126~1193)·육유(陸游)·우무(尤袤) 등과 함께 남송 4대가의 한 사람으로 추앙받던 양만리(楊萬里, 1127~1279)는 국화의 공덕에 대해 극찬하는 글을 남겼다. 「국화를 관상하는 것만으로도 노인에게는 회춘의 영약이 되는데 국화를 먹게 되면 더욱 회춘의 효과가 있다.」고 한 것이다.

이 외에도 같은 뜻의 별칭으로 장수화(長壽花)·수객(壽客)·부연년(傅延年)·연령객(延齡客)·갱생(更生) 등이 있다.

생태로 얻은 명칭

국화의 별명에 은군자(隱君子) 또는 은사(隱士)가 있다. 이것은 주희가 성리학을 체계적으로 정리하는 데 밑바탕을 제공했던 주돈이(周敦V, 1017~1073)의 〈애련설(愛蓮說)〉에서 국화의 고귀한 품격을 인정해 '꽃의 은일자(隱逸者)'란 인격체로 지칭한 데서 유래한다. 또 범성대에 의하면 국화를 군자에 비유하는 설명에서 「해와 달이 이전하여 모든 초목이 변쇠해도 국화는 홀로 풍상을 능멸하고 있다. 이

것이 유인일사(幽人逸士)의 모습이다.」라고 했다. 주돈이나 범성대는 국화를 은둔자의 이미지로 받아들였던 것이다. 봄에서 여름에 걸쳐 왕성한 힘과 화려함을 자랑하는 꽃들과 다투지 아니하고 모란이나 작약처럼 영화를 바라지도 않으면서 조용히 피어나는 모습에서 은일자의 세계를 본 것이다. 국화를 유인(幽人) 또는 일사(逸士)라고 부르는 것도 다 같은 의미다.

이 외에도 국화의 그 아름다운 모습과 향기 등을 고려해 붙여진 이름도 많다. 예를 들면 정방(貞芳)·주영(朱嬴)·가우(佳友)·금냉롱(錦冷瓏)·냉향(冷香)·만절향(晩節香) 등이다. 또 치장(治薔)·태장(苔薔)·일정(日精)·주영(周盈)·전공(傳公) 등의 이름도 보인다. 이는 그만큼 국화가 문사들의 사랑을 많이 받았고 시재나 화재의 대상이 됐던 연유에서 생겨난 명칭들이라 하겠다.

국화의 이미지는 여성이라고 비켜 가지를 않았다. 여절(女節)·여화(女花)·여화(女華)·제녀화(帝女花)·여경(女莖)·여실(女室)·음성(陰成)·음위(陰威) 등이 그것이다. 여성의 절의나 고귀함을 상징하는 의칭이 있는가 하면 여성의 신체적 부위를 대상으로 한 명칭까지 있다는 것은 놀라운 일이 아닐 수 없다.

중국 위나라 종회는 〈국화부〉에서 다섯 줄의 짧은 글로 국화의 생태를 절묘하게 표현했다.

> 첫째로, 동그란 꽃송이가 높다랗게 달린 것이 천극(天極)을 본뜬 것이요/ 둘째는 잡색이 섞임이 없는 순수한 황색은 땅의 빛깔이고/ 셋째는 일찍 심어 늦게 피는 것은 군자의 덕이며/ 넷째 서리를 뚫고 꽃이 피는 것은 굳세고 곧은 기상이요/ 다섯째로 술잔에 꽃잎이 떠 있음은 신선의 음식이다(圓華高懸 準天極也 純黃不雜 后土色也 早植晩發 君子德也 冒霜吐穎 象勁直也 盃中體輕 神仙食也).

이는 국화의 모든 것을 극찬한 언어이며, 국화를 섬세하게 관찰함으로써 환유의 세계를 보았던 것이다. 아마도 그에게 촉(蜀)나라를 멸하고 진(晉)나라를 세우는 데 공헌할 지혜가 있었는지도 모른다.

합성어로 의미를 보완한 국화의 이미지

한편 중국, 한국, 일본의 문헌에서 흔히 보이는 삼우(三友)니 사우(四友)니 하는 별칭은 인간이 갖춰야 할 덕목에 국화의 생태적인 특성을 은유적으로 대입시키는 말들이다. 향기나 품위 등 비슷한 특징을 지닌 식물 몇 가지를 결합해 숫자가 들

국화도(민화) │ 민화에서의 국화는 모란이나 작약 못지않게 왕성한 힘과 화려함이 넘쳐난다. (가회박물관 제공)

어간 명칭을 붙인 것이 많다. 그래서 많은 지성인은 국화를 다른 식물과 짝을 지어 시나 그림의 소재로 삼았으며, 그 안에는 인간의 불완전성을 고발하고 깨우치려는 저의가 있었던 것이다. 세한이우(歲寒二友, 매화·국화), 사애(四愛, 난초·연꽃·국화·매화), 사청(四淸, 매화·수선·계화·국화), 사군자(四君子, 매·난·국·죽), 사일(四逸, 국·연·매·난), 화중사아(花中四雅, 국·난·수선·창포), 오청(五淸, 난초·대·매화·솔·국), 풍월삼곤(風月三坤, 夏蓮·秋菊·春蘭) 등이 대표적인 명칭들이다.

조선 초의 강희안은 대표적인 화초 52종을 9개의 품종으로 나눈 화목구품(花木九品)에서 국화를 솔·대나무·연꽃·매화와 함께 1품에 올렸고, 또 영·정조(英·正祖)시대의 화암 유박(花菴 柳璞) 또한 화목 52종을 9등급으로 나눈 구등품제(九等品第)에서 역시 국화를 1등 품제의 자리에 올렸다. 이는 옛날부터 우리가 국화의 생태적인 특성과 이미지의 환유세계를 인간이 본받아야 할 덕목으로 사랑했다는 그 증거가 된다.

국화의 원산지는 한국과 중국

현재는 세계적으로 재배·이용되고 있는 천차만별의 국화가 있는데 이는 옛날부터 있었던 것은 분명히 아니다. 오랜 세월에 걸쳐 재배에 재배를 거쳐 심지어 변종까지 배양한 결과로 이루어진 것이다. 오늘날 국화의 품종은 3000종이 넘는다고 한다. 이는 세계에서 가장 많은 수의 품종을 가진 화훼 중의 하나가 되었다.

온대와 아열대 지역에 광범위하게 분포되어 있는 국화의 원종은 어떤 것으로 봐야 하는가?

여러 설이 있으나 어느 것도 정설이 될 수 없는 것이 현실이다. 그러나 한국과 중국의 북부지방에서 자생하고 있던 구절초(九節草, Chrysanthemum zawadskii)와 중국 남부에 분포하고 있던 감국(甘菊, Chrysanthemum indicum)이 교배되어 중국에서 재배된 것이 국화의 조상일 것이라는 설이 유력할 뿐이다. 다만 우리나라 산야에 자생하는 구절초는 흰색의 꽃으로 그 가운데가 도색(桃色), 적색, 자색 등의 색소를 가졌으며 염색체 수는 18이다. 또 감국은 황색의 꽃으로 체세포의 염색체 수가 36으로 되어 있다. 주목할 것은 현재 재배되고 있는 국화의 염색체 수가 54가 기본수로 되어 있다는 것이다. 또 염색체 수가 62 전후까지인 게 있는데 그것을 이수체(異數體)라고 한다. 이와 같은 과학적인 근거를 들어 국화의 원산지를 중국과 한국으로 보고 있다.

한국에서의 국화 개량의 역사

우리나라에서 국화의 품종에 대해 최초로 언급한 문헌은 조선조 세종 때 강희안이 쓴 《양화소록》이다. 이 문헌에 의하면 당시 우리나라에서 알려진 국화의 종류는 20여 종 정도가 있으나 서로 엇갈려 똑똑히 분별할 수가 없다고 했다. 그리고 고려 충숙왕이 원나라에서 돌아올 때 가져온 품종에는 오홍(烏紅)·연경(燕京)·황백(黃白)·규심(閨深)·금은(錦銀)·양홍(兩紅)·학정홍(鶴頂紅)·소설백(笑雪白) 등이 있었다고 한다. 그러나 중국과 일본의 기록에 신라국과 백제국이 등장하고 있는 것을 보면 국화의 역사는 그만큼 연대가 많이 올라간다고 볼 수 있다.

그 후 유박이 저술한 《화암수록(花菴隨錄)》에서는 황색 국화가 54종, 백색이 32종, 홍색이 41종, 자색이 27종이 있다고 했는데 이를 합하면 154종이나 된다. 불과 300여 년 만에 130여 종이 늘어났다는 이야기가 된다. 그는 이들 품종 가운데서 금원황(禁苑黃)과 취양비(醉楊妃)와 황백학령(黃白鶴翎)을 우두머리로 삼는다고 했다. 또 금취(禁醉)라는 품종은 꽃 가운데 성인이고 성(聖)의 경지에 능히 들어갈 만하다고 했다. 이는 조선 후기에 들어 많은 사람에게 국화가 대단한 기호품으로 자리잡았음을 말하는 것이다. 그 후 국화는 많은 교배종과 품종 개량이 이루어졌으며 또 외국으로부터 새로운 품종이 수입되어 지금은 50속에 200여 종이 넘게 재배되고 있다.

중국에서의 국화의 품종

중국에서는 국화 재배의 역사가 오래된 것은 말할 것도 없고 품종 또한 세밀하게 분류되고 있는 것이 특징이다.

꽃의 색채로 본 품종: 중국에서 가장 먼저 색채에 따라 분류했다. 송나라 유몽의 《국보》에서는 36종의 품종을 황색 17종, 백색 15종, 잡색 4종으로 분류하고 있다.

줄기의 크기로 본 품종: 국화 포기의 높이에 따라 분류하고 있는데 1미터 이상인 것을 고(高), 0.5~1미터까지의 것을 중(中), 0.2~0.5미터까지의 것을 왜(矮)로 분류했다.

개화기로 본 품종: 국화를 꽃이 피는 시기에 따라 춘국, 하국, 추국, 동국 및 59국으로 분류했다. 또 추국은 다시 조(早)·중(中)·만(晩)으로 분류했다.

화형(花形)으로 본 품종: 추국의 중간이 되는 대국(大菊)을 기준으로 해서 5개 판류(瓣類)에 30개 화형과 13개 아형(亞型)으로 분류하고 있다.

평판류(平瓣類): 관대형(寬帶型)·하화형(荷花型)·작약형(芍藥型)·평반형(平盤型)·번권형(飜券型)·첩구형(疊球型)

시판류(匙瓣類): 시하형(匙荷型)·작설형(雀舌型)·봉와형(蜂窩型)·연좌형(蓮座型)·권산형(卷散型)·시구형(匙球型)

관판류(管瓣類): 단관형(單管型)·영관형(翎管型)·관반형(管盤型)·송침형(松針型)·소관형(疏管型)·관구형(管球型)·사발형(絲發型)·비무형(飛舞型)·구환형(鉤環型)·영락형(瓔珞型)

계판류(桂瓣類): 평계형(平桂型)·시계형(匙桂型)·관계형(管桂型)·전계형(全桂型)

기판류(畸瓣類): 용조형(龍爪型)·모자형(毛刺型)·전융형(剪絨型)

꽃의 크기로 본 품종: 꽃의 지름의 크기에 따라 다음과 같이 분류했다.

소국계(小菊係): 정상적인 재배 상황에 따라 꽃송이의 지름이 6센티보다 적은 것을 소국으로 분류했다. 이 소국은 다시 소륜형(小輪型)·소구형(小球型)·소성형(小星型)으로 분류한다.

중·대국계(中·大菊系): 자연재배 상황하에서 꽃송이의 지름이 6센티 이상인 것을 중·대국으로 분류했다. 이것을 다시 다음과 같이 분류하고 있다.

판자화류(瓣子花類): 단판형(單瓣型)·복판형(複瓣型)·연좌형(蓮座型)·번권형(翻卷型)·구형(球型)·권산형(卷散型)·수대형(垂帶型)·관자화류(管子花類)·관구형(管球型)·관반형(管盤型)·피산형(披散型)·송침형(松針型)·무환형(舞環型)·주관형(珠管型)

계판화류(桂瓣花類): 탁계형(托桂型)

기형화류(畸形花類): 모자형(毛刺型)·용조형(龍爪型)

위에서부터 산국, 감국, 쑥부쟁이, 해국, 개망초

국화의 품종에 따라 부르는 중국만의 화려한 명칭

유몽의 《국보》에는 36종의 이름이 등재되어 있는데 그 중에는 꽃이 털과 같이 섬세한 아모국(鵝毛菊), 붉은 꽃이 드리워지는 수사분홍(垂絲粉紅), 꽃잎이 말려서[卷] 통(筒) 모양을 이루고 있는 여지국(荔枝菊), 여름에 꽃을 피우는 하금령(夏金鈴)·하만령(夏萬鈴) 등 폭넓은 변이(變異)종이 보인다. 여기에는 신라국(新羅菊)의 이름도 용뇌국(龍腦菊) 다음에 두 번째로 등재되어 있다.

그 후 범성대의 《국보》에도 35종의 명칭이 등재되어 있는데 유몽의 《국보》에는 등재되어 있지 않은 명칭들이 대부분이다. 여기에는 파사국(波斯菊)이란 명칭이 보이는데 이는 한 줄기에 한 송이의 꽃이 마치 머리카락이 드리워진 것 같은 모양이라고 한다. 명대(明代)에 들어와서는 크게 발달하여 왕상진(王象晋, 1561~1653)의 《군방보(群芳譜)》(1621)에서는 274종의 명칭을 기술하고 있는데 여기에서도 신라국의 이름이 보인다. 그 후 20세기 중반까지 630여 종으로 늘어났다가 오늘날에는 3000여 종이 넘는다고 한다.

중국 명품 국화의 이름에는 다른 꽃 이름에서 따온 것이 많다. 예를 들면 금작약·백목단·옥부용·서향자(瑞香紫)·황말리(黃茉莉)·황장미·도화국·부용국·석류홍·해당춘·하화구(荷花球) 등이다. 또 미인의 이름에서 따온 것도 많다. 예를 들면 취서시(醉西施)·취양비(醉楊妃)·태진홍(太眞紅)·쌍비연(雙飛燕) 등이다. 또 꽃이 피는 시기에 따라 이름을 붙인 5월취국·6월국·7월국 등의 이름도 보인다.

| 이상희·진태하 |

위에서부터 쑥방망이, 국화, 갯쑥부쟁이, 구름국화, 구절초

1
종교·사상으로 본 국화

하나 | 한국

유불선의 경계가 따로 없는 국화

지조와 절개의 이미지

중국의 대표적인 은일군자인 도연명(陶淵明, 365~427)의 문학과 일화가 한국에도 전해져 국화에 대한 이미지를 형성하는 데 큰 영향을 미쳤다. 고려 말이나 조선시대의 시조, 가사, 한시 등 많은 문학 작품 속에서 국화는 유교적 덕목 혹은 그것을 구현한 인물의 이미지로 표현되었다. 그중 고려 말 충신 이곡(李穀)은 지조와 절개의 상징으로 국화를 보았다.

> (전략) 나 혼자 이 고운 꽃을 사랑하나니/ 늦은 계절에 나와 뜻을 같이 하네/ 바람 따라 향기를 맡으려 해도/ 세속의 구린내 묻어 올까 두려워/ 차라리 좋은 술에 꽃잎을 띄워 마시고/ 얼근히 취한 채로 저녁을 맞이하려네(獨憐此粲者 晚節莫我違 臨風欲三嗅 又恐旁人非 不如乏美酒 昏昏到夕暉).

이곡(李穀, 1298~1351)은 고려 말 혼란기에 원나라에 들어가 처녀 징발을 중지하도록 요청하기도 했던 기개 높은 조정 중신이다. 나라가 기울면서 명리를 쫓

국화도(菊花圖) | 정조대왕, 조선, 동국대학교박물관 소장 | 보물 제744호로 지정된 정조대왕의 작품으로 조선시대 후기 문인화의 한 양상을 엿볼 수 있다. 상·중·하 세 방향으로 나 있는 들국화의 모습이 생기발랄하면서도 청초하다.

아 헤매는 구린내 나는 인간세태를 개탄했다. 그가 의탁할 곳은 뭇 꽃과 아름다움을 다투지 않는 의연한 국화의 지조밖에 없음을 깨닫고 한탄했던 것이다. 가령 조선의 문인 이정보(李鼎輔, 1693~1766)가 국화를 노래한 것에서도 그러한 이미지는 계속 이어진다.

> 국화(菊花)야 너는 어이 삼월동풍(三月東風) 다 보내고/ 낙목한천
> (落木寒天)에 네 홀로 피었느냐?/ 아마도 오상고절(傲霜孤節)은 너
> 뿐인가 하노라.

오상고절이란 문자 그대로 서리를 무서워하지 않는 꿋꿋한 절개다. 무서리 내리는 늦가을에도 단아한 자태와 기품을 간직한 국화는 유교 전통이 강한 한국에서 유교의 이상적 인물인 군자 혹은 충신을 표상하기에 적합한 대상이다. 잎이 다 떨어진 늦가을 추운 날에도 홀로 피어 있는 국화는 굴하지 않는 선비의 지조를 말해 주는 듯하다. 연대 미상의 조선시대 가사인 〈사시풍경가(四時風景歌)〉에서도 이러한 표현이 나타난다.

> 금풍(金風)이 소소(蕭蕭)하여 국화가 난개(爛開)하니/ 은일처사(隱
> 逸處士) 높은 절개 개연(慨然)히 보았어라.

쓸쓸한 가을바람 속에 활짝 핀 국화의 모습에서 벼슬을 멀리하고 혼자 지조를 지키며 살아가는 은일처사를 연상하고 있다. 그러나 국화는 고고한 선비의 화신이기도 하지만 충성심 깊은 관료를 상징하기도 한다. 퇴계 이황이 "하늘이 낸 완인(完人)"이라고 인품을 높이 칭송했던 조선 중기의 문신 송순(宋純, 1493~1582)이 쓴 시조가 남아 있다. 현재 학계에 알려진 바로는 국화를 충신으로 상징한 한국 시가 문학 작품 중 면앙정(俛仰亭) 송순이 지어 임금에게 받친 〈어사황국가(御賜黃菊歌)〉가 가장 오래 된 작품이다.

> 풍상이 섞어 친 날에 갓 피운 황국화를/ 금분에 가득 담아 옥당에 보내
> 오니/ 도리(桃李)야 꽃이온 양 말아 임의 뜻을 알괘라.

조선시대 삼사(三司)의 하나인 홍문관(弘文館)은 곧 옥당(玉堂)이다. 조선 13대 왕 명종(明宗, 재위 1545~1567)이 어원의 황국 한 분을 옥당에 내려 주고 가사를 지어 바치라 하니 그에 답한 응제가(應製歌)였다. 작자 송순은 국화와 복숭아꽃과 오얏꽃을 대입해 당시 세력가들에게 임금님의 총애를 과시하지 말라는 비수 같은 필봉을 휘두른 것이다. 봄에 잠시 화려한 자태를 뽐내다가 이내 시들어 버리는

묵국도(墨菊圖) | 윤양근(尹養根), 조선, 국립중앙박물관 소장 | 잎이 다 떨어진 추운 늦가을, 서리를 두려워하지 않고 활짝 핀 국화의 모습에서 의연한 선비의 모습이 연상된다.

복사꽃과 오얏꽃의 속성을 소인 간신배에 비유했던 것이다. 임금이 옥당의 성실한 신하들을 믿고 있다는 사실에 흥분된 감정을 감추지 않은 솔직한 작품이다. 이 작품이 송강 정철(松江 鄭澈, 1536~1593)의 작품이라는 설도 있으나 그것은 잘못된 것이다.

깨달음의 경지와 영원성

고려조와 조선조에 들어서도 승려들은 국화를 예로 들어 불교의 유명한 진리「색은 곧 공이요, 공은 곧 색이라(色卽是空 空卽是色).」는 언명을 해설하는 방편으로 삼았다. 가령 서산대사 휴정(休靜, 1520~1604)은 〈재송국(栽松菊)〉이라는 시를 읊었다.

> 지난해 처음 뜰 앞에 국화를 심고/ 금년에 또 난간 밖에 소나무를 심
> 었네/ 산속의 중이 화초를 사랑해 이들을 심은 것이 아니라/ 사람들로
> 하여금 색이 곧 공임을 알게 하고자 함이네.

아름다운 국화나 푸르디푸른 소나무는 세상 사람들이 절개나 지조 등의 고상한 가치를 부여하는 식물들이다. 그러나 도승의 눈에는 이들 역시 언젠가는 스러질 허망한 현상 중의 하나지 궁극적 본질은 아니다.

고려의 명승 혜심(惠諶, 1178~1234)은 "9월 9일에 국화가 새로 핀 것은 시절의 인연이 눈앞에 현상으로 나타난 것이다."라고 말했는데 마찬가지로 혜심에게 있어 국화는 그 자체로 고유한 가치를 지닌 것이 아니다. 궁극적 본질은 현상의 이면에 따로 있다. 불승들의 국화에 대한 이러한 인식은 유교에서 국화를 군자나 충신의 화신으로 간주하는 것과는 대조를 이룬다. 불법의 세계에서는 이들 이상적 인물이 달성한 명예조차도 찰나적이며 허망한 환상에 지나지 않는다고 보는 것이다. 그들의 심상에 비치는 국화는 오직 오랜 시간을 인고하며 추구하는 피안에서만 얻을 수 있는 부처의 세계였을지 모른다.

국화를 복용하면 불로장생의 존재, 곧 신선이 될 수 있다는 생각은 아마 중국으로부터 들어왔을 것이다. 이에 따라 고려시대부터 국화주를 담가 먹는 관습이 생겼다. 이밖에도 국화전(菊花煎)을 부쳐 먹거나 국화를 베갯속에 넣어 베는 민속 모두 국화가 불로장생을 가능케 한다는 도교적 사고에 근거를 두고 있다.

약용으로서의 국화와는 달리 도교의 철학적인 차원에서 국화를 인식한 경우도 있다. 조선의 도인 정렴(鄭𥖝, 1505~1549)의 〈구월이십구일시견국(九月二十九

日始見菊)〉을 보자.

> 19나 29 모두 9이니/ 9월 9일이 정한 때가 있는 것이 아니다/ 세상 사
> 람들 이런 이치를 모르지만/ 섬돌에 가득 핀 국화만이 알리라(十九廿
> 九皆是九 九月九日無定時 多少世人都不會 滿階惟有菊花知).

  9월 9일은 중양절로서 1년 중양(陽)의 기운이 가장 왕성하다는 날이다. 이러
한 관념은 도교의 음양오행설에 근거를 두고 있다. 사람들은 특별히 이 날을 기념하
지만 도인은 9일이든, 19일 혹은 29일이든 9로 끝나는 9월의 모든 날이 중양절이라
고 주장한다. 사람들은 중양절을 맞아 만물의 도리를 생각하게 된다. 그러나 도를
체득하고자 하는 노력은 특정한 때에만 행하는 것이 아니다. 어쩌면 국화가 피어 있
는 가을날 모든 때가 중양절일 수 있다. 중양절의 주인공인 국화는 그러한 이치를
알 것이다. 정렴은 이 시를 통해 국화를 도교적 진리의 담지자(担持者)로까지 인식
하고 있다.

  도교는 한국에서 유교와 불교만큼 세력이 크진 않지만 우리 문화 깊숙이 뿌리
를 드리우고 있고 그것은 국화의 상징 의미에서 잘 나타난다. 불사약 내지 도교적
진리의 담지자로서 국화는 유교, 불교의 경우와는 다른 독특한 상징 의미를 함축하
고 있는 것이다.

| 정재서 |

1. 종교·사상으로 본 국화

둘 | 중국

유교의 덕목과 도교와의 만남

은자·지사·의사로서의 유교적인 덕목

동진(東晉)의 전원시인 도연명은 일찍이 고향에 돌아와서 「오솔길 모두 황폐해졌
는데 소나무와 국화만이 여전하네(三徑就荒 松菊猶存).」라고 〈귀거래사(歸去來
辭)〉에서 읊었다. 그는 국화의 의연한 자태에 대해 주목했고 그 옆에서 술을 마시는
것을 즐길 정도로 국화를 각별히 사랑했다. 이에 대해서는 《송서(宋書)》〈도잠전
(陶潛傳)〉에 다음과 같은 일화가 전한다.

> 언젠가 9월 9일 날 술이 떨어졌는데 도연명은 집 근처 국화꽃 무더기
> 속에 한참이나 앉아 있었다. 때마침 태수가 술을 보내오자 그 자리에
> 서 마시고 취한 후에야 귀가하였다(嘗九月九日 無酒 出宅邊菊叢中
> 坐久 値弘送酒 卽便就酌 醉而後歸).

　북송(北宋)의 유학자 주돈이는 도연명의 이러한 일화에 바탕하여 「진나라의
도연명은 유독 국화를 사랑하였으니, 국화는 꽃 중의 은일자다(晋陶然明獨愛
菊…… 菊花之隱逸者也).」라고 그의 저서 〈애련설〉을 통해서 말했다. 남송의 문인

歪瓶雜藕菊枝
斜花与真花
頗不差撮去賣
錢償酒債那
知秋色為誰
家壽民 [印] [印]

왜병의국도(歪瓶依菊圖) │ 변수민(邊壽民), 청(淸), 난징 박물원 소장 │ 그림 중앙에 담묵으로 화병과 국화를 그렸으며 농묵으로 잎을 그렸다. 참신한 구도 속에 고졸하고 순박한 모습의 국화를 그려 탈속한 경지에 이르고 있다.

귀거래사도(歸去來辭圖) | 이재(李在), 명(明), 랴오닝 성박물관 소장 | 도연명의 〈귀거래사〉를 주제로 마식(馬軾), 이재, 하지(夏芷) 세 화가가 그렸다. 이 작품은 9폭의 그림 중 이재가 그린 네 번째 그림이다. 그림 속 도연명은 먼 산을 바라보며 무슨 생각을 하고 있을까?

범성대 역시 《범촌국보(范村菊譜)》에서 국화를 「숨어 사는 선비의 지조(幽人逸士之操).」로 빗댐으로써 국화는 지조를 지키며 고고하게 사는 선비의 상징으로 굳어졌다. 그러나 국화는 이러한 처사나 은자의 이미지로부터 좀 더 개성이 강한 의사혹은 지사의 분위기도 지니게 된다.

남송의 문인 육유(陸游, 1125~1210)는 《검남시고(劍南詩稿)》에서 「국화는 시들었건만 향기는 아직도 남아 있네(菊花枯盡香猶在).」라고 국화의 끈질긴 생명력을 예찬하면서 국화를 불굴의 의지를 지닌 의사나 지사 같다고 평했다. 당시 남송은 여진족이 세운 금나라에게 장강 이북을 빼앗기는 수모를 당했는데 육유는 실지(失地) 회복을 위해 강력히 투쟁하던 애국시인이었다. 이러한 육유에게 있어서 국화는 단순히 숨어 사는 선비가 아니라 어려운 조건 속에서도 굴하지 않고 싸우는 투사로 비쳐진 것이다. 이렇게 보면 국화의 유교적 이미지는 처사, 은자와 같은 조용

한 군자로부터 의사, 지사와 같은 비분강개한 충신에 이르기까지 그 폭이 넓다 할 수 있겠다.

도교의 영생사상과 국화

도연명은 은자로서의 삶을 살면서 국화를 사랑했고, 이로 인해 국화는 고고한 선비의 상징이 되었다. 그런데 도연명의 은거생활은 벼슬과 같은 세속적인 명리를 멀리하고 청빈하게 사는 선비의 전형적인 삶이 되기도 했지만 나아가 대자연에 순응하며 물외(物外)의 세계를 꿈꾸는 도인의 삶이기도 하다. 그의 〈독산해경시(讀山海經詩)〉에서 알 수 있듯 도연명은 평소 《산해경》과 《목천자전(穆天子傳)》과 같은 신화서를 탐독하며 이상 세계를 동경했다. 이러한 동경은 결국 문학적으로 표출되어 그의 산문인 〈도화원기(桃花源記)〉에서 수준 높은 작품으로 탄생된다. 어부가 복숭아 꽃잎이 흐르는 시냇물을 따라 산속으로 갔다가 유토피아를 발견한다는 그 유명한 무릉도원(武陵桃源) 이야기는 도연명이 도교사상에 심취했음을 잘 보여 준다.

국화의 시인 도연명에게 있어서 국화는 바로 이러한 도교적 진리를 표현하는 중요한 상관물로 작용한다. 〈음주(飮酒)〉가 그것이다.

> 동쪽 울타리에서 국화꽃을 꺾어 들고/ 물끄러미 남녘 산을 바라보네
> // 이 가운데에 참뜻이 있으니/ 말하고자 하나 이미 할 말을 잊었다네
> (採菊東籬下 悠然見南山 此中有眞意 欲辨已忘言).

여기에서 국화는《도덕경(道德經)》에서 말하는 「말할 수 있는 도는 영원한 도가 아니다(道可道 非常道).」라는 도교적 진리를 체득하는 과정에서 일종의 객관적 상관물과 같은 기능을 한다.

국화가 도교적 의미를 함축하는 경우는 이 외에도 있다. 중국에서는 예로부터 음력 9월 9일을 중양절이라고 했다. 중양절은 일 년 중 양기가 가장 왕성한 날로써 특히 음력 9월 무렵에 피는 국화는 중양절을 연상시켰다. 가령 당대(唐代)의 시인 맹호연(孟浩然, 689~740)은 〈과고인장(過故人莊)〉에서 친구의 시골집을 찾아가 술잔을 기울이며 이렇게 읊조린다.

> 마루 앞으로 텃밭을 바라보고/ 술 마시며 길쌈 일을 얘기하네/ 중양절
> 이 되거들랑/ 다가와서 국화 옆으로 감세(開軒面場圃 把酒話桑麻
> 待到重陽節 還來就菊花).

국화는 앞서의 철학적 의미들뿐만 아니라 실제로 불로장생을 위한 약재로서의 효능도 지닌 것으로 믿어졌다. 가령 후한(後漢)의 학자 응소(應邵)가 쓴《풍속통의(風俗通義)》에 의하면 「국화는 나쁜 기운을 제거하는 효능이 있는 것으로 믿어졌다. 가을에 국화꽃을 따서 베갯속에 넣어 베고 자면 눈과 머리가 맑아지고 더러운 기운이 사라진다고 했다. 이러한 효능 때문인지 국화주도 만들어졌다.」 동진의 도사 갈홍이 지은《서경잡기(西京雜記)》에 의하면 「국화꽃이 필 때 잎과 줄기를 따서 기장쌀과 버무려 술을 빚는다. 이듬해 9월 9일에 술이 익어 마시게 되는데 장수할 수 있다.」고 했다.

결국 국화는 도교에서 추구하는 불사약의 상징이기도 한 것이다.　　| 정재서 |

셋 | 일본

화태에서 찾은 수명장수의 염원

생과 사를 꿰뚫는 이미지의 국화

오늘날 장례식의 헌화로 국화가 쓰이는 것은 우리나 일본이나 마찬가지다. 국화는 장의차를 빼곡히 덮기도 하고, 관 속의 시신 옆에 채워 넣어지기도 한다. 출상(出喪)을 하기 위해 관을 집 밖으로 내가는 출관(出棺) 행사를 하기 직전, 고인과 가까운 사람들이 국화 한 송이씩 손에 들고 시신의 옆을 빈틈없이 채워 넣는 것이다. 더럽고 속된 때로 찌든 이승에서의 삶을 국화로 씻고, 깨끗하고 성스러운 구원의 세계로 고인을 보낸다는 의미가 담긴 의식이다. 국화는 장수나 영원불멸의 이미지를 띠는 삶의 꽃임과 동시에 죽음까지도 감싸안는 꽃이기도 한 것이다. 즉, 생(生)의 심벌(symbol)과 사(死)후 생애의 이미지도 아울러 안고 있는 꽃이다.

  일본인들의 전통 운문인 와카(和歌)에서 국화는 종종 '늙음(老)'을 자각시키는 꽃으로 읊어졌다.

> 가을이 깊어 바자울에 시드는 국화꽃 보니/ 꽃만의 신세라고 여겨지지 않는구나(秋ふかみ まがきにおゆる 菊みれば 花のうへとも おもほえぬかな).　　　　　－《모토스케슈(元輔集)》135 노래

백국유수수금도(白菊流水水禽圖) 부분 │ 이토 자쿠츄(伊藤若沖), 궁내청(宮內廳) 소장 │「보랏빛 서운(瑞雲) 그 속에 섞여 있는 저 국화꽃은 맑디맑은 성대(聖代)의 별인 듯 보이도다.」

가을이 깊어감과 더불어 집의 울타리에서 시들어 가는 국화꽃의 모습은 인생의 황혼기에 접어들어 노쇠해 가는 작자의 신세와도 겹쳐져 보인다는 뜻의 노래다.

시들어 가는 국화는 '잔국(殘菊)'이라 하여, 많은 옛 일본인들이 상찬해 마지않았다.

일본 고전 중 최고의 걸작으로 꼽히는 《겐지모노가타리(源氏物語)》에도 주인공 겐지를 칭송하는 와카에 이 변색한 국화가 등장한다.

> 보랏빛 서운(瑞雲) 그 속에 섞여 있는 저 국화꽃은/ 맑디맑은 성대(聖
> 代)의 별인 듯 보이도다(紫の雲にまがへる菊の花 にごりなき世の
> 星かとぞ見る).

여기서 '성대(聖代)'란 말은, 주인공 겐지가 천황과 동급의 지위에 오른 것과 결부지어 칭송한 표현이다. 그리고 그 성대(聖代)의 별인 양 보인다는 국화가 보랏빛 구름 속에 섞여 있다는 것은, 변색되어 연보랏빛을 띠게 된 잔국을 가리켜 그리 표현한 것이다. 이 잔국은 천황급의 지위에 올라 영화의 극치를 누리는 주인공 겐지의 상징이다. 이쯤 되면 가히 최상급의 찬사라 할 만하며, 잔국을 향한 헤이안 사람들의 몰입도(沒入度)를 가늠할 수 있는 대목이다.

'꽃빛깔이 퇴색하다'라는 뜻에 해당하는 일본어 '우쓰로우(移ろう)'에는, 말라서 시든다는 뜻 이외에 변화와 쇠퇴의 관념이 배어 있다. 따라서 종종 남녀관계에서의 '변심'을 상징하기도 한다. 여기에서 한국이나 중국의 국화의 이미지와 달라진다.

> 하얀 국화가 변색해 가는 것이 서글프구나/ 그이의 마음도 이렇게 떠
> 나고 마는 건가(白菊の うつろひ行くぞ あはれなる かくしつつこ
> そ 人も離れしか).
>
> −《고슈이슈(後拾遺集)》355번 노래

퇴색해 연보랏빛을 띠게 되는 국화는 황국(黃菊)보다는 백국(白菊)이다. 국화의 본고장 중국에서는 잔국을 그리 주목하지 않았을 뿐더러, 황색이 중화의 국토색인데다 군왕이나 중앙을 상징하는 색으로 인식되어 오로지 황국이 칭송되었다. 그러나 잔국의 예에서도 알 수 있듯이 일본인들은 황국보다는 백국을 더 선호했다. 이러한 차이를 일본 근세를 대표하는 학자인 게이추(契沖, 1640~1701)도 그의 수필 《가와야시로(河社)》에서 지적한 적이 있다.

일본인들은 '백(白)'을 모든 색의 근원적 기조라 여겨 선호한다. 여기에 '자

(紫)·홍(紅)' 등의 적색 계통을 결부지어 기리는 미의식이 있다.

보랏빛 띠는 구름 사이 별인 듯 보이는구나/ 빛바래 남아 있는 저 백
국의 꽃잎은(紫の雲間の星と見ゆるかな 移ろひ殘る白菊の花).
　　　　　　　　　　　　　　　-《기요스케슈(淸輔集)》189번 노래

'서기(瑞氣) 감도는 보랏빛 구름 사이의 별빛'의 아름다움에 대해서는 굳이 설명하지 않아도 될 것이다. 이것에 잔국의 아름다움을 견주고 있으니, 일본인들의 잔국에 대한 의식 체계를 가늠할 수 있다.

장수 식품으로서의 국화

뭐니뭐니 해도 국화에 대한 일본인들의 인식의 중심은 역시 '장수(長壽)'에 있다고 봐야 할 것이다. 국화에 장수(長壽)의 효능이 있다고 예로부터 일본인들이 믿게 된 것에 중국 문화의 영향이 크다는 사실은 새삼 언급할 나위도 없겠다. 산 위에 만개한 국화꽃의 꽃물이 유입된 감곡(甘谷)과 800세를 살았다는 국자동(菊慈童)의 중국 설화에서 일본이라고 벗어날 수는 없었다. 이러한 전래 설화들은 국화를 주제로 하는 일본 병풍 그림의 한 제재가 되기도 했다. 후세에 흔히 그려지기도 했던 '물가의 국화'라는 화제(畵題)에도 그 영향의 그림자를 짙게 드리우고 있는 것을 볼 수 있다.

같은 장수 효능 관련의 설화는, 황당무계한 전설에 그치지 않고, 어느 정도 의학적 근거를 밑바탕에 깔고 있었던 것으로 보인다. 헤이안(平安, 1794~1185) 시대의 의약 관리청이었던 전약료(典藥寮)의 의생(醫生)들의 교육 교재로 사용했다는 당나라 의학자 소경(蘇敬)의 《신수본초(新修本草)》(659)에도 국화가 약초 중에서도 상급으로 분류되어 있다. 뿐만 아니라 이를 장기 복용하면 보기(補氣)의 효과가 있고 노화를 방지해 장수하게 한다는 내용을 담고 있는 것 등이 그 좋은 방증이다.

국화의 이슬이 갖는 장수의 이미지는 여성들의 피부 미용에 원용되기도 한다. 헤이안 왕조의 여인들은 중양절 전날 밤중에 국화에 솜을 덮어 씌워 놓았다가, 밤사이 국화의 이슬에 젖은 솜으로 중양절 새벽 얼굴을 닦았다고 한다. 장수의 효험이 있는 국화 이슬을 머금은 솜으로 얼굴을 닦으면, 얼굴의 주름을 펼 수 있을 뿐만 아니라, 노화도 막을 수 있다고 믿었기 때문이다.

뿐만 아니라 당시 귀족 남성들 사이에서는 중양절에 국화주(菊花酒)를 마시는

풍습도 있었다. 이것을 마시면 사악한 기운을 몰아내고 무병장수를 누릴 수 있다고 믿었다. 그들이 국화주를 신비의 영약으로 믿은 것은 한국, 중국과 다르지 않았다.

흔히 일본을 대표하는 꽃으로 일컬어지는 벚꽃을 누르고, 일본 왕실을 나타내는 상징적 표지인 문장(紋章)의 도안에 채택된 것도 국화다. 일본인들에게 오랫동안 모든 꽃의 대명사같이 사랑받아 온 벚꽃을 물리치고 국화가 일본 왕실의 상징적 꽃으로 채택된 것은, 국화가 가진 장명(長命)의 효험과 관련되었음은 말할 나위도 없다. 한껏 흐드러지게 피었다가 금세 져 버리고 마는 벚꽃에 비해, 장수의 영험이 있는 국화 쪽이 영원불멸을 기원하는 왕실의 지향성과 품위 유지에 어울린다고 판단되었기 때문이다.

| 김충영 |

최항의 《관음현상기(觀音現相記)》

조선시대 관음보살의 현상(現相)을 기록한 책. 1권 1책. 인본. 1461년(세조 7) 간행. 조선 세조 때의 문신 최항(崔恒, 1409~1474)이 왕명을 받아 지었다. 1461년에 세조가 경기도(京畿道) 지역을 순시하다가 상원사(上院寺)에서 묵었는데 그날 관세음보살이 나타났고 상서로운 빛과 아름다운 음악이 들리다가 한참 만에 흩어졌다. 이에 세조는 크게 기뻐하여 우상(優賞)을 내리고 죄인들을 사면했으며, 정부 관원들은 축배를 올려 칭하했다. 그리고 훈부(勳府)에서는 관음상을 만들고 상원사를 중창해 봉안했다. 또 왕은 그때의 장면을 그린 그림을 국내에 두루 반포케 하고 최항에게 명해 이 책을 짓게 했다. 이 책은 상원사와 한국의 관음신앙을 연구하는 데 좋은 자료가 된다. 현재 규장각에 보관되어 있다.

넷 | 일본 | 천황의 상징으로서의 국화

미치자네와 미시마 유키오

국화는 일본에서 가장 오래된 종교·정치적 상징이다. 고토바(後鳥羽) 천황은 천황의 문장인 국화를 칼〔菊作〕에다 새겼다. 10세기 초, 규슈로 귀양 간 스가와라 미치자네(菅原道眞, 845~903)에게는 꽃잎이 16개 달린 국화는 곧 천황이었다. 그가 '국화 문양이 선명한' 천황의 옷에다 절하는 그림이 남아 있다. 억울하게 죽은 이 충신의 화상을 모신 텐만구(天滿宮)는 전국에 2종류밖에 없다는 연중무휴 신사의 하나인데 고료(御靈, 원혼)를 달래기 위해서다. 당대 사람들은 스가와라의 원혼이 천황가(家)를 위협한다고 믿었다.

고대의 왕(천황)이 하는 일은 신의 말이 들리는 신사에서 신을 모시는 일이었다. '기쿠(국화)'는 '듣는다'는 뜻이기도 하다. 천황제 존폐의 위기에 몰린 14세기 초, 96대 천황 고다이고(後醍醐, 재위 1318~1339)는 가마쿠라 막부를 무너뜨리고 정치권력을 손에 넣으려고 했다. 천황은 천민〔野伏〕들을 이끌 게릴라 대장 구스노키 마사시게(楠木正成, 1294~1336)를 불렀다. 그에게 승산이 없는 정규군 토벌을 명하는 한편, 천황 자신은 법복 차림으로 마왕(魔王)과 관음〔十一面觀音〕이 합환(合歡)하는 밀교 본존(本尊) 앞에서 원수를 없애 달라고 빌었다. 제국주의 일본이 군신으로 숭배토록 한 구스노키의 동상이 도쿄 궁성 앞 광장 남쪽 끝에 지금도

서 있다. 일가족이 몰살당한 구스노키 집안의 문양은 국수(菊水). 물에 떠내려 가는 국화송이었다. 구스노키처럼 "덴노헤이카반자이(天皇陛下萬歲)!"를 외치고 죽어 간 명치유신 이래 200만이 넘는 원혼들을 한데 모신 야스쿠니(靖國) 신사의 로고는 국수가 아닌 국화 문장이다.

도쿠가와 막부를 무너뜨리고 나서 명치유신의 실세들은 신비로운 황금빛 국화를 절대 권력의 상징으로 내세웠다. 천황가의 조상신 아마데라스(天照)는 마침내 민족의 조상신으로 승격한다. 그때부터 법률에 의한 타부가 걸린 16판 국화꽃은 태양신 아마데라스 여신의 자손과 '천황의 후예(국민)'를 묶는 구심력의 상징이 되었으며, 태양→국화→천황의 초상숭배로 이어진 '만세일계' 신화를 만들어냈다.

그러나 일본의 사상가 마루야마 마사오(丸山眞男, 1914~1996)가 《현대정치의 사상과 행동》에서 주장했듯이 '궁극적 가치의 실체'를 의미한 '국화'는 동아시아를 침략한 아라히토가미(現人神)의 아들들인 '황군(皇軍)'에게 일종의 면죄부를 준 것이다. 그런가 하면 잔학행위의 피해자들에게는 바로 그 국화가 일대 재앙의 상징으로 바뀐다. 일본의 역사학자 아미노 요시히코(網野善彦, 1928~2004)는 그의 저서 《동서가 다른 일본의 역사》를 통해 '신 바람(神風)'을 기다리는 '우매함을 떨치지 못한 일본인'이라고 비판했다. 그러나 천황신화에 세뇌 당한 많은 일본인은 미군이 아마데라 신이 사는 이세신궁을 폭격했기 때문에 여신의 보복을 면치 못하리라고 믿었다는 것이다. 그 일본인을 악몽에서 깨운 것은 결국 2개의 핵무기였다.

패전 후 천황은 "신의 자손이 아니라 인간"이라고 선언하고 평민 차림으로 되돌아 왔다. 그런 "천황을 궁중에서 죽이고 싶다!"고 말한 사람이 있다. 그는 '일본적 지성을 대표하는' 소설가 미시마 유키오(三島由紀夫, 1925~1970)다. 그의 이 말은 《천황황실사전》에 나오는 이야기다. 그 역시 "천황만세!"를 외치고 할복자살했지만 그의 신체의 일부에서 검출된 것은 고다이고 천황의 밀교의식, 지령(地靈)을 다스리려고 전국에서 뽑아 올린 여인들에게 바친 것과 다름없는 체액이었다고 한다. '가장 거룩한 것'은 그 '정반대의 것과 일치' 했던 것이다.

전쟁 전 일본의 '황국사관(史觀)'이 건무중흥(建武中興)의 천황으로 받든 고다이고는 "섹스 그 자체의 힘으로 자기 왕권의 힘을 만들려고 한(網野:異形의 王權)" 진언종의 이단자였다. 줄곧 한반도의 영향권 아래서, 조선을 대국(大國)으로 여기며, 오닌(應仁) 난 직후에는 조선반도의 '관음현상(觀音現像)'이 나타나자 80여 명의 경하사절을 보낸 서일본(西日本), 규슈 사람들과는 크게 다른 별개의 불교 신앙체계였다.

| 박석기 |

2

문학 속의 국화

2. 문학 속의 국화

하나 | 한국 | 시가문학으로 본 국화

뭇 꽃들 지고 마지막 피우는 꽃

인고와 지조의 오상고절

「소쩍새가 지겹도록 울어대는 봄부터 폭풍우와 천둥치는 지루한 여름을 견디며」란 시어가 아니라도 찬 서리 앞에 오만하게 버티고 서서 마침내 꽃을 피워내는 결연한 자태가 국화가 아니겠는가! 미구에 다가올 서릿발 앞에서도 국화는 망설임 없이 향기 높은 꽃을 피워 내는 '오상고절(傲霜孤節)'이 아니고 무엇인가? 모든 초목이 색을 잃어버리고 삭막한 계절이 시작될 때 을씨년스러운 울타리 밑에서 꽃을 피우고 있는 '이하국(籬下菊)'을 미당 서정주(未堂 徐廷柱, 1915~2000)가 아니라도 시인묵객이 그냥 지나칠 수 있겠는가.

명리를 좇아 뛰는 무리를 보면서 초연했던 참다운 지성인의 눈은 국화 한 송이에서 인간이 지켜야 할 덕목을 봤을 것이다. 국화는 그래서 상하걸(霜下傑)이니, 은일화(隱逸花)니, 그것이 지녀야 할 알맞은 의칭들을 수없이 갖고 있는 것이다.

고려 때의 이규보(李奎報, 1168~1241)는 늦은 가을에 피는 국화에서 신이한 생태를 먼저 보았다.

봄의 신이 꽃 피우기 맡고 있는데/ 어
찌 가을의 신이 또 꽃을 피우려 하나/
서늘한 가을바람 밤낮으로 부는데 /
어디서 따뜻한 기운 빌어 꽃 피우나?
(青帝司花剪刻多 如何白帝友司花
金風日月吹蕭瑟 借底陽花放艷葩).

이규보는 국화에서 다가오는 역경을 아
랑곳하지 않는 두려움 없는 정신과 기어코
완성에 이르려는 인고의 의지를 보았던 것
이다. 한편 세종 때의 강희맹(姜希孟,
1424~1483) 또한 크게 다르지 않았다.

사시가 건듯건듯 철이 바뀌니/ 봄여
름 온갖 꽃 시드네/ 뭇 꽃들 피고 난
다음 꽃을 피워서/ 맑은 향기가 뼛속
까지 스며드네/ 만장의 홍진 눈을 가
리고/ 된서리가 머리칼에 날아들어도
/ 너는 끝내 그대로 향기를 지녀/ 밝
은 달에게 그윽한 향기 보내누나(奄
四時兮倏忽 念群芳兮衰歇 殿百花
兮始發 香清冷兮逼骨 塵萬丈兮眯
目 颯乾霜兮入髮 保芳馨兮無闕 寄
幽情於明月).

이 〈우국재부(友菊齋賦)〉란 시에서 뭇
꽃 다 지고 늦게 핀 꽃의 향기가 뼛속을 파
고들고 세속적인 욕망을 뛰어넘어 세상을
맑게 한다고 감탄했다. 이는 인고의 역경을
넘어서서 마침내 세상을 맑게 지켜 주는 국
화의 환유세계를 본 것이다.

국화도(菊花圖) | 김수철(金秀哲), 조선 | 국화는 오상·상하걸과 같이 찬 서
리를 겁내지 않는 의연함과 자세를 바로잡고 서 있는 뛰어난 자태를 지칭하
는 이칭이 있다.

군자의 기개와 충의

고려 말 혼란기를 살다가 간 충신의 국화시가 또 있다. 목은 이색(牧隱 李穡) 또한 〈대국유감(對菊有感)〉이란 시를 남겨 그의 생애를 짐작할 수 있게 했다.

> 인정이 어찌 물건의 정 없음 같으랴/ 요즘은 마주치는 것마다 불평스
> 럽네/ 동쪽 울 슬쩍 보니 얼굴 가득 미안하니/ 가연명이 진짜 국화를
> 만났기 때문이네(人情那似物無情 觸境年來漸不平 偶向東籬羞滿
> 面 眞黃花對僞淵明).

아마도 이 시는 목은이 향리에서 은둔할 때의 작품으로 보인다. 고려왕조를 지키지도 못하고 초야에 묻혀 사는 자신의 처지와 인심을 탓하다가 문득 눈에 띄는 국화 한 송이를 보고 부끄러워하며 자신을 경계했던 것이다. 역시 비슷한 시기인 여말선초의 사람인 이헌 성여완(怡軒 成汝完, 1309~1397)이 남긴 시가 있다.

> 일찍 심어 늦게 피니 군자의 덕이로다/ 풍상에 아니 지니/ 열사의 절
> (節)이로다/ 세상에/ 도연명 없으니 뉘라 너를 이르료?

이 가곡에서 성여완은 국화가 군자의 절의의 표상임을 직접 화법으로 노래한 최초의 시인이라 할 수 있다. 절의가 없는 군자가 있을 수 없고, 명리를 다투는 은사[陶淵明]가 있을 수 없음을 천명한 것이다.

군자의 절개와 향기

또 영조 때의 문인가객으로 '노가재 가단(老歌齋歌壇)'을 주도했던 김수장(金壽長, 1690~?)은 아래와 같이 국화를 군자의 상징으로 노래한 바 있다.

> 한식(寒食) 비 갠 날에 국화 움이 반가워라/ 꽃도 보려니와/ 일일신
> (日日新) 더 좋와라/ 풍상이/ 섞어 치면 군자절(君子節)을 피운다.

지은이는 이른 봄 새 생명의 국순(菊筍)이 하루하루 새롭게 자라나 마침내 찬 바람과 혹독한 서리 앞에서 흐드러지게 피어나는 국화를 사실적인 표현으로 은유하고 있다. 이른 봄에 솟아나는 국화의 새 순에서 바로 군자의 절의를 본 것이다.

한말 여류시인 송설당(松雪堂, 1855~1939) 최씨는 〈국화〉라는 제목의 시를 남겼다.

여치와 국화 │ 심사정(沈師正), 조선, 국립중앙박물관 소장 │ 문학 속에 등장하는 국화는 혼란에 빠진 나라의 위기를 안타까워하는 충신들의 기개와 충의로, 안정기에는 계절과 은일로 종종 나타난다.

절개롭다 저 국화야/ 신기롭다 저 국화야!//낙목한천(落木寒天) 소슬한데/ 너만 홀로 피었구나// …중략… // 황금 백금 봉한 듯이/ 봉지 봉지 견봉(堅封)하여// 머리 위에 이고 서서/ 때 오기를 고대타가//반갑도다! 중양가절/ 기약 맞춰 돌아오니// 아담하다 저 국화야/ 향기롭다 저 국화야!// 아름다운 높은 절개/냉상양로(冷霜凉露) 가소롭다.

송설당은 조상이 홍경래의 난에 연루된 혐의로 집안이 몰락하자 가문을 일으키고자 절치부심 노력 끝에 불명예의 멍에를 벗는 데 성공했다. 뿐만 아니라 만년에는 육영사업에 헌신한 여장부로서 '냉상양로'를 가소롭게 여긴다는 구절로 자신의 생애를 국화의 기개에 은유해 당당하게 표현한 것이다.

은일의 풍류와 계절의 상징

인고나 절의의 은유로서 국화를 표현한 시가는 극도의 사회혼란기에 많이 나타난다. 반면 안정기에는 국화가 계절이나 은일의 사유세계와 어울리게 된다. 조선 중기 인조 때의 선석 신계영(仙石 辛啓榮, 1577~1669)은 전원에 묻혀 신선처럼 사는 모습을 아래와 같이 노래했다.

> 동리(東籬)에 국화 피니 중양이 거의로다/ 자채(自采)로 빚은 술이/
> 하마 아니 익었느냐?/ 아이야/ 자해(紫蟹) 황계(黃鷄)로 안주 장만하
> 여라.

《선석유고(仙石遺稿)》에 실린 〈전원사시가〉 중 한 수이다. 외교사절로 일본과 청나라를 몇 차례 다녀오기도 했던 작자는 비교적 일찍이 관직에서 물러나 은일의 세계에 들었던 모양이다. 여기에서 우리는 당시 사람들의 삶의 단면을 엿볼 수 있다. 자채벼라는 올벼쌀로 빚은 술에 가을 무논에서 잡은 참게〔紫蟹〕와 살진 누런 닭을 잡아 안주로 하여 친구들과 즐겁게 술을 마셨던 것이다. 때는 중양절이니 술마저 국화주라면 최상의 풍류가 아니던가? 작자는 조정이든 세속이든 멀리 떨어져 '전원사시(田園四時)'를 느끼며 살고 있는 것이다. 그는 특히 번다한 봄이나 여름보다는 가을을 좋아했다.

> 삼월이 좋다 해도 구시월만 못하리라/ 봉봉이 단풍이요/ 골골마다 국
> 화로다/ 아마도/ 놀기 좋기는 구시월인가(하노라).(〈詞 및 調〉55)

이쯤 되면 인고나 절의 등의 의식세계는 이미 의미가 없는 것이다. 오직 자연에의 귀의로 무위의 경지에 들어간 은일지사가 된 것이다.

퇴색되고 있는 국화의 전통적인 환유세계

《동국가사(東國歌辭)》나 김수장의 《해동가요(海東歌謠)》에 국화와 계절을 즐기는 작품이 각각 실려 있다.

삼월 삼일 이백 도화 구월 구일 황국단풍/ 금준에 술이 익고/ 동정에 추월인 때/ 백옥배/ 죽엽주 다리고 완월장 취하리라. (《東國歌辭》86)

창밖에 국화를 심어 국화 밑에 술을 빚어/ 술 익자 국화 피자/ 벗님 오자 달 돋아온다/ 아이야/ 거문고 청처라 밤새도록 놀리라.(《해동가요》─石本 533)

가을을 상징하는 국화와 음주의 배경으로 노래된 국화와는 그 차별화의 경계가 매우 민감한 관계에 있다. 그 예가 될 수 있는 두 작품으로 계절이 주제인지 국화나 술이 주제인지 혼란을 일으킬 수밖에 없다. 국화의 전통적인 환유세계는 찾아볼 수 없게 되었다. 다만 이 두 작품은 국화와 달을 벗 삼아 취하도록 마시겠다는 뜻을 노래해 국화를 취락의 배경 또는 분위기 조성자로 상징하고 있다. 이러한 생각은 결코 우리 선비들만의 독창적인 것이 아니고 도연명의 시 〈음주〉에서 비롯된 것이다.

국화를 '은일화'라고 따로 일컬을 만큼 국화와 은일의 관계는 아주 오래됐다. 그러나 이 역시 도연명의 글에서 비롯된 것이다.

목단은 화중왕이요/ 향일화는 충신이로다/ 연화는 군자요, 행화는 소인이라/ 국화는 은일사(隱逸士)요, 매화 한사로다/ …하략….

국병도(國甁圖) | 양기훈(楊基薰), 조선, 호암미술관 소장 | 전형적인 완상용 정물화로 담묵으로 처리된 국화 꽃잎이 아취를 띠고 있다.

국화도(민화) | 기이한 괴석 뒤에 숨어 피어 있는 국화, 그 자체에서 화려함을 뽐내지 아니하는 겸손과 순박함이 느껴진다. (가회박물관 제공)

여기에서 보면 김수장은 이 시에서 분명히 국화를 '은일사'라고 규정했다. 그런가 하면 안민영(安玟英) 또한 맥을 같이하고 있다.

주렴계(周濂溪)는 애련(愛蓮)하고/ 도정절(陶靖節)은 애국(愛菊)이라/ 연화는 군자어늘 국화는 은일사라/ …하략….

김수장이나 일 백 수십 년 뒤에 활약한 안민영이나 다 같이 자신들이 지은 〈편삭대엽(編數大葉:男唱歌曲)〉에서 국화를 명확히 은일지사로 언급했다. 이 두 사람은 가객이면서 저술가로 이름을 남겼으며 한국 시가문학의 맥을 영원히 끊이지

않게 한 인물들이다. 그러나 여말선초 선비들의 의식세계였던 국화의 전통적인 환
유세계는 이때쯤이면 이미 바뀐 것이 아닌가 한다. | 최강현 |

편삭대엽(編數大葉)

'편'은 많은 가사를 촘촘히 붙여 노래한 것이라는 의미이며 계면조(界面調)로 된 '편'을 '계편'이라 하지 않
고 '편삭대엽(編數大葉)'이라 한다. 빠르고 큰 곡이라는 뜻으로 '편잦은 한 잎', 혹은 '엮음잦은 한 잎'이라고
도 한다. 계면조(界面調)에 남창(男唱)·여창(女唱)에서 모두 불린다. 대군(大軍)이 쳐들어오는 풍도(風度)로
고각(鼓角)을 울리는 노래다.

둘 | 중국 | 시가문학으로 본 국화

정인군자 인인지사의 국화

은자와 미인과 양생의 가을 꽃, 국화

음력 9월을 구추(九秋)라고 부르는 이외에, 국화라는 말을 넣어 국월(菊月), 국령(菊令), 국추(菊秋)라고도 한다. 중국 문학에서 국화는 난초와 더불어 아름다움을 상징했다. 한나라 7대 황제 무제(武帝, 재위 BC 141~87)가 지은 〈추풍사(秋風辭)〉에 보면 「난초가 빼어나고 국화도 아름다워라, 가인을 사모하여 잊을 수가 없도다(蘭有秀兮菊有芳 懷佳人兮不能忘).」라고 했다. 가인은 여신을 가리킨다고도 한다. 그렇다면 이 노래에서 국화는 여신을 연상시킬 정도로 아름다운 여인의 자태를 상징하는 셈이다.

굴원은 〈이소〉에서 「저녁에는 가을 국화의 떨어진 꽃잎을 먹노라(夕餐秋菊之落英).」고 하여, 꽃을 먹었다고 했다. 도연명도 〈중구일에 한가하게 있으면서(九日閒居)〉라는 시에서 「술은 온갖 근심을 제거하고 국화는 나이 먹는 것을 억제한다(酒能祛百慮 菊爲制頹齡).」고 하여, 국화를 약용으로 삼았음을 암시했다. 하지만 국화는 대개 식용보다는 관상용으로 가치가 높았다. 국화는 생명력과 천진(天眞), 임진(任眞)의 이미지를 지니고 있다. 이후 중국 문학에서 국화는 대체로 세속에 얽

매이지 않는 방일(放逸)한 문인들의 친구로 형상화되었다. 굴원의 〈이소〉에서 '가을 국화의 떨어진 꽃'도 실상 고결하면서도 방일한 이미지를 지닌다.

국화는 색으로 보더라도 경국(傾國)의 색이 없고, 맛을 보더라도 달지가 않고 자태를 보더라도 요염함이 없다. 따라서 당나라 말의 시인 사공도(司空圖, 837~908)는 《시품(詩品)》〈전아(典雅)〉에서, 「사람이 담박하기가 국화와 같다(人淡如菊).」는 표현을 사용했다. 곧, 국화는 마치 공자의 제자 안연(顔淵)처럼 가난한 속에서도 자신만이 즐기는 즐거움을 고치지 않는 담박한 맛이 있다고 인식되어 왔다.

그렇기에 중국 문학에서 국화는 대개 은둔자의 이미지를 지닌다. 《삼보결록(三輔決錄)》에 보면, 한(漢)나라 애제(哀帝, BC 7~1) 때 장후(蔣詡)라는 사람이 벼슬에서 물러나 고향으로 돌아와 뜰에 삼경(三逕:三徑)을 만들어 놓고 놀았다 한다. 그런데 삼경, 곧 세 갈래 길에 대해 《연주시격(聯珠詩格)》의 주석에서는 송경(松徑)·국경(菊徑)·죽경(竹徑)을 말한다고 했다. 삼경은 은사가 사는 곳을 지칭하는 말로 사용되는데, 세 갈래 길에 각각 소나무, 국화, 대나무를 달리 심었다고 보는 것은 아무래도 수긍하

국죽도(菊竹圖) | 서위(徐渭), 명(明), 랴오닝 성박물관 소장 | 생기발랄한 국화가 꼿꼿하게 서 있으며 그 옆에 길게 자란 대나무가 끝을 아래로 늘어뜨리고 있어 정취가 넘쳐흐른다. 국화, 대나무 아래에는 끝이 뾰족한 풀이 있는데 필묵이 힘차고 통쾌하다. 마르고 젖고 짙고 옅음의 변화가 풍부하다. 전체 작품에는 단숨에 그려낸 기운이 있으며 깊고 심오한 정취가 느껴진다.

기는 어렵다.

그런데 역시 동진 때의 도연명도 오두미(五斗米)의 봉급 때문에 굽실대는 것을 혐오해 벼슬을 버리고 전원으로 돌아와서는 역시 삼경을 만들어 홀로 즐겼다고 한다. 그가 지은 유명한 〈귀거래사〉에 보면,「세 갈래 길은 황량하게 되었지만 소나무와 국화는 여전히 남았도다(三徑就荒, 松菊猶存).」라고 했다. 특히 도연명의 〈음주〉20수 가운데 다섯째 시는 자연 속으로 돌아가 유유자적하는 심경을 읊은 시로 유명한데, 그 시에는「동쪽 울타리 아래에서 국화꽃을 딴다(采菊東籬下).」는 구절이 들어 있다.

> 초가집 얽어 사람 사는 데 있어도/ 수레 말의 시끄러운 소리가 없구나
> / 그대에게 묻나니, 어떻게 그러한 게요/ 마음 멀면 땅도 저절로 외지
> 다네/ 동쪽 울타리 아래에서 국화를 따다가/ 유연하게 남산을 바라보
> 니/ 산 기운은 저물녘에 아름답고/ 새는 서로 함께 돌아오누나/ 이 가
> 운데 참뜻이 있나니/ 그 뜻을 밝히려다가 말을 잊었도다(結廬在人境
> 而無車馬喧 問君何能爾 心遠地自偏 采菊東籬下 悠然見南山 山氣
> 日夕佳 飛鳥相與還 此中有眞意 欲辨已忘言).

송나라 때 철학자인 주돈이는 〈애련설〉이라는 글에서, 도연명이 국화를 사랑한 사실을 언급하고,「내가 생각하기에, 국화는 꽃 가운데 은일자다(予謂菊 花之隱逸 者也).」라고 했다. 당나라 시인 맹호연은 도연명에 가까운 시풍을 추구했다. 그의 〈친구의 별장에 들르다(過故人莊)〉라는 시에서도, 국화는 은둔의 이미지를 담고 있다.

> 친구는 기장과 닭을 갖춰/ 나를 맞아 농가로 이끈다/ 녹수는 마을 가
> 를 둘렀고/ 청산은 성곽 밖에 비낀 곳/ 보리타작 장포에 자리 펴고/
> 술잔 잡아 뽕과 삼 이야기/ 중양절 오기를 기다렸다가/ 다시 와서 보
> 리라 국화를(故人具雞黍 邀我至田家 綠樹村邊合 靑山郭外斜 開
> 筵面場圃 把酒話桑麻 待到重陽日 還來就菊花).

국화는 정인군자, 인인지사의 이미지

국화는 마르고 여윈 것이 가시나무 같다. 그런데 무성한 풀이나 이끼와 함께 거처하면서도 우뚝하게 아름다운 자태를 지니고 있기 때문에 시류에 영합하지 않는 이미

지를 준다. 따라서 국화는 곧잘 정인달
사(正人達士), 인인지사(仁人志士),
단인지사(端人志士)를 상징한다. 범
성대는 《범촌국보》의 서문에서, 「산림
의 호사자들은 혹 국화를 군자에 비긴
다. 그 설에 따르면 한 해가 저물어 초
목이 시들고 변하게 되면 홀로 아름답
게 피어나 바람과 이슬을 깔보는 것이,
유인이나 일사가 지조를 지녀서 비록
적막하고 황량하여도 도를 맛본 것이
두둑하여 그 즐거움을 바꾸지 않는 것
과 같다.」고 했다.

특히 국화는 서리 내리는 세모에
피어나므로, 봄꽃과 아름다움을 다투
지 않고 신록과 풍채를 다투지 않는다.
세모는 인간의 만년과 같아, 만년에 피
는 국화는 노년에 이르러서도 절조를
지키는 것을 상징한다.

송나라 시인 양만리는 시 〈황국
(黃菊)〉에서, 「울긋불긋한 다른 꽃들
보다 늦게 피지만, 시절이 오면 반드시
핀다네(比他紅紫開差晩, 時節來時
畢竟開).」라고 했다. 역시 송나라 시인
육유(陸游, 1125~1209)도 〈구월 십
이일에 국화를 꺾으며(九月十二日折
菊)〉에서, 「늦게 피어도 서리를 이기는
절조를 볼 수 있나니, 아동이 그냥 지

록주도(鹿酒圖) | 정운붕(丁雲鵬), 명(明), 상하이 박물관
소장 | 중국 문학에서 국화는 대개 은둔자의 이미지를 지닌
다. 가난 속에서도 자신만이 즐기는 즐거움을 고치지 않는
담박한 맛이 그림 속의 술지게미를 거르는 고아한 선비와
동자의 모습에서 담뿍 전해진다.

나치는 것이 우습구나(開遲愈見凌霜操 堪笑兒童道過時).」라고 했다.

특히 국화꽃의 노란색은 중국인의 인문세계에서는 정색(正色)으로 간주되어, 존귀한 이미지를 지닌다. 그래서 국화라고 하면 '황금빛으로 가을에 빛난다(金華耀秋)'라는 칭송을 한다. 양만리는 〈다가정 앞의 황국(多稼亭前黃菊)〉이란 시에서, 「근기가 정색을 받아서이지, 황금을 본받아서가 아니라네(根器受正色, 非緣學黃金).」라고 했다. 또 송나라 유몽은 《유씨국보(劉氏菊譜)》의 〈정품(定品)〉에서, 국화에서 우선시하는 것은 색과 향이고 자태는 뒤로 한다고 했다. 어째서 색을 우선시하는가 하면 노란색이 오방의 가운데 색이기 때문이라고 했다. 곧 음양오행설에 따르면 노란색이 중앙에 배당되므로, 국화의 노란색은 정색의 이미지를 지닌다.

시들어 가는 잔국도 불굴, 고절의 이미지

무엇보다도 국화는 늙고 시들더라도 표일하게 청분(淸芬)을 띤다. 그 모습은 투혼을 상징한다. 늦가을까지 피어서 남아 있는 국화를 잔국(殘菊)이라고 한다. 곧 오상고절의 이미지를 주는 것이다. 소동파의 〈겨울 풍경(冬景)〉에서 「국화는 시들어도 여전히 서리를 이기는 가지가 있도다(菊殘猶有傲霜枝).」라고 한 것이 그 대표적인 예다. 양만리도 〈흰 국화(白菊)〉 시에서, 「서리와 더불어 다시 맑은 하늘 아래 싸워, 서리는 녹아도 국화는 녹지 않노라(與霜更鬥晴天日 鬥得霜融菊不融).」라고 했다.

중국 시화집에 보면, 구양수(歐陽脩, 1007~1072)가 왕안석(王安石, 1021~1086)의 시에서 「황혼에 비바람이 동산 숲에 어둡더니, 남은 국화 흩날려 온 땅이 금빛일세(黃昏風雨暝園林 殘菊飄零滿地金).」라고 한 것을 보고, 「온갖 꽃이 다 져도 국화만은 가지 위에서 마를 뿐이다.」 하고는 장난기로 말하기를, 「가을꽃을 봄꽃 짐에 견주어선 안 되나니, 시인에게 자세히 보라고 알려 주노라(秋英不比春花落 爲報詩人子細看).」라고 했다. 왕안석이 이 말을 듣더니, 「그가 어찌 《초사》에 나오는 '저녁에는 가을 국화의 진 꽃잎을 먹는다(夕餐秋菊之落英)'고 한 것을 모른단 말인가?」 했다. 아마도 이 시화는 소동파가 「국화는 시들어도 오히려 서리를 이기는 가지가 있도다(菊殘猶有傲霜枝).」라는 시구를 남겼기 때문에 뒷사람이 덧붙인 것인 듯하다.

국화는 시들더라도 땅으로 떨어지지 않고, 의연히 가지에 붙어 있으면서 향을 끌어안은 채 죽어간다. 그러한 품성이 곧 오상고절의 이미지를 연상시키는 것이다.

남송 정사초(鄭思肖, 1241~1318)의 〈화국(畵菊)〉의 제시(題詩)에 보면, 「차라리 가지 머리에서 향을 끌어안고 죽어 갈지언정, 어찌 북풍 속에 날려 떨어진 적이 있던가(寧可枝頭抱香死 何曾吹落北風中).」라고 하여 오상고절의 이미지에 나라 잃은 백성의 울분을 의탁했다.

앞서 인용한 도연명의 〈귀거래사〉에서, 「세 갈래 길은 황량하게 되었지만 소나무와 국화는 여전히 남았도다.」라고 한 것도, 국화를 후조(後彫, 세모에도 시들지 않음)의 소나무와 짝한 것이다. 그렇기에 육유는 〈도연명이 말하길, '세 갈래 길은 황량하게 되었지만 소나무와 국화는 여전히 남았도다'라고 했으니, 대개 국화를 소나무와 짝이 되게 한 것이다. 그 시를 읽고 감동하여 이 시를 짓는다(陶淵明 云 三徑就荒 松菊猶存 蓋以菊配松也 余讀而感之 因賦此詩)〉에서, 「높은 뜻은 유정함을 지키고 큰 절개는 강건한 기상이 늠름하다(高情守幽貞 大節凜介剛).」고 했다.

잔국의 향은 특히 불굴의 정신을 상징한다. 육유가 만년에 지은 〈시월(十月)〉이란 시를 보면, 「국화는 다 시들어도 향기는 여전히 남았기에, 다시 동쪽 울타리 아래에서 한바탕 잠이 든다(菊花枯盡香猶在, 又付東籬一醉眠).」고 했다. 그는 〈잔국〉에서도, 「잔국 한 가지에 향이 아직 시들지 않았나니, 한밤 창 아래에서 백 번이나 깨어 살피게 되네(殘菊一枝香未殘 夜窗抬起百回看).」라고 했다.

하지만 잔국이라 하면 서리를 맞아 상한 국화를 뜻하기도 한다. 한가을의 국화가 성대하고 온전하며 유유자적한 이미지를 주는 데 비해, 상한 국화는 훼손과 영락의 이미지를 주는 시문의 예 또한 있다.

흥취를 돋우고 고향을 그립게 하는 국화주

국화는 국화주를 곧잘 연상시킨다. 9월 9일의 중양절에 국화 아래에서 술동이를 두고 술을 마시는 일을 국화준(菊花樽)이라고 한다. 그런데 중양절에 국화주를 마시는 것도 오래된 풍습인 듯하다. 명나라 말 원굉도(袁宏道, 1568~1610)의 《세시기이(歲時紀異)》에 인용된 명나라 대신 왕오(王鏊, 1450~1524)의 《고소지(姑蘇志)》에 의하면, 「오중(吳中)에서는 중양절에 국화술을 마시고, 중양고(重陽糕)와 낙타제(駱駝蹄)를 먹는다.」고 했다. 그러나 이 두 음식이 정확히 어떤 것인지는 알 수 없다.

국화주는 재액을 막아 준다는 속설이 일찌감치 있어 왔다. 중양절에 가족 및 친척이나 친구들이 함께 모여 국화주를 마시는 것도 이 때문이다. 한나라 때의 비장

취죽황화도(翠竹黃花圖) | 왕곡상(王穀祥), 명(明), 상하이 박물관 소장 | 음양오행설에 따르면 노란색이 중앙이 되므로 중국에서 국화의 노란색은 존귀한 이미지를 지닌다.

방(費長房)의 고사에서 비롯된 풍습이다. 그런가 하면 국화주는 대체로 가을의 흥취를 고취시키는 이미지를 지니고 있다. 따라서 국화는 중양절의 국화주와 연결되어 훈훈한 인정과 고향을 연상시킨다. 앞서의 맹호연의 시에서도 조금은 그러한 면이 겹쳐 있다. 그런데 두보(杜甫)가 불우하게 지내면서 쓴 〈밤(夜)〉이라는 시를 보면, 국화는 더욱 시인의 고향상실의 애상을 부추기고 있다.

> 이슬 내린 높은 하늘, 가을 기운 맑은데/ 빈산에 홀로 있는 밤, 나그네 심혼이 놀라라/ 쓸쓸한 등잔만이 비추는 외론 돛배의 숙소/ 초승달 아직 걸린 저녁에 다듬이 소리/ 남국의 국화를 재회하고 병으로 누웠는데/ 북쪽 편지는 오지 않나니 기러기 무정해라/ 지팡이 짚고 처마 밑 거닐며 견우 북두성을 바라본다/ 은하수는 멀리 봉성에 닿았으리(露下天高秋氣淸 空山獨夜旅魂驚 疎燈自照孤帆宿 新月猶懸 雙杵鳴 南菊再逢人臥病 北書不至雁無情 步簷倚杖看牛斗 銀漢遙應接鳳城).

타향의 인기척 없는 산집에 누워 시인은 고독감을 곱씹고 있다. 한밤 선착장에는 배 한 척이 쓸쓸한 등불을 사르고 방파제 곁에 가만히 정박해 있다. 초승달은 저녁나절 서쪽 하늘에 나와서는 곧바로 떨어지는데, 황혼녘에는 다듬이 소리가 처량하게 들린다. 시인은 벌써 두 해째 남국에 떠나와 있으면서 국화가 피는 것을 보았다. 북방에 있는 친척과 벗들로부터는 편지가 오지 않는다. '남국의 국화를 두 번째 만나보고 병으로 누웠다.'고 했다. 타향에서 보는 국화가 고향상실의 상황을 환기시킨 탓에 시인은 병이 날 정도로 향수에 젖는다.

두보는 55세 때 쓰촨 성(四川省) 기주(夔州)에서 칠언율시 형식으로 〈추흥팔수(秋興八首)〉를 지었는데, 나그네 생활의 괴로움과 지난날에 대한 추억으로 점철되어 있는 매우 서정적인 연작시다. 그 첫째 수에도 보면 떨기 진 국화꽃을 바라보면서 눈물짓는 광경이 묘사되어 있다.

> 옥 이슬은 단풍나무 숲을 시들게 하고/ 무산 무협에는 가을 기운이 엄중하다/ 장강의 파랑은 하늘까지 닿을 듯 솟구치고/ 변새를 덮은 풍운은 땅에 닿을 듯 어둡다/ 국화 떨기를 보고 흘리던 눈물을 올해에도 또 흘리니/ 외론 배를 기슭에 묶어 고향 그리는 마음도 거기 묶어 두네/ 겨울옷을 마련하느라 곳곳마다 재봉을 서두르매/ 백제성 높은 곳에 다듬이질 소리 급하구나(玉露凋傷楓樹林 巫山巫峽氣蕭森 江間波

浪兼天湧 塞上風雲接地陰 叢菊兩開他日淚 孤舟一繫故園心 寒衣
處處催刀尺 白帝城高急暮砧).

육유는 국화를 '절세기(絶世奇)'라고 예찬했고, 범성대는 황국을 '황금파(黃金葩)'라고 찬미했다. 그리고 중양절이면 일반인들이 국화를 수유와 함께 찾는 것을 속태(俗態)로 보아 혐오했다. 그래서 양만리는 〈무주의 채국정에 편액으로 쓸 시를 부치다(寄題向撫州采菊亭)〉라는 시를 남겼다.

> 떨어진 꽃은 초나라 죄인(굴원) 손에 들어가고/ 동쪽 울타리 꽃은 도씨 집의 것이었네/ 궁했던 두 사람이 우연히 뜻을 부친 것이겠지/ 어찌 반드시 그것을 사랑하였으랴(落英楚纍手 東籬陶令家 兩窮偶寓意 豈必眞愛它).

굴원과 도연명이 국화를 사랑한 사실에 대해서도 회의적인 시선을 보냈다. 이것은 물론 중양절이면 국화가 속된 풍습의 희생물로 혐오해서 그런 것이다. 하지만 국화는 중양절과 깊이 연계되어 왔고, 그렇기에 가을이면 더욱 사랑을 받았다. 육유는 자신도 〈중구절에 국화가 없어서 서글프다(重九無菊有感)〉라는 시에서 「중양절에 국화를 한 가지도 보지 못하니, 다른 날 국화가 피어 내 수심을 일으키겠군(重陽未見一枝菊 他日菊開生我愁).」이라 했다. 국화가 때 맞추어 피기를 바랐던 것이다.

정신은 물론 재화까지도 보듬는 국화

낙백(落魄)한 문인들은 노랗고 둥근 국화를 동전에 비유해 자조하고 스스로를 위안했다. 국화가 동그랗고 또 노랗기 때문에 금전(金錢)에 비유했던 것이니, 그것을 국전(菊錢)이라고 한다. 양만리는 〈희필(戲筆)〉이란 시에서 다음과 같이 노래했다.

> 들국화와 이끼가 각각 동전을 주조하니/ 노란 금전과 푸른 동전이 서로 어여쁨을 다투누나/ 조물주가 가난한 시객에게 준 것이다만/ 맑은 시름은 살 수 있어도 밭은 살 수 없구나(野菊荒苔各鑄錢 金黃銅綠兩爭妍 天公支與窮詩客 只買淸愁不買田).

이상에서 보았듯이 국수(菊水)나 국화주는 양생에 이용되었고, 노랗고 둥근 꽃은 곤궁한 시인들에 의해 금전(金錢)으로 비유되기도 했다.

그러나 국화는 역시 고귀한 인물이나 일사(逸士)가 정회를 가탁하는 대상이었다. 그렇기에 국화는 중국의 시가와 그림의 좋은 소재가 되어 왔으며, 국화는 서, 묵과 짝을 이루어 왔다. 그래서 《집아재매죽난국사보소인(集雅齋梅竹蘭菊四譜小引)》에 보면, 국을 매·난·죽과 합해 사군자(四君子)라 했던 것이다.

또한 국화는 중국만이 아니라 동아시아의 다른 나라에서도 모두 아름다운 꽃으로 인식되어 왔다. 조선의 문인 강희안은 1474년 무렵에 엮은 《양화소록》이라는 원예서에서 국화를 소나무, 대나무, 매화, 난초와 함께 다루었다. 곧, 노송, 만년송, 오반죽 다음에 국화를 거론하고, 국화 다음에 매화와 혜란(蕙蘭), 서향화(瑞香花), 연화(蓮花) 등을 열거했다.

동아시아의 여러 나라에서 국화를 칭상한 이유는 나라마다 조금씩 다른 듯하지만, 국화를 정절의 이미지로 보는 것은 매우 보편적인 관념이었던 듯하다.

| 심경호 |

셋 | 일본 | 시가문학으로 본 국화

국화에 의탁한 장수의 꿈

《고킨슈》에 처음 등장하는 국화

국화가 일본에 전래된 것은 닌토쿠 천황(仁德天皇, 재위 313~399) 무렵에 약용 식물로 들여왔다는 설과, 8세기 중엽에 전래되었다는 설 등이 있는데, 중국으로부터라는 사실은 두말할 나위도 없다.

　일본의 문학 속에는 주로 한시문의 세계에 등장하고 있다. 7세기 중엽에 이루어진 한시집 《가이후소(懷風藻)》에 용례가 보이며, 와카(和歌) 문학에서 처음 등장하는 것은 《루이쥬코쿠시(類聚國史)》에 실린 간무 천황(桓武天皇, 재위 781~806)의 작품 속에서 확인할 수 있다. 그러나 일반적으로 볼 때 격을 갖춘 문학적 작품이거나 주목할 만한 단계에는 아직 이르지 못한 것으로 평가되고 있다.

　이후 중양절의 연회가 성행하게 되면서 국화는 일본 운문 세계, 특히 와카의 문학 소재로 점차 확고하게 자리를 잡아갔다. 중국으로부터 전해진 이 중양(重陽)의 연회는 가을의 주요 궁중행사로 행해지기도 했다. 이 연회에 국화가 빠질 수 없는 이유는, 사람들이 국화에 장수(長壽)의 효능이 있다고 믿은 탓이다.

　국화를 소재로 한 와카 작품이 문학적으로 주목할 만한 것으로 보이기 시작한 것은 905년에 성립된《고킨슈(古今集)》라는 작품집에 와 서의 일이다. 이 작품집은 천황의 칙명으로 편찬된 소 위《칙찬와카집(勅撰和歌集)》의 효시이기도 하다. 일본 문학 속의 국화의 전형은 이《고킨슈》에 거의 다 나타났다고 해도 과언이 아닐 정도로 다양한 유 형의 음송(吟誦)이 보인다. 따라서 일본 문학 속의 국화를 이《고킨슈》에서의 용례를 중심으로 설명해도 무방하리라 싶다. 그 유형의 몇 가지를 들자면, 장수의 상징으로 읊어진 것, 시든 국화(잔국, 殘菊), 비유적으

마키에 국화 문양의 빗 | 국화와 키 낮은 대나무인 사사(笹) 가 어우러져 품위 있으면서 안정된 문양을 이루고 있다.

로 쓰인 것, 수면에 비친 국화 등을 들 수 있다. 그 중에서도 중심을 이루고 있는 것 은 장수의 상징과 잔국을 노래한 작품들이다. 여기에서는 이 두 작품 군(群)에 시선 의 초점을 맞추기로 한다.

우선 장수의 상징으로 읊어진 것을 살펴보면,《고킨슈》의 편찬자 중 한 사람인 기노 토모노리(紀友則, ?~907)의 작품이 눈에 띈다.

> 이슬 젖은 채 꺾어서 머리에 꽂자 국화 꽃송이/ 늙지 않는 가을이 오
> 래오래가도록(露ながら折りてかざさむ菊の花　老いせぬ秋のひさ
> しかるべく).
>
> -《고킨슈》270번 노래

여기에서 '가을'은 '세월'과 같은 뜻으로 쓰였으며, 위 작품에는 이슬에 젖은 국화를 머리에 꽂음으로써 장수를 누려 보자는 뜻이 담겨 있다. 그 노래 뜻의 밑바 닥에는 국화의 이슬에 불로장수의 영험이 있다는 사고방식이 흐르고 있다. 이러한 사고방식이 중국의 고사에서 유래되었다는 것은 의심의 여지가 없다.

그 고사 중 하나로 들 수 있는 것은 주(周)나라 목왕(穆王)의 시동이었던 국자 동(菊慈童)의 이야기다. 이 국자동이 어느 깊은 산 속에서 국화의 이슬을 먹고 800 세의 장수를 누렸다는 이야기가 그것이다. '국화의 이슬'이란 말에 국자동의 불로장 수의 고사를 떠올리는 것은 당시 일본인들에게는 거의 상식적인 일이었다고 한다.

17세기 후반에 활약한 하이쿠(俳句) 작자 마쓰오 바쇼(松尾芭蕉, 1644~ 1694)의 작품에도 이 '국화의 이슬'이라는 표현이 보인다.

> 가을 깊도록 나비도 핥고 있네 국화의 이슬(秋を經て蝶もなめるや
> 菊の露)

뜻풀이를 해보면, 「가을이 깊을 무렵까지 살아남은 나비야. 너도 오래 살고 싶어서인지, 연명(延命)의 효능이 있다는 국화의 이슬을 핥고 있구나.」라는 뜻으로 해석할 수 있다. 앞의《고킨슈》작품과는 800년 정도 시간의 차이가 있으나, '장수'라는 테마 속에서 두 작품은 서로 호흡을 같이 하고 있다. 같은 소재로 읊어진 또 다른 예를《고킨슈》에서 찾아볼 수 있다.

> 젖어 말리는 산길 국화의 이슬 잠깐 사이에/ 어느샌가 천년을 나는 살아버렸나(濡れてほす山路の菊の露の間に いつか千歲を我はへにけむ).
>
> -《고킨슈》273번 노래

헤이안 시대의 승려 문인 소세이(素性)의 작품이다. '이슬'의 일본어는 '약간'이라는 말과 음이 같고 뜻이 다른 동음이의어(同音異義語) 관계여서, 한 표현으로 두 뜻을 동시에 걸쳐서 표현하는 '가케코토바(掛詞)'의 기법이 여기에 쓰였다. 이 작품의 앞에는 「국화 속을 헤치며 선궁(仙宮)으로 사람들이 나아가는 모습을 읊다.」라는 짧막한 설명이 붙어 있어, 작자가 신선이 산다는 궁전에 나아가는 사람들의 입장에 서서 읊은 것이라 봐도 되겠다. 즉 이 노래의 밑바탕에는 선계의 시간을 얘기한 중국풍의 신선사상이 흐르고 있는 것이다. 이와 같은 설명문을 고려해서 위의 작품을 해석해 보면 다음과 같다.

「산길 오르다 국화의 이슬에 젖은 옷을 말리는 잠깐 사이가 잠시인 줄 알았는데, 이 선계에서 나는 천년을 지냈던 것인가.」라는 뜻으로 풀이할 수 있겠다.

약효로서의 국화 상찬의 노래

중국의 옛 전승설화에, 국화 꽃물이 흘러든 감곡(甘谷)이라는 계곡의 물을 마신 사람들은 모두 장수했다는 이야기가《예문유취(藝文類聚)》에 전하고 있는데, 이와 같은 설화가 위 작품의 배경이 되었을 개연성이 높다. 또한, 중국 진(晉)나라의 왕질(王質)이라는 사람이 선계에 들어가 아이들 바둑 두는 것을 보고 있는 사이에 도끼자루가 썩어 버렸다는 유명한 고사도 염두에 두었을 가능성도 높아 보인다.

헤이안 왕조 시대의 여성들은, 중양절의 전날인 음력 9월 8일 밤중에 비단을 국화에 덮어 씌워 국화의 밤이슬을 스미게 해두었다가, 그 이튿날인 중양절 당일 새벽에 그 비단 천으로 얼굴을 닦았다고 한다. 장수의 효험이 있는 국화의 이슬을 머금은 비단 천으로 얼굴을 닦으면 얼굴의 주름을 펼 수 있을 뿐더러 노쇠도 막을 수 있다고 믿었기 때문이다.《무라사키 시키부 일기(紫式部日記)》에도 필자인 무라사키 시키부(紫式部, 978~1016)가 어느 귀부인으로부터 그 비단을 선물로 받고, 다음과 같은 와카로 화답하려 했다는 내용이 적혀 있다.

> 국화의 이슬 젊어질 만큼만 소매 적시고/ 국화의 주인에게 천년은 양보하리(菊の露若ゆばかりに袖ぬれて 花のあるじに千代はゆづらむ).

노래의 뜻풀이를 해보면,「장수의 효험이 있다는 국화 이슬을 나는 젊어질 만큼만 받기로 하고, 이것으로 닦으면 수명이 천년이나 는다는 그 수명은 꽃의 주인이신 당신께 양보하지요.」라고 해석할 수 있겠다. 국화의 이슬에 어린 장수의 이미지가 일상생활에까지 영향을 미치고 있는 예다.

한국, 중국과는 달리 장수의 상징 못지않게 시든 국화인 잔국(殘菊)의 이미지로 읊어진 작품들 또한 눈에 많이 띈다. 헤이안 시대의 일본인들에게는 한창 때를 약간 지나서 빛바래기 시작한 국화를 칭송하는 분위기가 있었던 모양이다.

> 가을 말고도 한창 때가 있는가 국화 꽃잎은/ 변색하고 나서도 한결 더 고와지니(秋をおきて 時こそありけれ 菊の花 うつろふからに 色のまされば).
>
> -《고킨슈》278번 노래, 작자 미상

백국(白菊)의 경우, 가을 서리를 맞으면 연갈색 또는 연보라 계통의 색조를 띠며 변하는데, 당시 일본인들은 이 시기의 국화를 상찬해 종종 이처럼 읊었다고 한다. 헤이안 시대의 작품인《이세모노가타리(伊勢物語)》에도「음력 시월 그믐께, 국화가 빛이 바래서 한창 아름다울 적에(神無月のつごもりがた 菊の花うつろひさかりなるに).」(81段)라는 표현이 보여, 앞의 와카와 같은 맥락의 미의식이 확인된다.

국화의 본토인 중국과 한국에서는 그다지 주목하지 않았던 이 잔국을, 일본에서는 이미 오래 전부터 한시 등의 소재로 적극적으로 다루기 시작해, 9세기 말경에는 '잔국'이라는 말이 이미 하나의 시어로서 정착되기에 이르렀다. 국화의 경연을 벌이는 궁중행사였던 '기쿠아와세(菊合)' 때 읊어졌던 잔국 관련 와카의 수나《고킨슈》를 비롯한 많은 와카 작품집에서의 등장 빈도 등을 감안하면, 왕조 시대의 일본인들의 미의식 속에서 이 잔국이 차지하고 있었던 자리의 크기를 가늠하고도 남음이 있다 하겠다.

│김충영│

2. 문학 속의 국화

넷 | 중국 | 서사문학으로 본 국화

국화선녀와 아우소년의 백국전설

어머니의 눈병을 고친 지극한 효심

중국 허베이 성(河北省) 톈진(天津)으로부터 저장 성(浙江省)에 이르는 대운하가 시작되는 항저우(杭州) 주변에 먼 옛날 아우(阿牛)라는 한 착한 사람이 농사를 짓고 살았다. 그는 7살 때 아버지를 여의고 베를 짜서 겨우 생계를 이어가는 어머니를 의지하며 가난하게 살았다. 그러나 그의 어머니는 남편을 여의고 어린 아들과 함께 힘들게 살아가느라 눈물이 마를 날이 없어 두 눈이 짓물러 버렸다.

소년은 비록 나이는 어렸지만 어머니의 병을 치료하기 위해 부잣집 일을 해주는 한편, 아침 일찍 일어나고 밤늦게 자면서 황무지를 개간해 채소를 길렀다. 채소를 팔아 번 돈으로 의원을 찾아 약을 지어 어머니의 눈병을 치료하는 등 최선을 다했다. 그래도 어머니의 눈병은 나을 기미가 보이지 않았다. 의원은 앞으로도 얼마나 더 오래 치료해야 될지 모른다고 했다.

그러나 그는 절망하지 않고 어머니의 눈병 치료약을 사기 위해 더욱 열심히 일했다. 그러던 어느 날 밤 그는 꿈을 꾸었다. 꿈에 한 아가씨가 나타나 그가 채소를 가꾸고 있는 것을 거들어 주며 말하기를 "운하를 따라 서쪽으로 수십 리를 가면 천화탕(天花蕩)이라는 얕은 호수가 있는데, 그 호수 가운데에 흰색 국화 한 그루가 있으니 가히 눈병을 치료할 수 있습니다. 이 꽃은 9월 9일 중양절에야 비소로 꽃을 피우니 그때 그 꽃을 따다 달여 당신 어머니에게 드리세요. 그러면 분명 어머니의 눈병이 나을 것입니다."라고 했다.

마침내 9월 9일 중양절이 되자 그는 여행을 위한 마른 음식을 싸 가지고 백국화를 구하기 위해 천화탕을 찾아 나섰다. 원래 그곳은 온갖 야생초들이 가득 피어 있는 버려진 늪지대여서 사람들이 천화탕이라 불렀던 것이다. 그는 그곳에서 한참을 찾아 헤맸지만 노란 국화뿐 흰색 국화는 보이지 않았다. 오후 내내 찾다가 비소로 풀이 무성한 늪 한가운데 작은 흙 언덕이 나오고 우거진 풀숲에서 한 그루의 하얀 야생국화를 찾아냈다. 이 백국화는 생긴 게 매우 특이했다. 한 가지에 9개의 줄기가 있는데, 꽃이 한 송이만 피어 있었다. 나머지 8개의 줄기 끝에는 꽃이 피기를 기다리는 꽃 봉우리가 달려 있었다. 그는 이 백국화를 뿌리째 뽑아서 돌아와 자기 집 울타리 옆에 심었다. 그는 피어 있는 한 송이 국화꽃이 시들지 않게 정성스럽게 가꾸었다. 머지않아 8송이의 꽃봉우리 또한 잇따라 꽃망울을 터트렸는데 향기가 매우 좋았으며, 꽃이 무척 아름다웠다. 그는 매일 한 송이씩 백국화를 달여서 어머니에

추화도(秋花圖) | 문징명(文徵明), 명(明), 베이징 고궁박물원 소장 | 이 그림은 장쑤 성(江蘇省) 태호(太湖)에서 나는 돌인 태호석과 국화, 난 등 화초를 제재 삼아 약식으로 그리는 기법을 운용해 사물의 형식보다 그 내용과 정신에 치중하여 그리는 방식으로 그린 것이다. 전체적인 화면상에서 그림의 선은 간단하지만 운치가 가득하며, 유구한 정취가 느껴진다.

게 드렸다. 7송이의 꽃을 드신 후 어머니의 눈은 신기하게도 말끔히 나았다.

아가씨는 또 꿈속에 나타나 국화 심는 방법을 알려 주었다.

아가씨가 말하길 자신은 천상의 국화선녀라고 자신의 정체를 밝히며 특별히 당신을 도우러 내려 왔다고 했다. 그리고 자신이 일러 주는 〈국화심기노래(種菊謠)〉대로 행하면 앞으로도 백국화를 얼마든지 잘 살릴 수 있을 것이라고 했다.

"3월에 나누고 4월에 꼭대기를 평평하게 하고, 5월에는 꼭대기에 물이 뚝뚝 떨어지게 하고, 6월에는 꼭대기에 거름을 뿌리고, 7~8월에는 꼭대기에 흙을 돋우면, 9월에는 수국이 흐르네." 라고 읊고는 홀연히 사라졌다.

그는 국화선녀의 〈국화심기노래〉가 무엇을 뜻하는지 몰라서 곰곰이 생각하다가 마침내 그 뜻을 깨우쳤다. 백국을 심을 때 3월에 옮겨 심어야 하며, 4월에 순을 잘라내고, 5월에 물을 넉넉히 주며, 6월에 부지런히 비료를 주고, 7~8월에 뿌리를 잘 보호하면 9월에는 능히 수국처럼 핀 국화를 볼 수 있다는 것이다.

그가 국화선녀의 가르침에 따라 손질했더니 국화의 오래된 뿌리 위에 많은 가지가 솟아났다. 또한 이 가지들을 잘라 논밭길에 심어 노래에 따라 재배했더니 잘 자라는 것은 물론, 이듬해 9월초 중양절에 그윽한 향기가 가득한 백국화가 송이송이 만발하게 되었다. 그로부터 소년은 국화재배의 기술자가 되었고 가난한 백성들에게 가르쳐 주어 이 일대는 국화단지가 되었다. 물론 그 소년은 가난을 면했을 뿐만 아니라 존경 받는 인물이 되었다.

이 지역 사람들은 9월 9일에 이 백국화를 찾았기 때문에 후세 사람들은 그날을 국화절이라 했다. 아울러 국화를 감상하고, 국화차와 국화주를 마시는 등의 풍습이 생겼다는 것이다. 이는 많은 중양절 풍속의 또 다른 연원 가운데 하나가 되었다.

| 편집부 |

다섯 | 일본 | 서사문학으로 본 국화

중양절에 의탁한 자기 완성의 미담

《우게츠 모노가타리(雨月物語)》에서

하리마(播磨)의 가고(加古) 역(驛:부락)에 하세베사몬(丈部左門)이라는 사람이 있었다. 방 안에는 가구라고 할 만한 것은 아무것도 없었고 읽을 책만 놓고 살았다. 맹모(孟母)에 뒤지지 않을 노모 하나가 실을 잣고 베 짜는 일을 하면서 아들의 높은 이상을 뒤받쳐 주며 사는 편이었다.

　어느 날 사몬이 이웃집에 놀러갔는데 옆방에서 앓는 소리가 들려왔다. 집주인은, "서쪽나라 사람 같은데 일행에 뒤쳐져 하룻밤만 묵어 가겠다는 것이 갑자기 악성 열병에 걸렸는지 사나흘 저렇게 일어나지도 못하고 누워 있습니다." 하고 말했다. 사몬은 그 말을 듣고는 주인의 만류에도 불구하고 그 방에 들어갔다. 사무라이로 보이는 그 사람은 얼굴이 누렇게 뜬 것이 중병에 걸린 것 같았다. 헌 이불 위에 널브러져 있던 그는 사몬을 보고 반가웠는지 "뜨거운 물 한 사발만 마시고 싶소." 하고 말했다.

　사몬은 가까이 다가가 말했다. "걱정하지 마시오. 내가 돌봐드리고 병을 고쳐드리겠습니다." 사몬은 그 집 주인과 상의해 좋은 처방을 생각해 내고 좋은 약을 골라 달여서 먹였다. 죽을 쑤어다가 환자의 입에 직접 떠 넣어 주는 것이 마치 피를 나눈 형제 같았다.

　사몬의 정성에 감격한 사무라이는 눈물을 흘렸다. "알지도 못하는 길손을 이토록 극진히 보살펴 주셨으니 죽어서라도 이 은혜에 보답하겠습니다." 사몬은 위로했다. "심약한 소리 마시게. 역병(疫病)에는 일정한 일수(日數)가 있는 법이오. 그 기간만 넘기면 생명에는 지장이 없을 것입니다. 내가 매일 와서 돌봐드리겠소." 사몬의 세심한 간병 덕에 병은 차도를 보였다. 기분이 좋아진 환자는 집주인에게 공손히 사례하고 사몬의 음덕(陰德)에 경의를 표하면서 그의 생업을 묻고는 자신의 내력을 소개했다.

　"나는 이즈모(出雲國) 마쯔에(松江) 출신의 아카나 소에몬(赤穴宗右衛門)입니다. 군학(軍學)을 좀 안다고 해서 도다(豊田)의 성주 엔야 카몬노스케(鹽谷掃部介) 도노가 나를 스승으로 삼아 공부를 하고 있었습니다. 나를 아후미(近江)의 사사키 우지쯔나(佐佐木氏綱)에게 밀사로 보낸 다음이지요. 내가 사사키 집에 묶고 있을 때 산적들과 결탁한 도다 성의 전 성주 아마 코쯔네히사가 도다를 급습했습니다. 성은 불타고 카몬노스케 도노는 전사했지요. 원래 이즈모는 사사키의 영지(領國)였습니다. 엔야(鹽谷) 도노는 그 영지를 지키는 책임자였으므로 나는 사사키에게 아마 코쯔네히사를 쳐야만 한다고 권했습니다. 하지만 그는 겉으로 용감한 척했지만 속은 겁 많은 바보장수였지요. 오히려 나를 말리는 것이었습니다. 그런 곳에 더 머물러 있을 수가 없었지요. 몸만 빠져 나와 고향으로 돌아가던 길에 이런 병에 걸려 분에 넘치는 은혜를 입었습니다. 남은 생애, 목숨을 걸고 반드시 은혜에 보답하겠습니다."

　사몬은 서두를 것 없이 느긋하게 요양이나 하라고 권했다. 아카나는 나날이 몸과 마음의 건강을 되찾아 갔다. 그러는 며칠 동안 아카나와 사몬은 밤낮으로 만나 이야기를 나눴다. 처음은 제자백가(諸子百家)에 관해서 한두 마디씩 하던 아카나가 용병 전술에 관한 이론을 폈는데 두 사람의 생각이 그렇게 맞아떨어질 수가 없었다. 서로 감탄하고 기뻐하던 두 사람은 드디어 의형제를 맺었다. 아카나가 5살 더 많아 형이 되었다. 사몬의 인사를 받은 아카나는 말했다. "나는 부모를 여읜 지 오래되오. 그대의 어머니가 바로 나의 어머님이시니 인사를 드리고 싶소." 사몬의 노모는 아카나를 반갑게 맞이했다. "내 아들은 재간도 없고 학문도 시류에 맞지 않아 세상에 나갈 기회를 잃고 있어요. 영원한 형이 되어 잘 이끌어 주세요." 노모에게 큰 절을 하고 아카나는 이렇게 말했다.

　"남자라는 것은 의리를 소중하게 여깁니다. 공명부귀란 말할 것이 못 되지요. 저는 지금 어머님의 자애를 얻고 사몬으로부터는 형이라는 말을 들었습니다. 더 무엇을 바라겠습니까?"

그리고 첫 여름이 완연해진 어느 날 아카나는 9월 9일 중양절에는 꼭 돌아온다고 하고 고향을 향해 길을 나섰다. 약속한 그날 사몬은 천리 길을 되돌아 찾아올 형을 위해서 집 안을 말끔히 청소했다. 노란 국화, 하얀 국화 두세 송이를 병에 꽂아놓고 주머니를 털어서 조촐한 술상을 마련했다. 그러나 해가 지고 달이 졌는데도 아카나는 나타나지 않았다. 그때였다. 개 짓는 소리가 나더니 희미한 어둠 속에서 바람에 떠밀리듯 다가오는 사람의 그림자가 있었다. 아카나였다.

　　"아침부터 여태 기다렸습니다. 약속을 지켜 돌아오셨군요. 어서 들어오세요." 반가워 어쩔 줄 모르는 사몬의 말에 아카나는 고개만 끄덕였다. 사몬은 술을 데우고 안주를 권했는데 비린내가 역한 듯 아카나는 소매로 얼굴을 가렸다. 사몬은 말했다.

　　"초라한 솜씨지만 제 정성이니 물리치지 마소서." 그래도 한숨만 쉬고 있던 아카나는 이렇게 말했다. "아우님의 정성이 담긴 대접을 거절하는 것은 도리가 아니지. 있는 대로 사실을 말하리다. 놀라진 말게. 나는 이 세상 사람이 아니네." 고향에 내려간 그는 이날까지 도다 성 안에 갇혀 있었다는 것이었다. 그는 중양절에 돌아오마고 다짐한 약속을 떠올렸다.

　　무릇 사람이란 약속을 지켜야 한다고 생각하는 그의 머릿속에 떠오른 것은, '사람은 하루에 천 리를 갈 수 없어도 영혼은 능히 하루에 천 리를 갈 수 있다.'는 옛말이었다. 그래서 "그 도리를 깨닫고 자진(自盡)하여 오늘밤 음풍(陰風)을 타고 약속을 지키려고 이렇게 찾아왔네. 제발 이 마음만이라도 알아 주게." 하며 아카나는 눈물을 흘리며 말했다. "이것으로 영원한 이별일세. 어머님을 잘 모시게." 그러고는 자리에서 일어나는 것 같더니 홀연히 사라졌다.

　　영혼이 달려와서 향기로 머물다(ju)간 '국화(ju)의 약속'은 살아남은 자의 진혼의식을 통해 그 상징적인 의미를 완성한 것이다. 사몬은 의형제의 시신을 수습하고 그를 자살로 몰아넣은 자들에게 복수의 칼을 뽑았다. 중양절은 구천을 떠돌고 있을 망자의 혼을 달래는 날이기도 하다.

　　사몬과 아카나의 일화에는 중양절과 국화꽃이 중요한 매개물로 등장한다. 국화는 이른 봄 쑥과 함께 다른 식물보다 먼저 싹을 틔워 온갖 고난을 무릅쓰고 마지막까지 남는 식물이다. 다른 일년초가 한 해의 생명을 마감하는 계절이 되어 차가운 서리가 내릴 즈음, 마침내 꽃을 피우고 시드는 것이다. 아카나 역시 중양절이란 특수한 시간대를 택해 신의를 위한 완성의 꽃을 피웠던 것은 아닐까? 그래서 국화는 단순한 꽃이 아니라 주인공의 말처럼 온갖 고난을 헤쳐 나가며 참인간이 되기 위해 지향하는 거대한 가치체계일지도 모른다.

| 박석기 |

3

미술로 본 국화

하나 | 한국 | 회화로 본 국화

성긴 듯한 묘사로 살려낸 순박한 정서

갈고 닦은 서법에서 피어나는 묵국

국화는 고답(高踏)의 경지에서 인내와 지조를 지키는 군자의 상징형으로 의인화되어 오상화(傲霜花), 가우(佳友), 절화(節華) 등 다양한 호칭으로 불리면서 선비들의 시문과 서화는 물론 장식미술에서도 중요한 소재로 사랑을 받았다.

현존 유물을 기준으로 할 때 국화를 소재로 한 문양이 본격적으로 나타난 시기를 고려시대로 볼 수 있다. 물론 전 시대에도 국화를 소재로 한 문양이나 그림이 있었을 것으로 추정되지만 확실한 유작이 남아 있지 않아 그 양상을 구체적으로 설명하기 어렵다. 고려시대에 제작된 청자 등 도자기를 보면 국화가 장식 문양으로 자주 나타나는 것을 볼 수 있는데, 그 표현 형식은 다음의 몇 가지로 분류된다.

첫째, 국화꽃을 평면적으로 도안화한 것을 단위 문양으로 하여 반복적, 연속적으로 시문한 것,

둘째, 줄기와 잎, 꽃을 함께 묶어 도안화한 단위 문양을 반복적으로 시문한 것,

셋째, 줄기, 잎, 꽃 등 국화의 생태적 특징을 회화적 묘사법으로 표현한 것 등이 있다.

묵국도(墨菊圖) | 심사정(沈師正), 조선, 한양대학교박물관 소장 | 국화 그림은 다른 사군자 그림에 비해 많이 그려지지는 않았다. 군자의 상징으로서의 국화보다는 오히려 자연계 식물의 하나로 많이 그려졌다.

동리채국도(東籬採菊圖) | 정선(鄭歚), 조선, 국립중앙박물관 소장 | 도연명의 〈음주〉시의 내용 일부를 주제로 삼은 그림이다. 사립문이 열려 있는 동쪽 울타리[東籬]가 보이고, 그 울타리 밑에는 도연명이 채국(採菊)했을 국화가 자라고 있다. 나무 그늘 밑 바위 위에 한 선비가 앉아 있는데, 그 옆에 방금 꺾은 것으로 보이는 국화 송이가 놓여 있다.

이 중에서 회화적 묘법으로 시문한 국화 문양은 동시대에 있었을 것으로 생각되는 묵국(墨菊)의 양상을 추측해 볼 수 있는 근거가 된다.

조선시대 도자기에 회화적 기법으로 표현한 문양들이 적지 않게 보이는데, 국보 제294호 청화백자철사진사국화문병(간송미술관 소장, 120쪽 참조)의 경우도 그런 예 중의 하나다. 국화가 장식 문양으로 시문되어 있으나 표현 형식이나 구도면에서 회화적 분위기가 물씬 풍긴다. 국화 꽃향기에 끌린 곤충까지 포함된 이 도자기 장식 문양은 한 폭의 화조화를 보는 듯하다.

화조화적인 도자기 장식 문양과 더불어 조선 중기의 화단에서는 매화, 대나무, 난초 등 사군자 식물을 소재로 한 그림이 많이 그려졌고, 그와 함께 사군자 그림의 한국적 양식이 어느 정도 굳어 가고 있었다. 그러나 국화는 매화나 대나무, 난초 등에 비해 그린 사람이 많지 않고, 유작 또한 적은 편이다.

사군자 그림이 옛 선비들 간에 유행할 수 있었던 것은 산수화나 인물화에 비해 그리기가 비교적 간단하고 이미 터득한 서예의 기법을 적용시켜 그릴 수 있는 장점이 있었기 때문이다. 그러나 국화는 다른 사군자 식물과 달리 많은 꽃잎과 복잡한 형태의 잎을 가지고 있어서 서법(書法)에만 의존해서 그리기는 다소 번거로운 감이 없지 않다. 이 점이 국화 그림이 크게 유행하지 못한 원인으로 작용한 것이 아닌가 생각된다.

그렇다고 해서 국화가 그림의 소재로 홀대를 받은 것만은 아니다. 연대가 좀 올라가는 작품으로 이우(李瑀, 1542~1609)의 〈국화도〉가 있다. 이우는 신사임당의 아들이며 율곡의 아우로 당대에 시·서·화·금(琴)을 다 잘해 사절(四絶)이라 불렸다. 초충(草蟲)·사군자·포도 등을 다 잘 그렸는데, 유작으로 〈설중매죽도(雪中梅竹圖)〉(개인 소장)·〈노매도(老梅圖)〉·〈수과초충도(水瓜草蟲圖)〉(서울대학교박물관 소장)·〈포도도〉 등이 전해지고 있다.

이우의 〈국화도〉는 한 포기 국화꽃을 사실적으로 묘사했다. 국화 한 줄기가 화면에 솟아오른 단순한 구도이면서도 만발한 국화를 보는 듯 담백한 여운을 풍기고 있다. 담묵으로 잎의 형태를 대강 잡고 농묵의 필선으로 잎맥을 그렸다. 작은 꽃송이는 측면을, 큰 꽃송이는 위쪽에서 바라본 모습을 묘사했는데, 이 묘법이 경직된 화면에 변화를 주고 있다. 필획마다 정성과 애잔함이 깃들어 있고, 성근 듯한 묘사에도 순박한 정서가 배어 있다.

정선의 〈동리채국도〉에 살아난 은일의 삶

문인화가들이 국화를 사랑한 것은 국화 자체가 아니라 국화의 이름으로 상징되는 인격이었고, 국화를 그린 것은 인격 도야와 자기 수양을 위해서였다. 그러나 이우가 그린 국화는 문인화에서 볼 수 있는 관념적인 꽃이라기보다 자연의 꽃에 가깝다. 따라서 그의 〈국화도〉는 문인화의 평가 기준으로 평가해서는 곤란하다. 오히려 보편적인 한국인의 정서를 표현함으로써 한국적 국화 그림의 정형을 성립시키는 데 공헌한 그림으로 평가돼야 한다.

18세기 이후 조선 후기와 말기 화단에서 근대로 이어지는 시기에 화가들 간에 활발한 작품 활동이 나타나기 시작하는데, 18세기 심사정(沈師正)의 〈묵국도〉, 강세황(姜世晃)의 〈사군자팔곡병풍〉(부산 개인 소장), 19세기 전반 조희룡(趙熙龍)의 〈사군자팔곡병풍〉(국립중앙박물관 소장) 등 순수한 묵국화(墨菊畵)가 이 시기에 그려졌다.

심사정의 〈묵국도〉는 괴석, 대나무와 함께 국화를 그린 것으로, 활달하고 거침없는 필획을 구사했다. 강세황의 〈묵국도〉는 대나무 잎을 가미해 그렸는데, 아래쪽에서부터 붓을 일으켜 굴곡을 이루면서 상승하는 구도를 취했다. 농묵과 담묵을 적절히 조화시키면서 몰골법을 구사했는데, 간결한 필치와 능숙함이 그의 높은 문인

국정추묘(菊庭秋猫) | 변상벽(卞相璧), 조선, 간송미술관 소장 | 이 그림의 고양이는 70세 노인을 뜻하고 국화는 은일자 또는 은거를 뜻한다. 따라서 '유유자적 은둔해 살며 학문에 힘쓰던 선비가 고희를 맞다' 라는 뜻으로 해석된다.

화격(畫格)을 보여 준다. 이와는 다른 분위기의 국화 그림이 전해 오는데, 고려대학교박물관이 소장하고 있는 《잡화도첩(雜花圖帖)》에 수록된 〈죽국도〉가 그것이다. 괴석, 대나무와 함께 국화를 그렸는데, 능숙한 필치로 그린 이 그림에는 성글고 야일(野逸)한 한국적 정취가 짙게 배어 있다. 강세황보다 약 70년 후에 나타난 조희룡은 강세황과 대조적으로 김정희의 서법을 토대로 한 화법으로 〈국화도〉(국립중앙박물관 소장)를 그렸다. 〈국화도〉는 같은 병풍 속에 있는 매화·난초·대나무와 비교할 때 정리가 다소 덜된 듯하지만 활달하고 변화 있는 필치에 힘입어 국화가 지닌 은일한 정취를 표현하는 데 성공을 거두었다.

다른 한편에서 정선(鄭敾)은 국화와 고양이를 소재로 한 그림을 그렸다. 영모화(翎毛畫)로 분류될 수도 있는 이 그림은 〈국일한묘(菊日閑猫)〉라는 이름을 달고 간송미술관에 소장되어 있다. 그림의 국화는 사군자와는 거리가 먼 것으로 길상적 의미를 상징으로 가지고 있다. 국화의 '국(菊)'은 중국어에서 '거(居)'와 동음이성이며, 고양이 '묘(猫)'는 '모(耄)'와 동음이성이다. 국화와 고양이를 조합하면 '거모(居耄)'가 되는데, 나이 70세까지 산다는 뜻이다. 《예기(禮記)》에 「70세를 모(耄)라 하고, 80세를 질(耋)이라 하며, 100세를 기이(期頤)라고 한다(七十曰耄 八十曰耋 百年曰期頤).」고 적고 있다. 따라서 이 그림의 국화와 고양이는 거모(居耄)의 상징형이고, 그림의 뜻은 장수를 기원하는 데 있다.

1763년과 1773년 2번에 걸쳐 영조의 어진을 그린 변상벽(卞相璧)도 똑같은 내용의 그림인 〈국정추묘(菊庭秋猫)〉를 남겼다. 정선의 〈국일한묘〉와 차이점이 있다면 정선의 경우는 국화를 고양이에 비해 상대적으로 크게 다룬 반면에, 변상벽의 경우는 고양이를 주인공으로, 국화를 배경으로 다룬 점이다.

〈국일한묘〉의 화가 정선은 국화 자체가 아니라 국화와 관련된 이야기를 소재로 한 〈동리채국도(東籬採菊圖)〉도 그렸다. 부채에 그린 이 그림은 전원에 은거하면서 국화와 함께하는 은둔 생활을 즐겼던 도연명의 행적과 시적 세계를 주제로 하고 있다. 그림을 보면 화면 앞쪽에 선비, 즉 도연명이 한정(閑靜)한 모습으로 앉아 있고 그 뒤쪽 담 아래에 국화 몇 포기가 자라고 있는 것이 눈에 띈다. 이 그림은 도연명의 대표적인 시 〈음주〉의 한 대목을 화의(畫意)로 택한 것으로, 당나라 이래로 문인화의 사상적 배경이 되어 왔던 시화일체사상(詩畫一體思想)을 바탕으로 하고 있다. 〈음주〉는 전원생활을 동경했던 조선 문인들의 사랑을 받았다.

이 시 중에서 '採菊東籬下'라는 대목이 정선의 〈동리채국도(東籬採菊圖)〉의 내용이 되어 있다. 이 그림은 정선의 또 다른 부채 그림인 〈유연견남산도(悠然見南山圖)〉와 짝을 이루는데, 두 그림 모두 시 〈음주〉의 한 부분을 시각화한 공통점을 가지고 있다.

야일한 묵국의 여백미와 청초한 필치

18세기 국화 그림 중에서 가작(佳作)으로 꼽을 수 있는 그림은 조선 22대 왕 정조(正祖, 재위 1777~1800)의 〈국화도〉일 것이다. 〈정조대왕필국화도〉(45쪽 참조)라는 명칭으로 보물 제744호로 지정되어 보호받고 있는 이 그림은 원래 〈정조대왕필파초도〉와 쌍폭을 이루고 있었거나 아니면 여러 폭으로 된 병풍에서 떨어져 나온 것으로 보인다.

정조는 1775년에 왕위에 올라 25년간 재위했다. 그는 조선조 역대 임금 중에서 가장 학문을 좋아해 규장각을 설치했고, 글쓰기와 그림 그리기를 즐겨 〈묵매〉, 〈이금사군자병(泥金四君子屛)〉, 〈군자화목도병풍(君子花木圖屛風)〉 등의 그림과 〈칠언율시〉 등 많은 서화 작품을 남겼다.

그의 대표작 〈정조대왕필국화도〉는 바위에서 자라는 잡풀과 국화를 그린 그림이다. 바위는 담묵을 사용해 기본적인 형체를 완성한 후 농묵의 태점(苔點)으로 마무리했고, 국화의 잎은 농묵으로, 꽃은 담묵으로 처리해서 평범할 수도 있었던 화면 분위기에 생동감을 불어 넣었다. 선비화가의 사군자 그림에서 느낄 수 있는 문기(文氣) 같은 것은 다소 부족하지만 야일(野逸)하고 청초한 필치와 넓은 여백을 활용해 맑고 그윽한 국화의 품성을 잘 표현했다.

정조의 〈국화도〉가 〈파초도〉와 함께 연작으로 그려진 것이라면, 사군자로 대표

옥산국화도(玉山菊花圖) | 이우(李瑀), 조선, 오죽헌시립박물관 소장 | 사임당의 넷째 아들 옥산(玉山) 이우(李瑀)가 그린 수묵화로 사임당의 예술적 자질을 이어받았다. 화면 중앙에 국화 줄기를 그리고 만개한 꽃송이를 그렸는데, 잎맥에 농묵을 써서 그림에 힘을 주었다.

되는 문인화로 분류하기에는 무리가 있다. 파초는 예부터 상서로운 구름, 영지버섯, 악기의 일종인 경쇠[磬], 돈과 구슬, 방승(方勝), 물소 뿔로 만든 잔[犀角杯], 서화, 옛날 돈, 솥[鼎] 등과 함께 길상물(吉祥物)로 애호되었던 것이다. 이런 의미를 가진 파초를 국화와 연작 형태로 그렸다면 〈국화도〉도 길상적 의미를 가진 그림으로 봐야 옳지 않을까 생각된다.

18세기 조선에서는 비교적 많은 국화도가 그려졌으나 조선 후기 및 말기, 근대로 이어지는 시기에 국화 그림이 더욱 성행하기 시작했다. 당시의 국화 그림은 국화를 단독으로 그리지 않고 괴석 등 다른 경물이나 식물과 더불어 그리는 형식이 성행했다. 괴석뿐만 아니라 연꽃, 오동나무, 모란, 파초, 소나무, 포도 등과 함께 6폭 또는 8폭 이상의 병풍 그림으로 그리는 경우도 많았다. 이 시대에 활동한 신명연(申命衍), 김수철(金秀哲)의 국화 그림은 《개자원화전(芥子園畵傳)》 등 중국식 화본의 영향에서 완전히 벗어난 모습을 보여 주었다.

널리 알려진 사람은 아니지만 욱동(旭東)이라는 호를 쓰는 대한제국 당시의 화가가 그린 〈국화와 병아리〉(순천대학교박물관 소장)는 우리 주변에서 흔히 볼 수 있는 정경을 그린 아름다운 그림이다. 한국적 미감을 느낄 수 있는 이 그림은 전체적으로 안정된 구도와 묵법의 능숙한 활용을 보여 준다.

이 시기에는 순수회화뿐만 아니라 다식판, 떡판, 필통 등 서민공예품과 문자
도, 황계도(黃鷄圖) 등 민화에도 국화가 등장하고 있는데, 이것은 국화가 유교적
관념의 탈을 벗고 자연계 식물의 하나로 돌아왔다는 것을 의미하는 것이다.

국화 그림이 한국인들의 사랑을 받은 것은 사실이지만 다른 사군자 그림과 비
교해 볼 때 그렇게 많이 그려진 편은 아니다. 화의에 있어서는 국화가 사군자의 하
나로서가 아니라 자연계 식물의 하나로서 취급되는 경우가 많았고, 그림이 성현의
시적 세계를 시각화하는 방법으로 등장하기도 했으며, 수명장수 등 길상의 상징물
로서 그려지기도 했다. 이러한 과정을 통해서 국화 그림은 다른 사군자 그림보다 일
반에게 더 가까워지면서 한국적 미감을 축적해 갔던 것이다. | 허균 |

3. 미술로 본 국화

둘 | 중국 | 회화로 본 국화

사대부 계층의 자기 발현의 수단

뒤늦게 화제(畫題)로 등장한 국화

국화는 《초사》나 《예기》 등 중국의 고전에 이미 언급되었다. 동진의 전원시인 도연명의 〈음주〉나 〈귀거래사〉와 같은 문학작품 이래로 지조와 은일의 상징으로 그 위치를 굳혔다. 〈귀거래사〉에서 「삼경취황 송국유존(三徑就荒 松菊猶存)」이라 할 정도로 국화는 소나무와 함께 줄기차게 시인묵객들의 상찬의 대상이 되어 왔다. 특히 시가(詩歌)가 아니더라도 중국에서는 예로부터 국화는 남다른 상징체계로 시인묵객의 의식세계에 깊이 뿌리를 내렸던 것이다. 도연명은 〈음주〉에서 「채국동리하 유연견남산(採菊東籬下 悠然見南山)」이라고 하면서 국화와 더불어 사는 은일한 삶을 노래했고, 「꽃이 동그란 것은 천심(天心)이고, 색이 노란 것은 지심(地心)이고, 늦은 계절에도 꽃피는 것은 군자의 덕이고, 서리를 이기는 것은 지조의 표상이며, 술잔에 동동 떠 있는 것은 세속에 물들지 않는 고답의 표본」으로 미화했다.

국화에 대한 이런 관념과 성현들의 행적이나 시적 세계가 문인들로 하여금 여가로 즐기는 그림의 소재로 선택되었다. 그림은 후에 서화일체(書畫一體), 회화의 사의성(寫意性)을 주장한 문인들에 의해 한층 더 깊이를 더해 갔다. 묵죽을 잘 그린 북송의 소식(蘇軾)과 문동(文同) 그리고 묵매를 잘 그린 북송의 중인(仲仁)과 그 뒤를 이은 남송의 양무구(楊无咎, 1097~1169)는 사군자를 사대부 화가들의 가장 적절한 자기 표현 수단으로 만드는 데 공헌했다.

원대에 이르러서는 가구사(柯九思, 1312~1365)·오진(吳鎭, 1280~1354) 같은 문인 화가에 의해서 묵죽 화첩 형식으로 된 새로운 묵죽화보가 만들어졌으며, 이와 같은 전통은 명대로 이어졌다. 이에 비해 묵란화와 묵국화는 청대 이전에는 화보 형식으로 널리 보급된 예가 거의 보이지 않는다. 송대의 몇몇 난보(蘭譜)와 국집보(菊集譜)들이 있으나, 이들은 본격적인 화보라 할 수 없는 것들이다. 청대에 와서는 《개자원화전》이 1679년과 1701년에 걸쳐 발간되었다. 그 중 제2집이 《난죽매국보(蘭竹梅菊譜)》인데, 이것이 중국 회화사상 비로소 사군자가 한꺼번에 화보로 만들어져 사군자 화법이 일반에게 보급되는 계기가 되었다.

사군자의 하나로서 그린 국화 그림은 매화, 난초, 대나무 그림에 비해 발달한 시기가 늦은 편이다. 중국 송나라 때 범석호(范石湖), 유준호(劉俊湖) 등에 의해 국화를 소재로 한 그림이 그려지기는 했다고 하나, 묵국만을 전문으로 다룬 화가는 매우

국석명금도(菊石鳴禽圖) | 이인(李因), 청(淸), 리순 시박물관 소장 | 벼랑 위의 괴석 옆에 추국이 활짝 피어 있고, 작은 새가 마른 가지 위에 앉아 주위를 돌아보며 노래를 부르고 있다. 웅건한 필력과 자유자재한 필치를 구사해 수묵화의 묘미를 충분히 발휘했다.

艶紫嬌黃絢絲霞秋光二程
亦堪誇知左鏡有東籬興為
寫陶家隱逸花

一紀木贈

康質冬日傲元人筆意并題
余省

海右這長兄

국석도(菊石圖) | 여성(余省), 청(淸), 난징 박물원 소장 | 이 그림은 빼어난 바위 근처에 무성하게 핀 국화를 그린 것이다. 사실적인 풍격으로 채색이 곱고 아름다우며 필법이 매우 정교하고 섬세하다.

드물었다. 이 시기에 주목되는 사람은 시인이자 화가인 정사초다. 뿌리를 그리지 않은 난초, 즉 노근란(露根蘭)으로 유명한 정사초는 자신이 그린 국화 그림에 이런 제시를 썼다.

> 다른 꽃들과 함께 피지 않으려 꽃 피는 시절이 다 지나서야 핀 국화,
> 성긴 울타리가에 홀로 서 있어도 그 기상과 의취(意趣)는 무궁하구나
> (花開不幷百花叢 獨立疏籬趣未窮).

여기에서 알 수 있듯이 그가 그린 국화는 평범한 꽃이 아니라 서리를 이기는 높은 기상을 가진 의인화된 국화이며, 어려운 시국을 맞이한 정사초 자신의 심경이 투영된 국화다.

풍경화의 대상으로서의 국화

명대의 문인 화가 중 한 사람인 문징명(文徵明, 1470~1559)은 묵죽과 묵란으로 유명했고, 심주(沈周, 1427~1509)는 여러 가지 식물 소재와 더불어 국화를 잘 그렸으며, 서위(徐渭, 1521~1593)는 자유분방한 필치로 〈국죽도(菊竹圖)〉(요녕성 박물관 소장)와 같은 묵죽, 묵국을 많이 그렸다. 그밖에 손극홍(孫克弘)의 〈죽국도〉(요녕성박물관 소장)와 〈죽석문황도(竹石文篁圖)〉(상하이 박물관 소장), 미만종(米萬鐘)의 〈죽석국화도〉(베이징 고궁박물원 소장), 왕탁(王鐸)의 〈난죽국도〉(상하이 박물관 소장), 진순(陳淳)의 〈죽석국화도〉(상하이 박물관 소장) 등이 현존하고 있는데, 모두 국화를 단독으로 그린 그림이 아니다. 서위의 〈국죽도〉 역시 국화를 대나무와 함께 그린 그림인데, 평탄한 지면 위에 서 있는 국화와 대나무를 거의 같은 크기로 묘사했다. 이와 달리 손극홍, 진순, 미만종은 바위 위에서 자라는 대나무, 난초와 더불어 국화를 그렸다.

이처럼 국화가 사군자의 하나로서 그려지기보다는 화조화 또는 화훼화의 소재로 취급되거나 대나무나 바위 등 다른 소재들과 함께 그려진 것이 당시의 일반적인 추세였다. 그나마 매화나 대나무가 포함되어 있는 그림의 수에 비하면 매우 적은 편인데, 이런 상황은 원나라, 청나라까지 계속되었다. 그러나 청나라 말과 근세에 들어와 오창석(吳昌碩, 1844~1927) 등에 의해 국화가 단일 소재로 많이 채택되었고, 회화성이 강한 채색 국화 그림이 많이 그려지면서 국화 그림은 활기를 찾았다.

오창석은 50세가 넘어서 그림을 시작했으며, 특히 화훼화를 잘 그렸다. 화풍

은 서위나 석도(石濤, 1641~1720)를 모범으로 삼아 독특한 경지를 열었고, 글씨 쓰는 법으로 그림을 그려 힘찬 느낌을 주는 작품을 많이 남겼다. 그는 중후한 필선의 화법을 창출해 소나무·대나무·매화의 세한삼우(歲寒三友)와 괴석(怪石)을 잘 그렸는데, 국화 그림도 호방하면서도 참신하다. 그가 남긴 〈국화도〉(상하이 박물관 소장)를 보면 전통의 국화 그림과 다른 화면 구도를 취하고 있고, 표현 또한 서법을 최대한 구사한 독특한 선묘를 보이고 있다. 이와 같은 그의 그림은 동양 회화사상 근대적 문인화의 경지를 개척했다는 평가를 받았다.

중국의 국화 그림은 명대에서부터 청대에 이르는 기간에 비교적 많이 그려졌지만 대나무, 난초, 매화 그림에 비하면 수준이 떨어지는 것이 사실이다. 그림의 제목이 국화도라고 되어 있는 것조차도 내용을 보면 국화를 단독으로 그린 그림이 아니라 삼청도(三淸圖)·오우도(五友圖) 형식에 가까운 경우가 많다. 한국과 비교되는 것은 자연 속의 국화를 그린 그림이 드물다는 점이다. 다시 말하자면 중국의 국화 그림은 하나의 풍경화가 아닌 어떤 법칙에 따라 그린 관념적 그림이 많다는 이야기다.

| 허균 |

셋 | 한·중 | 회화로 본 국화

애완품이 된 정물화, 우의 가득한 국화도

국화는 쇠망을 부끄러워하지 않는다

국화의 덕목은 오연한 성품과 어여쁜 빛깔과 가장 늦게까지 남는 향기다. 국화는 눈 맛에만 머물지 않는다. 국화는 한 몸을 다 바쳐 인간의 입맛을 돕는다. 봄에는 움을 먹고, 여름에는 잎을 먹고, 가을에는 꽃을 먹고, 겨울에는 뿌리를 먹는 식물이 국화 다. 국화는 또한 꽃이 지는 방식에서 미덕의 절정을 보여 준다. 오죽하면 송대의 왕 안석과 구양수가 꽃 떨어지는 것을 두고 티격태격했을까. 왕안석이 읊기를 「황혼의 비바람에 수풀이 어두운데 쇠잔한 국화 떨어지니 온 땅이 황금색이네(黃昏風雨暝 園林 殘菊飄零滿地金).」라고 했다. 이를 구양수가 맞받았다. 「모든 꽃이 떨어져도 국화는 가지 위에 붙어 있는데 어찌 떨어졌다고 말하는가.」 발끈한 왕안석은 《초사 (楚辭)》를 전고로 들이대며 대꾸했다. 「《초사》를 보면 '저녁에는 가을 국화의 떨어 진 꽃잎을 먹는다(夕飧秋菊之落英)'고 한 글이 나오는데 구양수는 그것도 읽지 못 했단 말인가.」 《서청시화(西淸詩話)》에 나오는 얘기다.

　힘센 비바람에 지지 않을 꽃잎이 있을까마는 국화꽃은 말라비틀어지면서도 가 지를 지킨다. 낱낱이 산화(散花)하는 매화꽃, 한순간에 자진(自盡)하는 동백꽃과

병국도(病菊圖) | 이인상(李麟祥), 조선, 국립중앙박물관 소장 | 가을 서릿발처럼 오만하고 고고한 절개를 상징하는 국화의 쇠잔한 모습은 혹여 초심을 저버린 군자의 변심을 나타낸 것은 아닐까.

다르다. 국화꽃은 참혹한 쇠망을 부끄러워하지 않는다. 그래서 오상고절(傲霜孤節)이다.

조선 후기 문인화가 이인상의 〈병국도(病菊圖)〉는 쇠잔한 국화의 자태를 그린 보기 드문 그림이다. 화가는 그림 속에 「겨울날 병든 국화를 우연히 그리다.」라고 적었다. 시들고 병든 국화가 겨울을 견디는 모습은 화가의 흉중이 고난과 맞서고 있음을 알려 준다. 이인상은 그의 심회를 물기 없이 바짝 마른 갈필의 효과로 드러낸다. 가지는 비바람을 지탱할 여력이 거의 없어 보인다. 꽃송이들이 모두 고개를 꺾은 채 매달린 모습은 처연하다 못해 참혹하다. 국화 사이로 보이는 한 그루 대나무와 겹겹이 놓인 바위는 비록 사위어 가지만 서릿발 같은 국화의 마지막 기상을 대변한다. 중국에서도 송·원·명대에 이르기까지 국화의 은일한 정취를 묘사하기 위해 채색 없이 담묵으로만 그린 국화 그림이 꽤 많다. 하지만 적막하고도 칼칼한 선비의 내심을 이인상의 〈병국도〉만큼 문기 넘치게 표현한 국화 그림은 찾기 힘들다.

풍부하고 화려한 장식을 즐기다

중국의 국화 그림은 빛깔과 형태와 기법이 다채롭다. 형태의 실감을 공교롭게 드러내기 위해 정치한 필치의 구륵(鉤勒)과 화면에 물기가 마르기 전에 채색해서 몽롱한 효과를 얻는 선염(渲染) 등을 자유자재로 구사하는 솜씨는 기가 막힐 정도다. 국화를 그릴 때 붓놀림은 맑고 고상해야 하며 거친 운필을 꺼린다. 잎이 적고 꽃이 많아서는 안 된다. 꽃이 가지에 어울리지 않거나 꽃잎이 꼭지로부터 나와 있지 않아서도 곤란하지만 빛깔이 메말라 있는 것은 아예 거부한다. 생기발랄한 정취가 숨쉬

어야 한다는 것이다. 청대 화가 여성(余省, 1692~1773)이 그린 〈국석도(菊石圖)〉(86쪽 참조)는 이런 그림의 전형이다. 꽃과 잎이 풍성하면서, 맑고 깨끗한 기운이 화면을 꽉 채운다. 화심에서 벙글어 나가는 낱낱의 꽃잎은 색깔도 다양하지만 싱싱한 호흡이 느껴져 사실적 풍격이 가득 차 있다. 화제에 쓰기를 「동쪽 울타리의 흥취가 있어 도연명의 은일한 꽃을 그린다.」고 했지만 포만한 공간감 때문에 은일함에 앞서 장식성이 더 돋보인다. 이처럼 중국의 국화 그림은 대개 수묵에서 풍기는 사의성보다 채색에서 풍기는 부려(富麗)함을 애호했다.

국화를 야생의 정취로 표현하지 않고 하나의 정물로써 애완하는 풍조는 조선 말기 화가들의 그림에 잘 나타나 있다. 장승업의 〈파조귀어도(擺釣歸漁圖)〉나 양기훈의 〈국병도(菊瓶圖)〉(69쪽 참조)가 그런 그림이다. 장승업은 커다란 중국제 항아리 위에 국화분을 올려놓고 안줏감으로 쓰일 쏘가리 한 마리를 매달아 놓은 기명절지 양식의 그림을 그렸다. 화제에는 「노란 국화를 꺾어 항아리 위에 올리니 바야흐로 술꾼이 제철을 맞은 가을이네.」라는 내용이 들어 있어 국화를 한가하게 즐길 거리이자 정물화의 소재로 보고 있음을 알려 준다. 양기훈도 전형적인 완상용 정물화를 그렸다. 화병의 몸통을 반만 보이게 그리는 대신 세 송이 국화로 화면의 균형을 잡아 시선이 국화에 쏠리게끔 포치했다. 담묵으로 처리된 꽃잎은 성글게 묘사해 야취를 띠게 했지만 국화의 상징성과는 거리가 먼, 보고 즐기는 장식성에 치중한 그림이다.

국화도는 그림이되 우의가 살아 있다

낙목한천에 홀로 꽃을 보듬으며 풍상을 이기는 국화는 세상을 등진 선비의 고결한 지조를 닮았지만 그렇다고 은일과 절개만을 상징하는 것은 아니다. 적막하고 황량한 자태로 그려진 국화가 있는가 하면 다른 소재와 더불어 속 깊은 우의(寓意)를 연출하는 조연급 국화도 있다. 청대 화가 허곡(虛谷, 1824~1896)이 그린 〈송학연년도(松鶴延年圖)〉를 보자. 한 발로 선 단정학(丹頂鶴) 뒤로 소나무 한 그루가 있고 발치에는 무리진 국화가 피어 있는 그림이다. 주연급은 학과 소나무다. 학을 한 마리만 그리면 천수도(千壽圖)가 된다. 학은 천년을 살고 그 깨끗함이 선비와 닮았다. 소나무는 백령(百齡)을 뜻한다. 소나무와 잣나무는 '송백(松柏)'으로 흔히 병칭되고 생김새도 서로 닮았다. 잣나무 백(柏) 자에서 백(百)을 따와 100살을 사는 나무로 비유됐다. 따라서 이 그림은 오래 살기를 기원하는 이른바 '학수송령도(鶴壽松齡圖)'인 셈이다. 여기에서 국화는 무슨 뜻인가. 국화는 도연명의 〈귀거래사〉

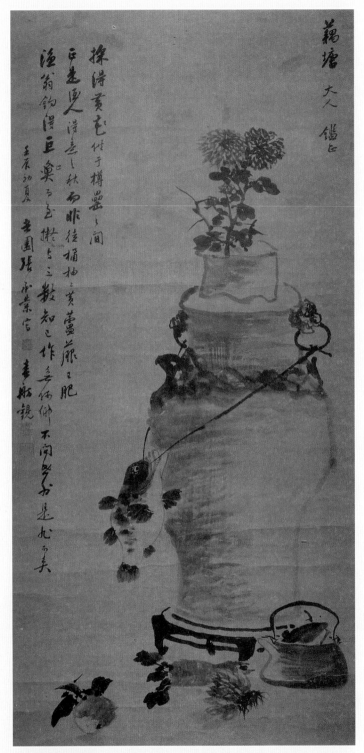

파조귀어도(罷釣歸漁圖) | 장승업(張承業), 조선, 개인 소장 | 이 작품은 장승업이 판선 민영달 (閔泳達, 1859~?)에게 그려 준 그림으로, 한가로운 가을의 정취를 엿보게 해 준다. '노란 국 화를 꺾어 항아리 위에 올리니 바야흐로 술꾼이 제철을 맞은 가을이네.'라는 화제가 적혀 있다.

이후 '은일'을 뜻하는 하나의 클리세(cliehé)가 돼 버렸다. 거기에 '수(壽)'라는 함의도 들어갔다. 당대에 기록된 《예문유취》를 보면 국화 뿌리를 적시면서 흐르는 물을 마시면 장수한다는 얘기가 나온다. 허곡의 그림에는 장수와 관련 있는 세 가지 동식물이 한꺼번에 등장한 것이다.

조선 후기 정선의 작품 〈국일한묘도〉도 뜻을 속으로 숨기고 있는 그림이다. 자색 들국화 꽃잎으로 벌 한 마리가 날아들고 검은 빛 고양이가 방아깨비를 노려보고 있는 이 그림은 나른한 한낮의 정취가 정겹게 묘사돼 있다. 전통 동양화는 보면서 읽는 그림이다. 감상자는 이 그림에서 보이는 소재를 통해 무엇을 읽어낼 수 있을까. 국화의 국(菊) 자는 살 거(居) 자와 발음이 유사하다. 고양이 묘(猫) 자는 칠십 노인 모(耄) 자와 음이 닮았다. 숨은 선비의 처지와 같은 국화는 이 그림에서 은거(隱居)로 읽힌다. 칠십 노인 모 자와 합쳐지면 '은거향모(隱居享耄)'가 된다. 곧 '고희가 되도록 한가로이 숨어 산다.'는 속뜻이 이 그림에 겹쳐지는 것이다. 정선은 방아깨비를 그려 넣었지만 그 대신 버마재비가 등장했다면 '의당(宜當)'이란 말이 추가된다. 버마재비 당(螳) 자에서 마땅할 당(當) 자를 유추하기 때문이다. 그렇게 되면 '의당 고희가 되도록 한가로이 숨어 산다.'는 뜻이 된다. 국화가 장수를 의미할 때 그림에서 여러 꽃이 겹쳐진 형태로 묘사되면 고수(高壽)가 된다. 수석(壽石)과 함께 등장하는 국석도가 되면 그 감춰진 뜻은 익수(益壽)가 될 것이다.

흉중성죽(胸中成竹)이란 말이 있듯이 국화도 가슴에서 먼저 그려져야 운치가 표현된다. 운치는 어떻게 드러내는가. 꽃은 높고 낮은 것이 있으면서 번잡하지 않고, 잎은 상하 좌우 전후가 서로 덮고 가리면서도 난잡하지 않아야 한다. 가지는 서로 뒤얽혀 있어도 잡스럽지 않아야 하고 뿌리는 겹쳐 있으면서도 늘어서지 말아야 한다. 잎은 두텁고 윤기가 있는 게 좋다. 꽃과 꽃술은 덜 핀 것과 활짝 핀 것을 구비하되 만개한 것은 가지가 무거우므로 누워 있고 미개한 것은 가지가 가벼우니 끝이 올라가는 것이 제격이다. 올라간 가지는 지나치게 꼿꼿해선 안 되고 누운 가지는 너무 많이 드리워선 못 쓴다. 갖가지 국화의 자태를 그려 놓은 중국의 화보를 보면 이런 요목들이 잘 드러나 있다. 이 모두가 국화의 운치를 표현하는 기법에 대한 설명인 것이다. 국화도는 사군자 중에서 그려진 숫자가 가장 적은 화목이다. 꽃이 매화나 난초에 비해 그리기 어렵기 때문이다. 화가의 무딘 솜씨가 들통 나기 쉽지만 반대로 꼼꼼한 공필이 돋보이는 국화 그림은 장식용으로 더 많은 사랑을 받았다.

| 손철주 |

넷 | 일본 | 회화로 본 국화

계절화와 장식화로서의 국화도

사군자로서의 국화

국화가 일본에 전해진 것은 8세기 덴표(天平) 시대라는 것이 통설이다. 처음에는 약초로 사용되었으나 9세기 헤이안 시대에 들어 생김새나 색깔, 향기가 뛰어나므로 관상용 식물이 되었다. 문학작품인 《겐지모노가타리》, 《이세모노가타리(伊勢物語)》18단과 51단 등에는 흰 국화와 붉은 국화가 등장하기도 한다. 하지만 이는 군자의 정신세계를 의미하는 상징성을 모티프로 한 것이 아니라, 관상용 꽃이나 계절 꽃으로서의 의미를 지닌다. 13세기 가마쿠라(鎌倉) 시대 공예품인 벼루집에서는 문양으로 등장한 국화가 보일 뿐이다.

사군자로서의 국화 그림은 14세기 후반인 남북조 시대에 처음 일본에 전해진 것으로 알려져 있으나 남아 있지 않다. 현재 전하는 그림 가운데 그 연대가 가장 올라가는 예는 무로마치 시대에 그려진 것이다. 헨쇼코인(遍照光院)이라는 절에 소장된 〈국도(菊圖)〉는 1419년경에 그려진 그림으로 국화만을 독립된 대상으로 삼아 그린 것이다. 지면에 자라는 두 줄기의 국화를 유연한 곡선적 형태를 강조해 묘사했으며, 줄기에서 뻗은 잎과 화사한 꽃에는 담백하면서 사실적인 묘사 태도가 드러나 있다. 또한 10명의 승려들이 지은 제시(題詩)가 도연명의 시 〈음주〉에 등장하는 '披(피)', '籬(리)', '詩(시)' 3글자를 운으로 삼은 것으로 보아 국화를 보면 도연명의 시를 떠올리는 당시의 선종사찰의 분위기를 담고 있다. 즉 그들은 은일사상의 보급에 따라 도연명을 은일생활 구현자의 이

상형으로 인식하고 있었던 것이다. 비슷한 시기에 그려진 〈도연명상국도(陶淵明賞菊圖)〉에서도 국화는 사군자의 하나로 혹은 도연명과 연관된 모티프로 등장하고 있다. 1425년 이시요 도쿠간(惟肖得巖, 1360~1437)의 찬문이 있는 이 그림에는 지팡이를 짚고 국화꽃이 피어 있는 언덕 사이를 걸어가는 도연명의 모습이 그려져 있어 그의 〈음주〉 시에 나오는 「동쪽 울 밑에서 국화를 꺾어 들고 유연히 남산을 바라본다(采菊東籬下悠然見南山).」의 구절을 연상하게 한다.

백지추초문양고소데(白地秋草模樣小袖)
오가타 고린, 도쿄 국립박물관 소장

계절을 나타내는 국화

이후 일본 미술에서 국화는 주로 가을을 나타내는 계절꽃으로 등장했다. 따라서 상징적인 의미를 담기보다는 일반 화조화 모티프의 하나로 그려지게 된다. 그 이른 예로 16세기 후반 모모야마(桃山) 시대의 장벽화 〈소나무에 초화도(松に草花圖)〉(智積院 소장)를 들 수 있고, 에도(江戶) 시대에 들어 순일본적인 회화로 분류되는 소위 야마토에(大和繪) 화가들 가운데 17세기 후반에 활약한 도사 미쓰오키(土佐光起, 1617~1691)와 그 아들 미쓰나리(光成)가 그린 〈추교명순도(秋郊鳴鶉圖)〉, 1659년 스미요시 죠케이(住吉如景)가 그린 〈국화사생도권〉이 있다. 이후 국화는 소타쓰린파(宗達光琳派) 혹은 린파(琳派)로 불리는 오가타 고린(尾形光琳, 1658~1716)을 비롯해 장식적인 화조화를 주로 그렸던 화가들의 그림 속에 자주 등장했다.

　다와라야 소타츠(俵屋宗達)가 그린 작은 색종이(色紙) 가운데 〈이세모노가타리그림색종이(伊勢物語圖色紙)〉에서 국화 그림을 볼 수 있고, 오가타 고린의 그림에서는 국화가 비중 있는 모티프로 다루어진 예들이 다수 있다. 국화가 등장하는 고

국화도(菊花圖) | 마쓰무라 게이분, 逸翁 미술관 소장 | 온건하고 섬세한 시죠파 화가들의 조형 감각이 잘 드러나 있다.

린의 그림으로는 〈초화도병풍〉과 〈초화도권〉이 대표적인 예다. 금박 바탕에 사계절의 풀과 꽃을 가득 그린 〈초화도병풍〉에서는 생기 있는 국화를 묘사했고, 크기와 각도를 달리하는 국화꽃의 다양한 모양을 생생하게 그림으로써 그의 사실주의적인 태도를 보여 준다. 이 같은 그의 제작 경향은 짙은 색채로 그린 주제 전체에 나타나 있으며, 금박 바탕이 주는 장식성과 함께 강한 인상을 준다. 연한 색조로 그린 〈초화도권〉에서도 모란, 제비붓꽃, 엉겅퀴 등과 함께 국화를 그리고 있다. 경쾌한 리듬감을 느끼게 하는 구도와 유연한 붓질에 의한 묘사는 담백한 색채 감각과 함께 이 그림이 에도 시대 초화도 가운데 명품으로 꼽히게 만든 요인으로 작용하고 있다.

국화가 등장하는 고린의 그림 가운데 특이한 예가 〈백지추초문양고소데(白地秋草模樣小袖)〉다. 이 고소데에는 옷감 위에 가을 풀들을 그린 대단히 멋스러운 감각이 두드러져 있으며, 세련된 구도에 〈초화도병풍〉이나 〈초화도권〉에서와 마찬가지의 경쾌한 붓질로 국화를 비롯해 도라지, 싸리 등 각종 가을풀들을 묘사했다. 그리고 고린이 활약하던 그 시기에도 국화는 은일사상과 연관지어 인식되고 있었다. 이 점은 그가 국화 그림을 그린 각접시인 〈수회국도각명(銹繪菊圖角皿)〉에 그의 동생인 겐잔(乾山, 1663~1743)이 남긴 「그림 가운데 참으로 숨었으니 이슬에 젖어 깊은 가을을 업신여기네(畫中眞隱逸 浥露傲深秋)。」라는 찬문에서 알 수 있다.

이후 19세기에 들어 에도와 교토 지역에서 그려진 국화 그림은 사생 경향이 두드러진다. 19세기 전반 에도에서 린파를 부활시킨 에도린파 화가인 사카이 호이쓰(酒井抱一, 1761~1829)는 〈화조12개월도병풍〉에서 국화를 음력 8월의 꽃으로 그렸다. 이 그림은 계절꽃으로 등장한 이래 독립된 화제로 그려진 드문 예이며, 고린의 화조화에서 흔히 볼 수 있는 장식성보다는 사생의 비중이 더 커져 있음을 알 수 있다. 같은 경향은 교토에서 활약한 시죠파(四條派) 화가 마쓰무라 게이분(松村景文, 1779~1843)의 그림에도 그대로 드러나 있다. 대표적인 예는 18세기 마루야마 오쿄(円山応擧, 1733~1795)의 사생화와 남화의 서정성 표현을 받아들여 시죠파를 창시한 마쓰무라 고슌(松村吾春)의 동생인 게이분의 3폭으로 이루어진 〈국화도〉다. 보라색과 노란색, 흰색의 국화를 각각의 폭에다 그린 이 그림에는 온건하고 섬세한 시죠파 화가들의 조형 감각이 잘 드러나 있다. 비슷한 시기에 활약한 호이쓰의 제자인 스즈키 기이치(鈴木其一, 1796~1858)는 〈초화도병풍〉(미국 심원관 소장)을 남긴 바 있다.

이 같은 사생 경향과 달리 남화가인 츠바키 진잔(椿椿山)은 중국 명나라 문인 화가인 진순(陳淳)의 화제에 영향을 받아 국화를 비롯해 모란, 난초, 해바라기 등 8종의 화훼를 그린 〈화훼도권〉을 남기기도 했다.

끝으로, 천황가의 문장인 국화 문양은 12세기 말 천황이었던 고토바(後鳥羽) 천황이 국화문을 즐겨 사용한 데서 유래한 것이다. 이후 천황가를 섬긴 공로자에게 국화문이 새겨진 하사품이 내려지곤 했으며, 일반 가문에서 국화문을 사용하는 경우도 천황가와 관련이 있었던 것으로 추측되고 있다.

| 김용철 |

야마토에(大和繪)

일본어로 '일본 그림'이라는 뜻의 12세기와 13세기 초에 유행했던 일본의 회화 양식으로, 강렬한 색채의 전통을 가진 세속적이고 장식적인 헤이안 시대 후기양식이다. 이 그림은 일본 고유의 것에서도 일부 영감을 얻었지만, 중국 당나라 때의 장식적인 벽화와 두루마리 그림의 표현 양식도 일부 받아들였다. 가마쿠라 시대(1192~1333)에는 헤이안 시대의 세련된 초연함보다 사실주의가 지배적인 위치를 차지하게 되었고, 표현 양식은 풍자적인 성격을 띨 때도 있었다. 야마토에는 치밀하게 계산된 장식적 표현 양식이며, 본질적으로 삽화 예술이다. 물 흐르듯 미끈하고 힘찬 구도는 어느 것도 따라갈 수 없으며 배치는 가장 중요시한 요소다. 12, 13세기의 두루마리 그림은 그림과 산문의 밀접한 관계를 보여 준다. 가장 오래 된 예는 《겐지모노가타리》에서 취재한 두루마리 그림 《겐지모노가타리에마키(源氏物語繪卷)》로 여겨지는 데 지붕이 없는 일본식 건물을 위에서 내려다보는 원근법을 사용했다.

다섯 | 한국 | 도자 문양으로 본 국화

장생의 염원과 국화의 도자 문양

12세기 중엽에 전성기를 이룬 국화 문양

국화는 국화과에 속하는 다년생 초본식물이다. 늦가을에 피어 추위와 서리를 이겨 내므로 은둔하는 선비로 비유되어 절개·지조·절제를 그리고 길조를 상징하기도 했다. 또한 그윽한 향기와 더불어 약효가 뛰어나 불로장생의 신령한 초본으로도 널리 알려졌다.

따라서 우리나라에서는 10세기에 등장하는 고려청자에 이미 국화 문양이 등장하고 있다. 특히 10세기의 청자바래기 내면에 음각으로 국당초(菊唐草)문이 등장하기 시작해 11세기 중엽경까지 접시 대접류에 음각 문양으로 많이 유행했다. 11세기 후반경에도 양인각(陽印刻)으로 이형(異形)의 복잡한 중국적 유사(類似) 국당초가 대접 내측면에 시문되고 대접 등 내저(內底)에는 국판문이 등장하고 있다. 이러한 국당초와 국판문은 한 걸음 더 나아가 그릇에 국화의 향기를 담으려는 상징적인 뜻이 있다고 생각된다.

12세기 전반에는 국화 문양이 더욱 일반화되어 접시나 대접에 사실적 양인각의 국판문이 계속 등장하고 국화 모양의 향합이 많이 나타나며 뚜껑 중앙에는 따로

커다란 화심(花心)을 갖춘 국판문이 선명히 나
타난다. 무문향합 뚜껑에 국화절지를 음각으로
나타낸 예도 있으며, 특히 탁잔(托盞) 내외에
음각 국화 절지문이 많이 등장한다. 12세기 전
반의 이러한 예는 전 시대보다 적극적으로 국향
을 담으려는 뜻이 엿보인다. 특히 향합 자체
가 국화형인 것 등을 보면 국향을 높
이 평가했다고 보여지며 거의 전
부라 할 수 있다. 술잔(탁잔)에 국
화 절지문이 등장하는 것은 국화주 등
을 담는 술잔으로 애용되었다고 생각되므로 이
당시 국화주가 큰 인기가 있었던 것이 아닌가 한
다. 왜냐 하면 국화로 빚은 술이나 음식은 일찍
부터 불로장생과 질병의 치유, 액운을 막아 주
는 효능이 있는 것으로 널리 인식되었기 때문이

청자상감국화문탁잔 | 고려, 국립중앙박물관 소장

다. 물론 고대 중국의 비장방(費長房), 국자동(菊慈童) 설화의 영향을 받았을 것으
로 보이나 국화는 그 향과 약효가 뛰어난 것으로 알려졌다.

　　12세기 전반부터 본격적으로 등장하기 시작한 사실적 절지문이 음각국화문으
로 뛰어나게 표현되어 국향이 배어 나오는 것 같다. 더욱이 12세기 중엽에 이르면
상감 절지문으로 나타나 국향의 상징이 더해져서 12세기 중후반에 전성기를 이룬
다. 대접, 탁잔, 술잔, 유병, 주전자, 병, 장경병 등에 절지문으로 화사하게 국화문
이 널리 시문된다. 또 이때에는 더불어 사실적인 국화 절지문과 나비와 벌이 부수
적으로 시문돼 국화의 향기가 더욱 강조되었다. 또한 모란 절지문 또는 운학문간이
국화가 주문양으로 시문된 예가 많고, 운학문과 당초문 가운데 별도로 국화가 시문
되기도 했으며 백자 대접에도 화사한 절지문이 시문된 예도 있다. 이때까지는 아직
공예 의장화된 도식적 문양이 아니고 사실적 문양이면서 화사한 국화 문양이 들어
있는 그릇들도 있다. 그런가 하면 술잔, 유병, 각종 주전자, 병류, 합, 대접류로 국
화의 향기와 국화주를 담아 약효로서의 국화의 가치를 함께 표현하려는 노력이 역
력히 보인다.

　　12세기 말과 13세기 초부터 사실적인 국화문이 양식화되고 국화꽃이 인화문
(印花文)으로 바뀌면서 국화의 상징성이 조금씩 줄어든다. 하지만 13세기 말경까
지 여전히 술과 관계가 있는 병과 주전자와 탁잔에는 국화문이 주문양으로 전면에

청자상감국화문유병 | 고려, 국립중앙박물관 소장   **청자상감진사채국화문유병** | 고려, 국립중앙박물관 소장

시문되어 국향과 국화주로서의 약효의 상징성이 이어진다. 조그만 유병(油甁)에서도 마찬가지의 문양이 등장하는데, 이것을 국화의 엑기스를 추출, 참기름같이 고급 조미향료로 이용할 때 사용한 기기로 보면 국화 문양의 비밀이 무리 없이 풀릴 것이다. 14세기에 들어서면 국화문이 양식화되고 도식화된다. 국화잎이 아주 작게 남아 있는 경우도 있지만 국화꽃은 인화문으로 나타나고 주로 종속문으로 나타나서 장식적인 의미만을 가지게 된다. 14세기 후반부터는 청자와 청자 문양 자체가 조잡해지고 퇴화되어 문양으로서의 의미를 상실한다.

도가의 장생사상과 국화 문양

조선조에 들어와 15~16세기 전반에 국화문은 분청사기(粉靑沙器)에 대량으로 등장한다. 하지만 단지 인화분청(印花粉靑)의 화장토(化粧土) 장식 수단으로 항아리·병·대접·접시 등 모든 그릇의 내외전면에 여러 가지 크고 작은 인화의 국화판문으로 장식된다. 그렇지만 왜 국판문으로만 인화시문(印花施文)이 되었느냐를 생각하면 역시 고려시대에 성행했던 국화문이 상징하는 국향의 의미가 담겨 있는 것이 아닌가 한다.

이외에 이례적이고 소수지만 15세기 대형 조선청자 향로에 처음 국화문과 매(梅)·모란문과 나비가 갈대와 함께 상감 시문된 예가 있고, 분청사기 화분에도 국당초문·매국문 역시 상감 시문된 예가 있다. 이러한 예는 역시 고려시대에 이은 국향의 의미를 내포하고 있으며 또한 매화와 함께 시문된 것으로 보아 고절(高節)의

청자상감국화당초문대접 | 고려, 국립중앙박물관 소장

청자철화국당초문매병 | 고려, 국립중앙박물
관 소장

유가적인 뜻이 나타나기 시작한 것이라고 생각된다.

한편 15세기 말경의 청화백자로, '망우대(忘愚臺)'란 명문이 있는 술잔받침접시는 중앙에 주문양이 국화이고 벌 한 마리가 날고 있어서 국화주와 국향을 상징적으로 나타낸 예라고 할 수 있다. 이 외에 커다란 매조문에 죽문이 곁들인 항아리가 있는데 큰 매화나무 아래 국화 몇 송이가 피어 있다. 앞선 예와 같이 화괴(花魁)로 일컬어지는 매화가 국화와 함께 등장하는 것은 역시 군자의 상징성을 나타내기 위한 것이라고 본다.

15·16세기 청화백자는 매우 희귀해서 문양 자체도 매죽, 송죽, 매조죽문, 송조매문 등이 있을 뿐 국화문은 예를 더 이상 찾아보기 어렵게 된다. 왜란 이후 피폐한 도자산업으로 17세기에 들어서 청화백자로는 명기(明器)에서만 그 예를 찾아볼 수 있다. 17세기 중엽이라고 생각되는 10여 점 가운데 4점의 명기에 국화문이 주문양으로 시문되었다. 그것은 절지 형태로 시문된 국화문이다. 이는 국화의 실용적인 상징체계에서 의식적인 사군자의 상징체계로의 전환과 장식성을 추구한 흔적이라고 볼 수 있다. 여기 칠보문이 부수된 예도 있고 나비와 벌이 날고 있고 꽃이 핀 난초가 한데 섞어 등장한 예도 있기 때문이다.

18세기부터는 꽃이 없는 난초만이 국화에 부수된 문양으로 계속 이어진다. 여기에서 국화에 나비와 벌이 날고 있고 난초꽃이 함께 시문된 것은 역시 전통적인 군자의 덕향을 나타낸 것으로 볼 수 있다. 백자철화문으로는 크고 작은 항아리와 병, 연적 등에 국화문이 다양하게 시문되고 있다. 국화문만이 시문되는 경우도 많고 간혹 죽엽과 나비문이 부수된 예가 없는 것도 아니다. 여전히 철화문백자의 이러한 국

백자청화국화문소호
| 조선, 국립중앙박물관 소장 |

화문은 15세기 청화백자 국화문이나 17세기 청화백자명기의 국화문과 같이 높은 향기와 약효로 대변되는 실용성의 국향과 국화주의 전통이 계속되고 있음을 알 수 있다.

도가와 유가의 애매한 국화문의 경계선

17세기 후반과 18세기 초부터 도자산업이 다시 일어나면서 문양과 관계없이 백자의 질도 우수하지만 조선조 특유의 특별하고도 아름다운 조형으로 발전해 우리에게 다가서게 된다. 18세기 전반에 국화문으로 첫머리에 내세울 것은 〈청화백자동·철사양인각국화난엽초충문병〉이다. 이 병의 양면에는 모두 주문양이 국화인데 난엽이 곁들여 있다. 조선백자에서 18세기에는 양인각이 매우 희귀한데, 이 병에는 여기에 더해 청화·철사·진사(銅)로 화사하게 설채를 했으며 이러한 예는 이 병 하나밖에 없다. 이 병은 의심의 여지없이 국화주를 담기 위해 특수제작되었다고 생각되며, 양면의 멋진 국화 그림만 봐도 그으윽한 향기가 풍기는 듯 벌과 나비가 모이는 것은 어쩌면 당연한 일인지도 모른다.

18세기 전반과 중엽에 걸쳐서 국화문은 큰 항아리에 주문양으로 나타나면서 칠보문·문자문·초충문이 부수되기도 하고 매화, 파초문이 등장한 예도 있다. 매화에는 새가 앉아 있는가 하면 날아들기도 한다. 그러나 국화에 날아드는 벌과 나비는 국화 향기의 상징적 모티프가 분명하다. 특별한 것은 국화와 난엽문이 같이 주문양으로 시문된 예가 이 시대부터 점차 늘어나고 있다는 것이다. 국화에 난엽이 곁들여지는 것은 18세기 전반의 특징인데 후반까지 계속 난엽이 국화에 곁들여지고 있음은 군자를 상징한다고 생각된다. 또한 이때에는 괴석에 의지해 핀 국화가 난엽과 함께 흐드러지게 피어 있는 예도 있어 유가적인 의식 속에 도가적인 인식이 끊임없이 교차하고 있음을 알게 된다. 왜냐 하면 이에 앞서 18세기 전반에 주문

청화백자철사진사국화문병
| 국보 294호, 조선, 간송미술관 소장 |

양인 국화에 칠보문과 새와 수복(壽福) 문자가 같이 등장한 예를 보면 그런 경향이
더욱 확실해지기 때문이다.

또한 이 시기부터는 난·죽·국문과 난·국문이 등장하고 사군자인 매·난·국·죽
문이 등장해 국화가 사군자적인 인식을 대변하고 있으나 일시적 현상으로 끝난다.
19세기에 이르면 18세기에 이어 국화가 주문양이면서 난엽이 곁들여진 예도 더러
있으나 벌과 나비가 같이 어우러지는 예가 많다. 이외에 드물게는 매·국이 같이 등
장하기도 하고 괴석과 난과 국화가 같이한 예도 있고 국화절지가 주문양으로 칠보
와 수·복문이 함께하기도 하며 국화가 병과 같은 기명의 전면을 가득 메운 예도 있
다는 것을 알아야 한다.

우리나라 도자 문양에 나타난 국화문은 한마디로 도가 쪽의 영향이 가장 강하
게 작용한 것으로 볼 수 있다. 그것은 장수식품으로 알려진 국화의 전설적인 속설의
유혹에서 벗어날 수 없었던 소비계층의 취향이 아닌가 한다. 사군자와 같은 덕목을
기리는 유가적 발상과 장수와 향을 중시하는 도가적인 요소의 경계선이 분명하지
않아 보이지만 나타난 선호도로 볼 때 한쪽으로 기울어져 있음은 부정할 수 없는 사
실이다.

| 정양모 |

여섯 | 중국 | 도자 문양으로 본 국화

길상 문양에 치우친 국화문

장식과 길상 문양으로서의 국화

중국의 도기나 원시시대에 제작된 토기에는 국화로 추정되거나 국화문 자체가 간략하게 음각 및 인각된 경우를 발견할 수 있다. 이 경우의 국화는 특정한 상징 의미보다는 관습적이거나 자연적인 문양 시문에 불과해서 상징의미를 부여하기는 어렵다.

송대(宋代)의 청자나 백자에 등장하는 국화문도 이러한 대세에서 자유롭지 못하다. 원대 이후 사군자로서의 상징성을 획득하기 전까지 상징성보다는 장식 요소로서의 성향을 강하게 띠고 있기 때문이다. 대개 그릇의 중앙에 국화 꽃잎을 인화하거나 그릇 내·외면에 간략하게 조각하는 경우가 흔한데 장식적인 효과를 높이기 위한 보조 수단으로서의 기능이 더 강한 것으로 생각된다. 또한 그릇의 형태가 국화를 모방한 경우도 있지만 이 경우도 상징성과는 거리가 멀다.

국화문의 경우 다른 사군자 문양들보다 일찍부터 도자기 위에 시문되기 시작한 점에서 회화의 묵국(墨菊)과는 그 전개를 달리한다. 그러나 송대까지 청자나 백자의 주문양으로 등장하는 빈도수는 연화문이나 모란문(牧丹紋)에 비해 적은 편이다.

늦가을 첫 추위와 서리에도 늦게까지 꽃이 피는 국화는 도연명의 〈귀거래사〉를

왼쪽부터 청화백자쌍봉국당초문반(靑華白磁雙鳳菊唐文盤) | 원(元, 14세기), 松岡美術館 소장/ 청화봉황화훼초충문팔각표형병(靑華鳳凰花卉草蟲文八角瓢刑甁) | 원(元, 14세기), 이스탄불 Topkapi Saray Museum 소장/ 유리홍화당초문수주(釉裏紅花唐文水注) | 원말명초(14세기 후반), 런던 Victoria and Albert Museum 소장

통해 지조(志操)와 은일(隱逸)의 상징으로 굳어졌다. 그러나 당·송대까지 도자자기에 표현된 국화는 화면의 긴 둘레나 여백을 채우는 장식도안으로서 그 역할이 중요시되었다. 표현 형식에 있어서도 초기에 가지와 꽃봉오리를 표현한 단독 절지문(折枝文) 형태에서 시기가 지남에 따라 연화당초나 모란당초와 마찬가지로 국화당초(菊花唐草)라는 형식으로 나타나기 시작했다. 상징 의미 또한 지조나 은일과는 상관없는 단순히 아름다움을 나타내는 장식 요소에 지나지 않았다.

원대에 이르러 국화는 그릇의 주제 문양으로 본격적으로 등장하기 시작한다. 그 이유는 도자기의 경우 다른 문양들과 마찬가지로 다양한 운필과 농담 표현이 어느 정도 가능해진 청화자기의 개발로 문양의 회화성을 중시하게 된 데에서 찾을 수 있다. 원대 황실용 관요인 화남의 경덕진요(景德鎭窯)에서 생산된 도지기에는 국화당초가 빈번히 그려지는데 지조와 은일의 상징이 아닌 황실의 취향과 권위를 반영한 길상적 의미의 도자 문양으로 사용되었다.

문양 장식에서 독립구도까지

그것은 특히 2마리의 봉황과 결합한 〈청화백자쌍봉국당초문반(靑華白磁雙鳳菊唐草文盤)〉 내부의 국당초문에서 확연히 드러난다. 황제를 상징하는 쌍봉문에 국화당초가 어우러져 있는 것으로 국화의 본래 의미보다는 봉황의 배경문으로서 그 역할이 더 큰 것으로 여겨진다. 또한 중국 국외로 수출되어 터키의 톱카피궁에 보물

청화백자국화문반(靑華白磁菊花文盤) | 명(明) 홍무, 스톡홀름 H. M.
King Gustaf VI Adolf of Sweden 소장

분채국접문반(粉彩菊蝶文盤) | 청(淸) 옹정청화, 일본 梅澤記念館 소장

로 전해지는 〈청화봉황화훼초충문팔각표형병(靑華鳳凰花卉草蟲文八角瓢刑瓶)〉을 통해서도 이러한 경향을 쉽게 찾아볼 수 있다. 이 팔각표형병에는 봉황과 결합한 국화당초 외에 원대 자기의 문양으로 많이 시문되는 포도당초 그리고 길상의 의미를 내포한 석류나 모란당초 등이 각 면에 시문되어 있다. 여기에서 포도와 석류는 다산을, 모란은 부귀를 상징하는 것으로 국화 문양의 상징 의미 역시 이들의 상징 의미에 부합하는 복록수(福祿壽)의 추구에서 크게 벗어나지 않는다.

청화백자는 이후 원말명초 들어 중국 내부의 동란(動亂)과 서역으로부터 양질의 코발트 수입의 단절 등으로 생산에 어려움을 겪게 된다. 대신 이 시기에는 산화동을 안료로 사용하는 유리홍(釉裏紅) 자기가 유행했다. 〈유리홍화당초문수주(釉裏紅花唐草文水注)〉를 보면 국화당초만이 단독으로 등장하는 것을 찾아볼 수 있다. 이처럼 표현에 변화가 발생하지만 상징 의미는 부귀와 화려함을 상징하는 길상적 성격이 강하다.

명대에는 그릇에 시문되는 주문양의 대부분이 초화나 화훼 등 식물문을 위주로 하고 있는데, 이는 홍무연간(1368~1398)에 제작된 〈청화백자국화문반(靑華白磁菊花文盤)〉을 통해 확인된다. 반의 내부 중앙면에는 세 갈래로 갈라진 입국(立菊)이 배치되었고, 그 주위를 보상당초문대와 국당초문대가 이중으로 둘러싼 형국을 보인다. 이처럼 국화가 주문양으로 등장한 예는 소수지만 분명히 감지된다. 그러

나 보조문양대의 일부로서 독립 문양이 들어가기 어려운 부위를 메우거나 주문양과 주문양을 구획시키는 국당초의 역할도 여전히 지속되고 있다. 이들의 상징 의미 역시 이전과 크게 다르지 않다.

청대에 이르러 국화는 드디어 문양장식대로서의 성격에서 벗어나 어느 정도 독립적인 구도를 갖춘 회화형식에 따라 그려지게 된다. 옹정연간(1723~1735)에 제작된 〈분채국접문반(粉彩菊蝶文盤)〉의 내저(內低) 중앙면에는 대나무 및 나비와 결합한 4색 국화가 그려져 있다. 회화에 있어 묵국화(墨菊畵)가 원대 이후에도 계속해서 대나무와 바위를 동반하다가 청대에 와서야 단일 소재로 채택되는 흐름에 비추어 보면 당연한 구성이라 할 것이다. 이처럼 회화와는 다른 흐름 속에서 성장한 도자기 위의 국화문도 회화와 도자기 시문 사이에 밀접한 관계가 형성되는 청대에 이르러서는 상호 영향을 미치게 되었다.

결국 단순한 장식도안에서 출발한 도자기 위의 국화문은 사군자의 일원으로서 국화가 부각되던 회화사적 흐름에 편승해 일종의 유행을 타게 되었을 것이며, 그러한 영향이 극에 달해 청대에 이르러서는 거의 회화적 표현으로 시문되기에 이르렀다. 그러나 그 상징성은 오히려 간접적인 영향에 그쳤을 뿐 직접적으로 현자의 은일이나 군자의 정절을 나타내지 않았던 점에서 도자기 문양만의 특징을 찾을 수 있겠다.

| 방병선 |

일곱 | 일본 | 도자 문양으로 본 국화

장식 문양으로 나타나는 국화

국화 문양은 가마쿠라 시대의 고세토 도기로부터

일반인들에게 국화는 곧 일본을 상징하는 문양으로 인식될 정도로 일본 각 무사 계급의 가문을 상징하는 문장(紋章)이나 염직과 공예품 등에 자주 사용되었다. 그런데 이와는 달리 실제로 일본 도자기 중에 국화 문양이 등장하는 것은 가마쿠라 시기에 생산된 고세토(古瀬戶) 도기부터다. 세토야키는 중국 화남 지역의 백자문화를 받아들인 가마쿠라 정권의 지지 속에서 발전한 13~14세기 전반까지의 도기들을 일컫는다. 전성기 세토야키의 문양 표현 방법으로는 문양의 형태를 그릇 표면에 눌러 나타내는 인화(印花)와 비수(肥瘦)가 분명한 빗살로 새기는 획화(劃花) 그리고 문양이나 소상(塑像)을 별도로 제작해 덧붙이는 첩화(貼花)의 세 종류가 있었다.

이 시기에 나타나는 국화 문양 역시 다양하게 표현되었다. 〈회유도기국화문병(灰釉陶器菊花文瓶)〉에서는 인화로, 〈철유국화문병(鐵釉菊花文瓶)〉에서는 첩화 기법으로 국화를 장식했다. 이들 자기에 나타난 국화 문양은 국화가 지닌 특정의 상징 의미를 나타낸다고 보기 어렵고 그릇의 장식성을 증가시키는 역할에 초점이 맞춰진 것으로 보인다.

오채국화문국화형발(五彩菊花文菊花形鉢) | 이마리(伊万里), 17세기 후반, 개인 소장

다만 세토야키가 13~14세기경 중국의 영향을 받은 것은 확실하나 당시 중국에서 모란문이나 연화문 계통의 문양이 유행하고 있는 사실로 미루어 국화 본래의 상징성이 미미하긴 해도 국화문 자체는 세토야키의 도공이 창조해 내거나 가마쿠라 시대의 문화를 반영하던 문양이었음을 짐작하게 된다. 또 국화 문양이 통일된 구도 아래 사실적으로 표현된 것이 아니라 잎과 줄기가 생략된 채 만개한 꽃의 모습이 일종의 도안이나 문장처럼 배치, 표현되는 경향을 살펴볼 수 있다. 결국 국화의 상징 의미는 찾아볼 수 없는 장식성이 강한 문양 요소에 불과했다는 추측이 가능하다.

이러한 시기를 거쳐 국화가 보다 사실적으로 표현되고 그 상징성도 명확히 드러나게 되는데, 그러한 시기는 대개 17세기 이후로 짐작된다. 17세기 에도 시대에 일본 도자에는 이마리야키(伊万里燒)와 쿄야키(京燒), 규슈와 교토 지역을 기반으로 한 두 갈래의 커다란 흐름이 있었다. 그 중 최초의 자기 생산은 이마리야키가 구워지던 아리타(有田) 지역에서 이뤄졌다. 이 시기 아리타 지역 자기들은 주로 이마리 항으로부터 각지에 출하되었고, 이후 유럽 등지에도 이 항구를 통해 수출되었기 때문에 일반적으로 이마리 자기라고도 불린다.

이마리 양식을 보여 주는 예로 〈오채국화문국화형발(五彩菊花文菊花形鉢)〉을 들 수 있다. 이 발은 기형뿐 아니라 문양도 장식적 요소가 강한 국화를 사용했다. 꽃잎 모양으로 구획된 화려한 배경 색상에 국화의 하얀 꽃잎이 커다랗게 시문되었는데 기하학적 구성과 다양한 색상, 극명한 색상대비 효과를 노린 백국의 시문은

오채국수도차항아리(菊水圖水指) | 노노무라 닌세이(野々村仁清), 滴翠美術館 소장.

오채인형(五彩人形) | 이마리 가키에몽(柿右衛門), 17세기 후반, 개인 소장

이 그릇이 국화의 상징성보다는 그릇의 장식성에 얼마나 무게를 두었는지 실감나게 보여 준다.

가문의 문장에서 일본적인 자기 문양으로

한편 1680~90년대 사이에 새롭게 등장해 적색을 주색상으로 사용하면서 정교하고 사실적인 표현을 주로 사용하는 가키에몽의 그릇이 있다. 그 가운데 〈오채인형(五彩人形)〉을 보면, 이 인형이 입은 기모노 문양 중에서도 앞서 살펴본 도자 문양 중의 만개한 국화를 찾을 수 있다. 빨간 바탕색 사이에 자리한 국화는 도식적으로 그려졌는데, 이들 국화가 상징하는 것은 국화의 본래 전통적인 의미인 군자나 정절과는 상관이 없어 보인다. 이들은 단순한 장식 요소이거나 혹은 그릇을 사용하거나 그릇 속의 주제로 등장하는 인물이 속했을 법한 가문(家門)을 상징했던 것으로 추정된다.

한편 에도 시대 사가(佐賀) 현의 나베시마(鍋島)에서는 어용요(御用窯)를 직접 경영해 규격화와 완벽함을 보여 주는 나베시마 양식의 자기를 생산하고 있었다. 나베시마의 어용요에서 만들어진 도자기들은 다이묘(大名)들에게 헌상되거나 막부(幕府)의 선물용 또는 고급식기로 사용되었으며 일반인에게 판매하지는 않았다. 또 모든 태토는 이즈미야마(泉山)의 특수석이 사용되었으며, 안료나 유약의 원료

오채모란국화문대발(五彩牡丹菊花文大鉢) | 나베시마(鍋島), 18세기 전반, 개인 소장

백자청화유국화문접시(白磁青畵釉菊花文向付) | 나베시마(鍋島), 17세기 후반, 개인 소장

도 번(藩)에서 엄선해 사용했다. 장식 문양에 있어서도 일본 취향이 많이 반영된 '가장 일본적인 자기'로 일컬어진다.

〈백자청화유국화문접시(白磁青畵釉菊花文向付)〉의 내저면 중앙에는 도안화된 16잎의 커다란 국화꽃 두 송이가 겹쳐져 있다. 오채자기보다 청화자기가 더 귀하게 취급된 나베시마 양식의 자기에서 16잎의 국화 문양은 아마도 막부에서 사용하던 최상품 자기의 하나였을 것으로 추정된다. 이 접시의 국화 역시 국화 본래의 상징 의미보다는 장식성을 최우선으로 여긴 의장 계획에 따라 치밀하게 도안화된 것으로 볼 수 있다.

사라진 전통적인 국화의 상징성

위와 같은 장식적인 국화 시문은 에도 시대 도기의 한 갈래인 쿄야키에서도 찾아볼 수 있다. 교토를 중심으로 제작된 쿄야키는 정보(正保) 4년 무렵, 노노무라 닌세이(野々村仁清)가 어실요(御室窯)를 축조하고 명력(明曆) 2년경부터 색회 도기를 만들기 시작하면서 그 막이 열렸다. 그가 만든 〈오채국수도차항아리(菊水圖水指)〉에 표현된 국수도(菊水圖)는 격렬하게 굽이치는 물결 위에 국화꽃이 반쯤 떠 있는 모습을 주제로 한 일본 전통의장에서 유래한 것이다. 이 경우의 국화 역시 전체 문양의 장식성을 고려한 시문 계획에 따라 그려진 것이다. 또한 국수 문양은 남북조 시대 토호(土豪)인 쿠스노키(楠木) 집안의 문장(紋章)으로도 유명하다.

　　18세기에 들어서면서 아리타 지역의 오채 및 청화자기에는 인물화나 화훼문과 결합하는 형식의 국화 문양이 등장하기 시작한다. 고이마리 양식의 〈청화백자인물문대호(青畵白磁人物文大壺)〉에는 인물문보다 크게 묘사된 국화 문양이, 나베시마 양식의 〈오채모란국화문대발(五彩牡丹菊花文大鉢)〉에는 회화적 구도를 띠고 모란 아래에 작게 조화를 이룬 국화가 그려져 있다. 이들 모두 굳이 상징 의미를 찾는다면 길상적인 의미가 그 해답이 될 것이다.

　　이상에서 살펴본 일본 도자기 문양에서 보이는 국화는 중국이나 한국에 주로 보이는 유교 덕목이나 가치관의 상징으로 쓰인 사군자 속의 국화와는 그 차원이 다르다. 그릇을 화려하게 장식하기 위한 장식 요소로서의 성격이 강하며 또한 가문의 문장 같은 장식의장으로도 기능했다. 여기에 개별적으로 쓰이던 문양이 인물풍속화나 화훼문의 일부로 그려지는 등 일본인의 문화와 인식 속에서 국화가 차지한 특별한 위치를 가늠해 볼 수 있다.

| 방병선 |

여덟 | 한국 | 민화로 본 국화

민화 속에 피어난 국화

민화의 단골손님 국화

서민들의 대중문화 속에서 발전한 민화는 꽃과 새가 주제로 된 화조도가 가장 많은 수를 차지하고 있다. 그리고 화조도 중에서는 모란과 함께 국화꽃이 가장 많이 등장한다. 문자도, 책가도 등과 함께 화훼도, 초충도, 소과도 등의 문인 취향의 민화 속에서도 국화는 빠지지 않고 등장한다.

민화 속에서 예쁘게 피어난 국화야말로 고결한 자태로 수많은 문인과 문객은 물론 일반인들에게까지 널리 사랑받아 왔음을 다시 한번 보여 주고 있다. 다만 민화에서 그려지는 국화는 전통적인 문인수묵화에서보다 화려하고 탐스럽고 다양하고 아름다운 색상의 꽃으로 그려지는 것이 특색이다. 뿐만 아니라 책가도나 문자도의 국화분(菊花盆) 또는 화병에 꽂아 놓은 국화처럼 민화 속의 다양한 국화꽃 그림은 모두 약속이나 한 듯 3가지 또는 5가지 색상으로 그려져 있음을 볼 수 있다. 심지어 실물보다도 더 진한 빨강, 노랑, 보라색들이 원색으로 현란하게 표현된다. 마치 문인 취향의 수묵화를 비웃기라도 하듯이 과장되고 대담한 필치와 색상으로 민화의 아름다움을 더욱 강조하는 생기발랄한 꽃이 국화다.

병아리와 국화(민화) │ 원색적인 국화꽃과 서민들의 삶 속에서 친근하게 접할 수 있는 닭과 병아리가 어우러져 실질적인 상징성을 강조하는 문인화풍의 국화 그림과 대비된다. (가회박물관 제공)

그러면서도 민화 화조도 병풍 속의 국화는 무병장수와 번영, 꿋꿋함과 굳은 지기(志氣), 신선세계의 선약(仙藥) 등의 상징으로 등장한다. 그것은 난초와 대나무, 매화와 국화가 다 같은 사군자임에도 불구하고 일반적으로 상징되는 선비정신과는 다르게 표현된 것이다. 심지어 민화에서의 국화의 형상은 봉황이 날개를 펼쳐 춤추는 듯하나 실은 부부금슬이 좋다고 하는 난새(鸞鳥) 모양으로 바뀌어 나타난다. 또한 민화 속에 피어난 국화는 계절의 상징인 단풍과 새, 괴석 등이 조화롭게 어우러져 누가 봐도 편안하고 친숙하게 보인다. 때문에 민화에서의 국화의 채색이 요란해지는 것은 어찌 보면 당연하고 자연스러운 것이다.

민화 병풍 속에 등장하는 화조도는 자연 속의 사계절을 그려내거나 불로장수, 입신출세, 부부금슬, 벽사진경(辟邪進慶) 등의 일상적 삶에 대한 내용을 바탕으로 그려지는 것이 보통이다. 전통적인 기법, 준법 등의 화법을 떠나 작가의 진솔한 표현에 따라 국화는 괴석, 새, 닭, 꿩, 기러기, 물고기, 구기자, 맨드라미, 갈대, 가을풀 등과 함께 가을의 정취를 그려낸다. 이처럼 서민들의 생활환경 속에서 언제나 만날 수 있는 친근한 대상들을 국화와 함께 그리기 때문에 감상만을 위주로 한 순수 문인화풍의 국화 그림과는 그 성격이 전혀 다르다.

민화 속의 국화는 빨강, 노랑, 보라색 꽃이 한 그루에서 원색적으로 피어나고 있다. 이것은 현실 세계에서는 있을 수 없는 일이다. 야생화가 봄, 여름에 피는 꽃이라면 국화는 찬 서리 내리는 늦가을에 피어 고고한 자태로 더욱 아름답고 개성적인 향을 피워내는 서정적인 꽃이다.

전통을 뛰어넘은 세속적인 욕망

민화는 대상물을 극사실화로 표현하기도 하고 때로는 실제 모습이나 색상과는 무관하게 그리기도 한다. 이는 화가의 기호와 생활, 활동, 정서에 따라 자유자재로 변화를 일으키고 있음을 보여 준다. 이는 세상을 조롱하듯 같은 사물을 가지고 이렇게도 저렇게도 볼 수 있음을 나타내는 것이다. 아예 정형화된 사회규범 자체를 거부한 것이다. 그것은 전통사회의 사회제도와 사대부들에 대한 서민화가들의 저항을 표현하는 세련된 몸짓일 수도 있다. 그래서 민화는 가장 자유로움을 즐기는 화가만이 그릴 수 있는 그림이었던 것이다.

괴석 틈에서 자란 한 그루 국화에 오색 꽃이 피어 있고, 5마리 병아리를 거느린 어미닭 한 쌍을 그린 그림이 있다. 한편, 그림 속에는 벼슬을 상징하는

책가도(민화) | 문인풍의 수묵화와 달리 민화 속의 국화는 화려하고 탐스러우며 아름다운 색상으로 그려진다. (가회박물관 제공)

닭과 국화(민화) | 벼슬을 상징하는 수탉과 인고와 절의의 상징인 국화, 오복을 뜻하는 5마리의 병아리에
는 화가 자신의 소망이 모두 담겨 있다. (가회박물관 제공)

수탉과 인고와 절의의 상징인 국화꽃이 함께 그려지기도 한다. 이 그림이 이야기하는 속내는 아마 따로 있을 것이다. 벼슬길에 나가는 바람과 함께 5마리의 병아리는 오복을 뜻하는 것이 아닐까. 다시 말해 부귀다남의 복락을 누리며 살아갈 수 있기를 기원하는 화가 자신의 세속적인 욕망을 그렸는지도 모른다.

더욱 재미있는 것은 민화 제작에서의 표현 방법이다. 한 그루 국화에 거칠고 호방한 필치로 꽃잎을 그리고 오색 꽃이 피어 있는 그림을 보면, 괴석 속에 감춰진 다섯 포기의 국화인지 아니면 국화 한 그루에서 오색 꽃이 핀 건지 구별이 잘 되지 않는다. 하지만 그것은 대중들에게 그리 중요하지 않다. 그저 아름답고 현란한 색상이면 된다. 국화는 가늘고 긴 꽃잎의 수가 헤아릴 수 없이 많아 꽃송이를 보는 사람의 각도에 따라 변화가 무궁하기에 오색을 지닌 꽃으로 그렸을 가능성이 크다. 또 민화 속에서는 국화와 단풍, 꿩 등이 그려지는 경우가 많다. 이는 단풍이나 꿩이 가지고 있는 색상의 현란함을 택한 것이다. 그래서 국화는 상징보다는 아름다운 색의 조합으로 보여 줄 수 있다. 계절감과 부부화합, 나아가 가정의 화합을 상징하는 내용으로 볼 수 있는 것이다.

국화가 여러 가지 색상으로 그려질 수 있는 배경에 대해서는 단순히 작가 개인의 아름다움을 강조하려는 성향이라고 보는 견해가 있다. 그러나 조선 후기 화단의 대가이며 매화 그림으로서는 타의 추종을 불허했던 조희룡(趙熙龍)이 "국화는 다섯 가지 색이 있다."고 굳이 밝혀 놓은 점은 주목할 만하다. 그만큼 국화의 색이 다양하게 표현될 수 있었던 근거가 될 수도 있는 것이다. 따라서 여러 의미를 동시에 지닌 국화를 민화에서는 다양한 색으로, 전통을 뛰어넘은 세속적 욕망을 그리도 화려하게 표현했던 것 같다.

국화는 가장 늦은 때 고고한 꽃을 피워 지켜보는 이들에게 오랜 즐거움을 준다. 국향이 싱그러운 가을 하늘 아래 국화 한 송이를 띄운 국화차를 마시며 민화 속 국화를 감상하는 일은 생각만으로도 즐거운 일이다.

| 윤열수 |

4

생활 속의 국화

하나 | 한국 | 여인들의 장신구를 통해 본 국화

장수를 꿈꾸는 여인의 꽃 국화

어린이의 머리 위에 핀 장수화

서너 살 정도의 여자 어린이의 종종머리를 꾸미는 데 사용하는 배씨댕기에는 매화 문양 이외에 국화 문양이 대부분이다. 은겹국화꽃, 파란국화꽃 등 그 모양새도 다양하다. 이 배씨댕기에는 붉은 빛 화심(花心)이 박힌 양각된 국화꽃이 있고, 그 밑으로 4개의 국화가 나란히 달려 있다. 태어나서 처음 사용하는 장신구일 뿐 아니라 병마와 액운을 차단하는 주술적 의미도 포함하고 있다. 즉 이 집단 국화꽃은 건강과 장수의 의미로도 이용되었던 것이다.

굴레댕기는 어린아이들의 호사용 모자로 여름에 쓰는 것과 겨울에 쓰는 두 종류가 있어서 여름에는 갑사로 만들어 시원하게 했고, 겨울에는 비단을 써서 따뜻하게 했다. 머리 앞 중심과 여러 가닥의 천에는 각종 꽃과 길상 문자를 수놓아 어린이의 장래를 축원했다.

이것은 원래 서너 살까지의 어린이들에게만 씌웠으나 부모의 생존 시에 딸이 회갑을 맞는 경우 일명 노래자(老萊子)라고 하는, 색동옷보다 섶이 약간 길고, 고름의 윗부분을 5가닥에서 7가닥을 내어 매듭지은 옷이나 오방장 두루마기를 입고 굴레를 쓰고 부모의 무릎에 안기는 풍속도 있었다.

　이 굴레댕기는 굴레와 댕기가 합한 특이한 모양으로 장식적인 '쓰개'라 할 수 있다. 천을 말아서 만든 여러 송이의 꽃과 술 장식을 원형의 판에 붙여 화관처럼 머리에 얹고 양쪽의 실끈은 머리에 고정시키는 것이다. 화려한 도투락댕기에는 큼직한 국화꽃 은장식이 되어 있다. 이는 어린이의 무병장수를 비는 장수화(長壽花)다.

칠흑 같은 쪽머리에 핀 신선의 영초

뒤꽂이는 쪽머리 위에 장식적으로 덧꽂는 비녀 이외에 수식물로 부녀 수식 가운데 크기가 작은 편이다. 뒤꽂이의 형태는 꽃과 나비로 된 화접문(花蝶紋)이 주류를 이루고 있고, 연꽃 봉오리나 불로초로 꾸민 것도 있으며, 실용을 겸한 귀이개 뒤꽂이와 빗치개 뒤꽂이도 있다. 재질은 비녀와 같으며 비녀의 재질에 맞추어 꽂는다.

　은으로 만든 뒤꽂이의 국화꽃은 변신이 눈부시다. 전통 사회에서 서민의 장신구에 진주나 다이아몬드는 짚신에 국화꽃 그리기다. 그러니 남아 있는 것이 정품일 수가 없다. 그래도 디자인은 산뜻하고 싱그럽다. 파란(琺瑯)으로 만든 뒤꽂이에는 매화와 단짝을 이룬 것이 많다. 시골길에서 만나는 풀꽃 같은 이미지가 친근하고 사랑스럽다. 국화는 신선의 영초라 하여 불로장수(不老長壽)를 가져다주는 신성한 식물, 즉 선약(仙藥)을 상징한다.

은가락지에 새겨진 부부의 백년가약

조선시대 가락지는 궁중에서부터 서민에 이르기까지 여성의 필수 패물로 보급되어 왔다. 형편대로 값진 귀금속부터 헐값의 납가락지까지 주로 혼례의식에 백년가약의 징표가 되어 왔다. 《춘향전》에서도 가락지는 끝없는 사랑을 뜻했고 옛 민요에도 가락지가 등장한다. '굴레 같은 은가락지 동이굽에 다 달았네.' 시집 올 때 받은 은가락지가 물동이에 다 닳아서 가늘어졌다는 비유다. 조기잡이 뱃사람들의 노래에 선주(船主) 마누라의 손에 끼어 있는 '말굴 같은 저 가락지 해에 번쩍 달에 번쩍' 하는 노래가 있다. 말굴은 바다에서 따는 굴 중에서 가장 큰 굴

뱃씨댕기 | 조선, 이화여자대학교 담 인복식미술관 소장

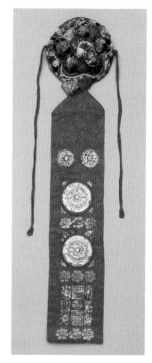

굴레댕기 | 조선, 이화여자대학교 담 인복식미술관 소장

은제화형뒤꽂이(銀製花形簪)
조선, 이화여자대학교 담인복식미술관 소장

파란화접뒤꽂이(琺瑯花蝶簪)
조선, 이화여자대학교 담인복식미술관 소장

은쌍가락지(銀雙指環)
조선, 이화여자대학교 담인복식미술관 소장

파란반지(琺瑯指環)
조선, 이화여자대학교 담인복식미술관 소장

이다. 조선시대 가락지는 쌍으로 만들고 굵고 큰 것이 특징으로 이성지합(異姓之合)과 부부일신(夫婦一身)을 상징하는 표지로서 기혼 여자만 사용할 수 있었고, 미혼 여자는 한 짝으로 된 반지(半指)를 사용했다.

　은가락지에는 국화문이 음각되어 있고, 파란 반지에는 육모에 국화꽃이 양각되어 있는 것과 겹국화에 진주 화심이 박혀 있는 것이 있다. 가락지는 예부터 마음을 담는 장식품으로서, 국화 문양은 남녀의 애정에 대한 믿음과 절개의 불변함을 약속하는 정표로 쓰였다.

　우리 옷의 구조는 원래 품이 넉넉하고 깊숙이 여며지는 것이어서 띠나 고름, 끈 등으로 맸기 때문에 단추는 많이 사용되지 않았다. 단추의 사용이 일반화된 것은 개화기 이후 양복의 도입에 의해서지만 맺은 단추나 원삼(圓衫)단추, 배자(褙子)단추 등은 사용한 역사가 매우 오래되었다고 할 수 있다. 도금국화단추와 파란국화

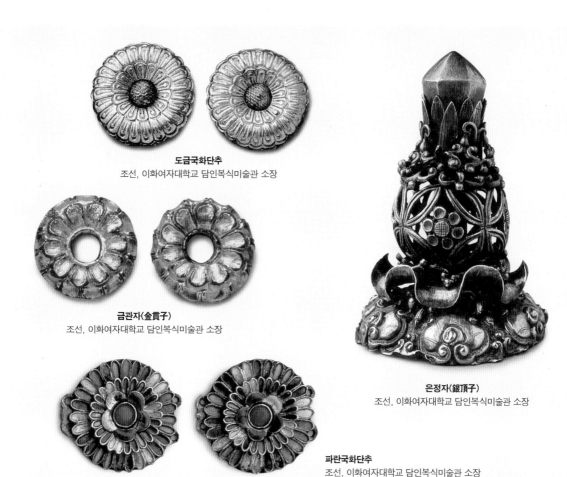

도금국화단추
조선, 이화여자대학교 담인복식미술관 소장

금관자(金貫子)
조선, 이화여자대학교 담인복식미술관 소장

파란국화단추
조선, 이화여자대학교 담인복식미술관 소장

은정자(銀頂子)
조선, 이화여자대학교 담인복식미술관 소장

단추는 원삼이나 배자 단추로 추정된다. 여기에 국화 문양도 가을 서리를 맞으면서 홀로 피는 것이 군자의 상징으로 사랑을 받았고, 불로장수를 가져다주는 신령한 식물로 여겨져 많이 이용된 꽃문양이다.

기품과 절개를 지키는 군자의 품격

관자(貫子)는 조선시대 기혼 남자가 상투를 틀어 머리를 수발하기 위해 망건(網巾)을 사용할 때 망건의 좌우에 달아 당줄을 꿰어 거는 작은 고리를 말한다. 관자는 재료와 문양에 따라 관품 내지 계급을 표시하고 있다. 품계에 따라 관자를 사용한 예를 보면, 두툼하고 입체감이 있는 이 국화 문양의 금관자는 종2품이 사용하는 관자이며, 매, 난, 죽과 함께 군자의 품격을 상징한다. 의(義)를 지켜 꺾이지 않는 지조로 일관해 온 선비정신과도 부합된다.

정자(頂子)는 흑립(黑笠)이나 전립(戰笠)의 정상에 장식한 꾸밈새로 증자라고도 한다. 고려 31대 왕 공민왕(恭愍王, 재위 1351∼1374) 때 직품에 따라 백옥·수정 등의 정자를 흑립에 달도록 한 데서 비롯되었다. 조선 초기 법전에 의하면 대군은 금(金), 당상관은 은(銀), 사헌부·사간원의 관원과 관찰사·절도사는 옥(玉)으로, 감찰관은 수정(水晶)으로 했다고 한다. 금동(金銅)과 은으로 만든 정자는 전립에 달고, 옥정자(玉頂子)는 흑립에 장식했다.

전립에 달았던 이 은정자(銀頂子)는 칠보문 여의주문 안에 국화, 연화 등을 투각, 음각으로 새겨 화려함을 강조했다. 투각된 국화 문양은 고고한 기품과 절개를 지키는 군자의 모습을 상기시킨다.

| 장숙환 |

둘 | 한국 | 선비들의 문방사우와 애완품을 통해 본 국화

문방공예에 꽃피운 은일선비의 품격

국화에 걸맞은 인격자의 문양

예로부터 덕성과 지성을 겸비한 최고의 인격자를 군자(君子)라고 했다. 군자에 대한 인식은 그 신분성보다는 고매한 품성에 대한 인격적 가치로서 존중되었다. 당시 사람들은 군자를 실현해야 할 인생의 궁극적 지표로 설정하고 적극 추천했었다. 국화를 포함한 사군자는 바로 이러한 당시 사람들의 삶을 확충·고양시키고 그 마음의 뜻을 표현하기 위한 매체로서 특히 사랑방 가구에서 그려지고 새겨지기 시작했다. 군자란 모든 선비가 지향하는 최고의 지순한 덕목으로 그들이 있는 곳에 책장, 필통, 연상, 시전지 등이 있게 마련이다. 그곳에는 당연히 국화가 빠질 수 없는 것이다. 그런가 하면 사랑방 의걸이장, 문갑, 묵호(墨壺) 등의 가구에서도 드물게 국화 문양이 보인다.

　　국립민속박물관에 소장되어 있는 이층 책장, 연상과 필통 등에 국화가 새겨져 있다. 소나무로 제작된 이층국화문책장(二層菊花紋冊欌)은 규모가 크고 여러 가지 문양을 조각해 알판을 화려하게 장식했다. 전면은 기하돌림 문양의 테두리에 국화, 나비, 난초, 학, 거북이 파도 등을 음각했고, 측면에는 둥근 원 안에 새와 나무,

이층국화문책장(二層菊花紋冊欌)
조선 후기, 171.8×44×128, 국립민속박물관 소장

물결 등을 자유롭게 배치해 표현했다. 장의 내부에는 '계묘오월팔일조성(癸卯五月八日造成), 통영인 전순흥 김일욱(統營人 全舜興, 金日郁)'이라는 명문이 있다. 제작기법으로 보아 계묘년의 연도는 1843년으로 보이며, 통영 사람인 전 씨와 김 씨가 사용자나 혹은 제작자로 추측된다. 국화 문양은 일, 이층 중간 문판에 2개씩 음각되어 있다.

투박한 목질에 국화를 새긴 선비의 아취

문방구를 벌여 놓아 두는 작은 연상(硯床)에는 서랍의 앞면과 기둥, 네 측면에 모두 국화를 새겨 넣었다. 대나무로 만든 육합죽제필통(六合竹製筆筒)은 큰 통을 중심으로 크기가 같은 5개의 대나무통을 접합한 모양이다. 중앙의 필통을 제외한 각각 면에 박지기법으로 바탕을 따내고, 국화를 비롯해 매화, 운학, 초엽문을 양각했다. 국화는 모든 꽃이 만발하는 계절을 비껴 늦은 가을에 첫 추위와 서리를 무릅쓰고 늦게까지 그 인내와 지조의 꽃을 피운다. 그래서 사랑방의 문갑 위에 혹은 의걸이장에서도 국화는 꽃을 피워 선비들의 마음이 흐트러지지 않게 다잡아 준다.

국립민속박물관에 소장되어 있는 화형대나무필통(조선 후기, 17.5×17.5)에

국화문연상(菊花紋硯床)
조선 후기, 42×28×22.5, 국립민속박물관 소장

국화를 비롯한 여러 가지 길상문이 새겨져 있다. 전체 모양이 7개의 꽃잎 모양을 했는데, 각 면에 선비들의 정신을 기리는 길상문을 새겨 놓아 옛 시대 선비들의 아취(雅趣)를 듬뿍 느끼게 한다. 매화·대나무·연꽃·파초·소나무·매화·어해 등의 문양이 7개의 표면에 가지런히 표현되어 있다. 그 중 국화에 새나 곤충이 날아드는 문양이 있다. 국화가 편 뜰에 참새가 날아드는 문양은 온 집안에 기쁨과 즐거움이 넘친다는 의미를 담고 있다. 여기에서도 참새는 까치와 같이 기쁨을 의미한다.

시전지 목판 | 조선 후기, 벗이나 정인에게 편지를 쓸 때에도 마음과 정성을 국화의 향과 정취와 함께 실어 보냈다. (가회박물관 제공)

600여 년 동안 시들지 않는 국화

시전지(詩箋紙)란 시를 쓰기 위해 별도로 만든 예쁜 종이를 말한다. 시전지에는 꼭 시만을 쓰는 것은 아니다. 정겨운 벗이나 정인에게 편지를 쓸 때에도 많이 사용되었다. 시전지는 옛 선비들이 마음과 정성을 담아 보내 줄 때 즐겨 사용해 온 낭만적 정서의 산물이다. 박물관에서 조선시대의 생활문화를 전시하거나 사랑방가구, 선비문화를 꾸밀 때 시전지와 시전지판은 꼭 함께 선보인다. 현재까지 남아 있는 조선시대 시전지 중에서 오세창(吳世昌, 1864~1953)이 수집한 《근묵(槿墨)》에 실린 최덕지(崔德之, 1383~1456)의 〈시고(詩稿)〉가 가장 오래된 것이다. 이는 이조(吏曹)에서 임금으로부터 받은 원운(原韻) 두 구절을 쓴 글인데, 임금에 대한 공경의 뜻이 담겨 있기 때문에 시전지 왼쪽 아래편에 목판으로 새겨 놓아 수백 년 동안 시들지 않고 피어 있는 노랗고 빨간 국화꽃이 선명하게 살아 있다. 또 《근묵》에 실려 있는 이희검(李希儉, 1516~1579)의 〈운봉 홍사군에게 바치는 글(奉贈雲峯洪使君先生)〉과 기대승(奇大升, 1527~1572)의 〈시고〉 및 윤복(尹復, 1510~?)의

〈송별시〉 등에도 역시 노랗고 파란 시전지 전면에 국화꽃이 먹빛으로 은은히 비치도록 찍혔다. 조선에서 제작된 임란 이전의 시전지는 아주 드물게 남아 있어 그 문양의 종류를 전부 말할 수는 없으나, 이처럼 국화꽃을 사용한 예가 많다.

장수의 염원을 담은 국화 한 송이

국화는 고려 이후 각종 공예품에 많이 사용된 문양의 소재다. 청자, 분청사기, 백자 등에서도 국화 문양의 전통이 이어졌다. 특히 사랑방 문방구 중에서 연적, 먹, 묵호 등에 국화가 등장한다. 국립중앙박물관에 소장된 〈청화백자국화절지문사각연적〉과 〈청화백자국화문묵호〉가 있다. 연적 윗면을 국화로 시문하고, 사방에 수(壽) 자의 명문이 있다. 국화는 수(壽)를 뜻한다. 수를 상징하는 국화와 수 자를 동시에 새겼으니, 고수(高壽)와 익수(益壽, 오래 삶)를 뜻한다. 또 괴석(怪石)에 층층이 피어 있는 국화를 그린 그림이 있는데, 이 또한 바위의 장수와 국화의 수(壽)가 결합되어 장수를 상징한다.

　　울 밑에 피어난 몇 송이 국화꽃을 즐기는 서정과 통하는 전통의 멋과 아름다움을 유감없이 보여 주는 문방공예(文房工藝)의 유품들이다. 국화는 가을 무서리를 맞으며 피어나는 데서 군자의 모습을 발견하고, 곧은 품위가 군자와 같아서 속세를 떠나 숨어 사는 '은둔하는 선비'의 이미지다. 서릿발 속에서도 굽히지 않고 외로이 지키는 절개, 의를 지켜 꺾이지 않은 지조로 일관된 선비의 정신과 부합된다. 사랑방 가구와 문방구에 새겨진 국화는 선비정신의 본질적 가치와 의의를 집약시킨 하나의 표상으로서 전개되어 왔음을 알 수 있다.　　　　　　　　| 이종철 |

셋 | 한·중·일 | 속설, 설화를 통해 본 국화

의식세계를 지배한 국화의 신의성

한국

중양절이란 따로 있는 것이 결코 아니다

중양절(重陽節)이란 음력 9월 9일 그해 수확한 곡식으로 음식을 만들어 서로서로 나누어 먹으며 노래하며 춤추는 날이다. 《주역》에서 말하는 가장 상서로운 숫자인 9(九)가 겹치는 9월 9일을 택해 한 해의 수확을 기뻐하고 그 고마움을 하늘에 고하는 행사를 벌이는 날이다. 당연히 그날이 농경민에 있어서는 한 해의 노고에 대한 결과를 수확할 수 있는 절정의 계절이기도 하다.

　　우리나라에서 언제부터 중양절에 사회적인 의미가 부여되었는지는 정확한 기록을 찾을 수 없다. 다만 《고려사(高麗史)》〈세가편(世家篇)〉8대 현종(顯宗) 10년 9월초에 「9일 임술 중양절」이란 기록이 등장한다. 그러나 신라 유리왕(儒理王) 때부터 있었던 중추절(秋夕) 행사로 보아 우리나라도 일찍부터 9월 9일은 또 다른 의미가 있었다고 볼 수 있다. 고려가요 〈동동(動動) 8월령〉에서 「아! 한가윗날이건마는/ 임을 모시고 지내야만 오늘이 뜻있는 한가윗날입니다./ 아으 동동다리.」라고

자수국화문수저집 | 가회박물관 제공

'사랑하는 사람과 함께 하는 행복'을 노래한 것을 보면 더욱 명백해진다.

조선 중종 때의 시인인 북창 정렴(北窓 鄭磏, 1505~1549)과 고옥 정작(古玉 鄭碏, 1533~1603) 형제가 시를 통해 중양절과 국화의 소중함을 이야기하는 대목이 나온다. 정렴의 시 「19·29가 모두 9자 수인데/ 9월 9일로 정해진 때가 없도다(후략).」와 정작의 시 「(전략) 국화를 마주보며 술잔을 기울일 수 있다면/ 구추(九秋) 어느 날인들 중양이 아니랴.」 하고 그들 형제는 특히 9월 9일이라는 숫자가 중요한 것이 아니라 중양절은 국화가 주인공의 자리에 앉아 있는 9월 어느 날인들 '중양'이 아니겠는가 했다. 중양절의 습속은 고려와 조선조에 이르기까지 면면히 이어져 왔던 것이다.

오늘날에도 기상이변으로 오곡과일이 결실을 맺지 못했을 때는 중양절에 추석제(秋夕祭)를 모시는 것이 조금도 이상한 일이 아닌 것으로 되어 있다.

국화 꽃잎 술에 띄워 마시는 풍류

성종 때 영의정이요 신숙주의 후손인 신용개(申用漑, 1463~1519)는 천성이 호방하고 술을 즐겨서 때로는 늙은 계집종을 불러다 놓고 큰 잔을 기울여 취하도록 마시곤 했다. 어느 날 집사람에게 "오늘밤에 아홉 사람의 귀한 손님이 오실 터이니 주안상을 차려 놓고 기다리라."고 분부했다. 술상을 차려 놓고 기다리는데 밤늦도록 손님이 오질 않았다. 정승은 부인을 다독거리면서 조금만 더 기다려 보자고 했다.

이윽고 달이 영창을 통해 사랑방 안에 비치자 소리쳐 "술상을 들여라" 하고 고함쳤다. 종을 시켜 술상을 들였지만 인기척이 나지 않아 이상하게 생각한 부인은 발소리를 죽이고 다가가 문틈으로 방 안을 들여다보았다. 손님은 없고 방 안에서 기르던 9분(盆)의 국화를 나란히 앞에 늘어 놓고 그 사이에 술상을 놓고서 국화 한 분 한 분 돌아가며 은도배를 주었다 받았다 대작을 하고 있는 것이었다. 술 한 잔 따라 국화분에 권하고는 그 국화꽃 한 잎 따 술 위에 띄우고 국화가 권한 양 극진히

받아 마시기를 거듭해 녹취하고 있었다.

　이 술잔에 국화 꽃잎 띄워 마시는 음주 습속은 국화 명절인 음력 9월 9일 중양절의 세시습속에서 비롯됐다. 세조(世祖) 기사년 중양절에 신숙주(申叔舟) 등 중신과 왕족들을 불러 국화잔치를 벌였는데 《조선왕조실록》에 보면 황국화 백국화 각각 한 그루씩을 심은 화분을 전(殿) 복판에 놓고 말하기를 "오늘 경들과 더불어 국화를 감상하고자 하니 마땅히 각각 취하도록 마셔라." 하고 '술과 국화와 임금과 신하가 모두 조화(調和)되다.' 라는 시제(詩材)를 내어 글을 짓게 했다.

　시재가 남달랐던 조선 10대 왕 연산군(燕山君, 재위 1494~1506)도 가장 선호했던 시제(詩題)가 국화였으며, 중양절에는 승정원에 술과 국화 화분을 내려 보내 국화를 띄워 즐겁게 술을 마시고 시를 지어 올리라고 분부했다는 것이다. 비단 중양절이 아니더라도 그는 중신들에게 국화 화분과 술을 자주 내려 보냈다는 기록이 실록에 나온다.

　이상의 실록 기록으로 미루어 보아 국화잔치에서 마셨던 국화주는 꽃이나 잎을 말려 넣어 양조한 술이 아니라 신용개처럼 생 국화 꽃잎을 띄워 마시는 국화주였음을 미루어 알 수 있다.

청화백자국화문술병 | 조선 후기

　이처럼 국화 술은 9월 9일 중양절(重陽節)에 마시는 술로 한·중·일이 공통되고 있지만 술잔에 국화 꽃잎을 띄워 마시는 물리적 꽃술에서 꽃을 양조해서 마시는 화학적 꽃술로 발달했음을 알 수 있다.

창호지의 국화는 사계절 살아 있는 드라이플라워

옛날 우리 한옥의 여닫이 창문의 손잡이 부근에는 창호지가 겹으로 붙여져 있다. 그것은 행여 얇은 문종이가 찢어질까 한 뼘 정도의 문종이를 덧붙여 발라 두껍게 하는 것이다. 그런데 그 속에는 어김없이 국화의 꽃이나 잎이 살아 있는 듯 자리잡고 있다. 우리가 문종이를 다시 바르는 시기는 겨울이 다가오고 있음을 알리는 국화꽃이 피는 계절이 되는 것이다. 일 년 동안 때가 끼어 백색은 퇴색되고 문종이는 찢겨져 여기저기 구멍이 뚫린다. 그러면 문짝째 떼어내 물에 불려 묵은 종이 벗겨내고 새

경복궁 후원 연경당 굴뚝에 새겨진 국화 | 조선 후기

종이로 다시 바른다. 한겨울의 실내생활을 따사롭게 보내자는 연례행사 중의 하나였다. 그때 우리의 정서는 뒤뜰이나 울타리 밑에 피어 있는 국화의 꽃과 잎을 따내어 온갖 미감을 발휘해 모자이크 하듯 창호지 속에 옮겨 넣어 풀칠을 하는 것이다. 바로 오늘날의 드라이플라워로 오래된 우리들의 습속 속에 이미 숨 쉬고 있었던 것이다.

문을 바를 때는 형제자매나 부부가 아니면 조손이라도 함께 모여 서로가 붙들어 주고 잡아주지 않으면 안 된다. 이제 거친 들일은 웬만큼 마무리되어, 온 가족이 함께 모이는 오붓한 시간에 중양절을 보내며 새 종이로 문과 창을 발라 따뜻한 햇살을 방 안으로 맞아들이는 행사다. 그리고 이것은 단순한 미적 감각으로만 창호지에 국화를 붙인 것이 아니라, 국화의 주술적인 힘으로 가족의 안위를 지키려는 염원을 담았는지도 모른다.

머리 풀고 바지춤 내리는 등고 민속

등고(登高)라 하여 이 날 등산하는 것을 중국 설화에서 사람과 가축을 몰살시키는 사기(邪氣)를 피해 등산한 것으로 돼 있지만, 음양학에서는 산에 오를 때 보다 높이 오를수록 양기의 원천인 태양 가까이에 접근하는 행위로 해석한다. 그 산봉우리의 양기가 내려 쪼이는 곳에서 역시 양기가 농축된 국화주를 마시는 것은 보다 많은 양기를 얻는 수단이 되는 것이다.

이 날 등고 민속에는 중국이나 일본에 없는 한국만의 습속이 있었다. '풍즐거풍(風櫛擧風)'이 그것이다. 풍즐이란 바람으로 머리를 빗질한다는 뜻으로 산에 올라 상투머리를 풀고 산바람에 날리는 일이요, 거풍이란 바지를 벗어 내리고 연중 바지 속에서 음산하게 갇혀 살아온 국부를 왕성한 산꼭대기의 양기 앞에 노출시키는 것을 말한다. 이 풍즐거풍할 때 국화꽃 한 송이를 입에 물어야 효력이 배가한다 하여 들국화를 꺾어 물고 바지춤 거둬 내려 햇볕과 바람을 쏘였다.

사랑의 완성을 상징하는 결심국

중국 문헌인 청대의 강희제(康熙帝)의 명에 의해 집대성된 《고금도서집성(古今圖書集成)》의 〈초목전(草木典)〉편 〈곽독타종수서(郭彙駝種樹書)〉에 보면 노란 국화와 흰 국화를 한 송이씩 꺾어 꽃대의 한쪽 껍질을 벗겨 삼끈으로 꽁꽁 묶어 심으면 뿌리가 돌아 반은 황국 반은 백국의 양색꽃이 핀다 하고, 두 사람의 마음을 맺는다 하여 결심국(結心菊)이라 한다 했다. 이를 본떠 여염에서 약속을 다질 필요가 있을 때 황국 백국을 삼끈으로 동여매고 침을 3번 뱉는 정신유희로 정착했다.

금박 국화 문양 조끼 | 조선 후기

이 결심국 습속이 사모하는 여인의 신발에 국화를 던져 담는 구애 습속으로 발전했는데, 우리나라에서도 국화꽃을 이용했다. 한국에는 젊은이들이 마음먹은 여인에게 구애하는 관행이 있었다. 개화기 《독립신문》 잡보란에 신발 속에 투화(投花)하는 구애기사가 보도된 것을 보더라도 꽤 보편화된 풍습이었던 것 같다. 노란 국화와 흰 국화 2송이를 한데 묶고 동전을 매달아 마음에 둔 처녀나 과부가 벗어 놓은 신발에 담아 놓으면 여인의 마음이 돌아선다고 믿었다. 한국 전통사회에서 여자의 신발이나 버선은 여자 성기의 상징이요, 그 신발에 양기의 상징인 국화를 던져 담는 것은 고도로 순화된 남녀행위가 아닐 수 없다.

여아의 이름에 국(菊) 자를 쓴 이유

우리나라에 이름을 짓는 전통에 여자는 아명(兒名)만 있었고 기생에게만 이름이 있었다. 아명을 지을 때 국화란 이름이 많은 편이었는데 2가지 이유에서였다. 그 하나는 음양사상의 투영으로 여자들 이름에 사내 남(男)자가 선호되는 이유는 다음번에는 사내아이이길 바라는 간절한 염원과 연관이 있다. 곧 이름으로 다음번에 사내가 태어날 주력(呪力)을 강화시킬 수 있는 것으로 알았다. 그러했듯이 양(陽)의 농축물이요, 사내아이의 상징인 국화를 여아 이름으로 선호하는 것은 남아존중 사상이 지배했던 시절의 상식이었다.

다른 하나로 여아가 허약해 병골이면 서릿발 아래에서도 그토록 싱그럽게 피어 있는 국화의 정기를 접속시키고자 국화 이름을 지어 주기도 했다.

《고려사》나《조선왕조실록》에 등장하는 기생 이름에 국화의 빈도가 잦은 이유도 이 같은 작명관행과 무관하지 않을 것이다. 이를 테면 고려 32대 왕 우왕(禑王, 재위 1375~1388)이 사랑하여 말을 함께 타고 달리며 망국을 재촉했던 기생의 이름도 국화요, 조선조 초 건국공신 조준(趙浚, 1346~1405)을 대역 음모를 했다고 고발한 것도 그의 애기였던 국화다. 그녀는 고발한 죄로 한강에 산 채로 침장(沈葬)당했다.

중국

중양절의 시원

중국은 양(梁)나라 오균(吳均, 469~520)의《서경잡기(西京雜記)》에서「중양절에 한 고조 때에 국화주를 마셨다. 또 무제 때 궁녀 가패란(賈佩蘭)이 9일에 떡을 먹었다.」고 했고, 송나라 맹원로(孟元老)의《동경몽화록(東京夢華錄)》에서도「성 안 사람들이 9월 9일에 밀가루로 전을 부쳐 서로 나누어 먹는다.」고 되어 있다. 이로 미루어 보면 중양절의 풍습은 이미 오래 전부터 있어 왔던 것이라고 볼 수 있다.

특히 당나라 때는 중양절에 건강을 기원하며 국화에 맺힌 이슬을 받아 몸을 닦으면 귀신이 범접하지 못하는 것으로 알았다. 그런 의미에서 재난을 피하려는 뜻으로 국화주를 마시는 풍속이 생겨났으며 후세까지 전해진 것이다.

음양설과 9월과 국화

자연과 인사(人事)의 오묘한 맥락을 풀이하는 동양철학은 주(周)나라 초에 지어진《역경(易經)》이다. 이 역경의 저작에 대해서는 여러 설이 있는 것이 사실이나 그 중추이념을 압축하면 우주 삼라만상의 기본은 음(陰)과 양(陽)의 이원론(二元論)으로 그 조화와 부조화로 성쇠 화복의 운수가 정해지는 것으로 알았다. 수에 있어 음수(陰數)는 짝수요 양수(陽數)는 홀수다. 곧 홀수는 귀신이 사는 응달이 아니고 햇볕이 사는 양지의 수이므로 동양철학에서 홀수를 상서로운 수로 반겼다.

한 해 가운데 홀수가 겹친 1월 1일 정초와 3월 3일 삼짇날, 5월 5일 단오, 7월

민화 화조도 병풍(부분) | 조선 후기, 국화는 꿩과 함께 절개와 충절을 상징하며 아름다운 꿩의 자태와 국화를 함께 그리는 경우가 많다. (가회박물관 제공)

7일 칠석 그리고 9월 9일 중양을 명절로 맞이하는 것도 그 때문이다. 그리고 더욱이 상서로운 홀수 '1+3+5'를 보태면 9가 된다 하여 그 중 9수를 특별석에 앉힌 것이다. 특히 중국에서는 《역경》에서의 9를 하늘(天)을 뜻하는 것으로 본 것이다. 그래서 천하는 구주(九州)로 나뉘며 나라는 구경(九卿), 곧 9명의 대신이 다스리게 했고 관료의 계급도 구품(九品)으로 나누었다. 임금의 궁성도 구중(九重) 궁궐이요, 궁궐의 출입문은 구문(九門)이며, 궁궐 벽도 구룡벽(九龍壁)이요, 천자가 쓰는 왕관은 구룡관(九龍冠)이라 했다.

홍콩 등 화교사회에서 자동차 번호판이나 전화번호에 아홉 9의 연결번호의 인기는 값으로 쳐 수십만 불을 웃돌며 거래된다. 하물며 고층 맨션도 9층 19층 29층의 가산금은 대단하다. 일반대중의 심리 속에 아홉 '九'의 양수가 차지하는 비중은 막중해서 음양설이 중국을 위시해 동양 문화권에 끼친 영향이 얼마나 큰가를 짐작케 한다. 그 아홉 9가 겹친 중구일(重九日)의 비중이 그로써 분명해지며 이 날 양수가 겹쳤다 하여 중양(重陽)이라 일컬어 음에 기생하는 사기(邪氣), 곧 불행이나 화를 쫓는 척사(斥邪) 민속이 한·중·일 3국에 고루 발달했었다.

이 중양의 양기를 농축시킨 것이 이 철에만 고고하게 피는 국화다. 국화를 중양화(重陽花), 구월화(九月花)라 일컬음도 그 때문이다. 곧 국화는 음양학에서 양을 눈앞에 실체로 보여 주는 유일한 꽃으로 양의 의미를 극대화 시키고 있으니 그것을 기리는 민속이 다양하게 발전하지 않을 수 없었을 것이다.

상례와 국화

장례식장의 제단이나 상여나 영구차를 황국 백국으로 장식하고 영전에 국화송이를 헌화하며 늘어 놓는 조화가 국화 일색인 이유도 음양설에서 비롯됐을 확률이 높다. 더러는 서양에서 전래된 습속으로 보는 견해도 있으나 국화꽃이나 그에 따른 국화 문화는 중국에서 서양으로 옮겨 간 지 일천하기에 오히려 중국의 국화 문화가 서양의 장례에 접목했다고 보는 편이 합리적이다.

송나라의 국화 대가 유몽의 《국보》에 보면 국화의 이명(異名)으로 능국(陵菊)이라 한다고 했다. 중국 옛 풍속으로 무덤 둘레에 국화를 심었던 한때가 있었음을 말해 준다. 우리 옛 시에도 무덤 둘레에 국화를 심어 살아 있는 사람의 애절한 뜻을 전한다 했고 추석 성묘를 위해 벌초를 할 때 들국화가 피어 있으면 살려 둬야 한다는 관행도 국화와 유명(幽明)간의 의미 있는 관계를 암시해 준다.

그 관계 가운데 하나로 흰 국화 뿌리는 수분을 잘 처리해 땅을 건조하게 한다는《고금도서집성》의 〈장개빈본초(張介賓本草)〉편의 기록을 들 수 있다. 국화 뿌리의 이 수분 조절 능력 때문인지《본초강목(本草綱目)》에는 국화 뿌리의 이명을 태양의 정기란 뜻인 일정(日精)이라고 기록하고 있다. 곧 분묘의 수분을 조절해 보존하는 수단으로 무덤에 국화를 심었던 관습과 장례에 국화를 쓰는 관행과 연관시켜 볼 수가 있다.

또 국화가 망인이 사는 저승과 오가는 유명(幽明)간의 수단이라는 인식이다. 한국 무속(巫俗)에 무당집 제단을 황백의 국화로 장식하는 습속이 있는 것도 바로 그곳이 유명간의 통로 입구라는 표시라 할 수 있다.

중국 문헌《초사》에 구장(九章)이라는 항목이 있는데 이는 아홉 가름째의 편수를 뜻하는 것이 아니라 신을 제사하는 노래 또는 신을 찬양하는 신가(神歌)라는 뜻이다. 곧 아홉 구(九) 자에는 신사(神事)적인 것으로 제사에 관한 뜻이 있음으로 미루어 구(九)의 상징화인 국화를 무덤 둘레에 심고 신을 받드는 일이나 저승의 일을 탐색하는 무속에 도입되었을 것으로 추정할 수 있다. 이로써 한·중·일 그리고 늦게 전파되어 서양에 보편화된 조국(弔菊)의 뿌리는 이상 2가지 국화를 둔 인식의 어느 하나이거나 둘이 복합되었을 것으로 짐작할 수 있다.

일본

노와 국침

일본 고유의 판소리라 할 노(能)에 '침자동(枕慈童)'이라는 것이 있다.

그 줄거리는 이렇다. 위(魏)나라 문제(文帝)의 신하가 어명을 받고 장수한다는 약수의 원천을 찾아 산속에 들어 암자에 살고 있는 이인(異人)을 만났다. 그는 주나라 때 목왕(穆王) 밑에서 일했던 자동(慈童)이란 궁인으로 임금의 베개를 타 넘었다 하여 죄를 얻어 이곳에 유배당했다는 것이다. 주위 사람들이 가엾게 여겨 부적(符籍)을 써 주었고 자동은 머리에 베는 국침에 이 부적을 써 붙이고 잤다. 그리고는 부적에 적힌 글을 국화잎에 베껴 냇물에 띄웠더니 불로장수의 약수로 변하더라는 것이다. 그가 국침을 베고 그 약수를 먹고 살다 보니 700년이 됐다는 이야기다.

이 노의 영향을 타고 국침이 일본에 번져 오늘에 이르고 있다. 이 자동의 설화는 다른 항목에서도 여러 번 나오나 그 상황이 조금씩 다를 뿐이다.

조류리(淨瑠璃) 기쿠바다케(菊畑) 가부키 공연 장면 | 국화꽃을 앞에 놓고 왼쪽에 무릎을 꿇고 앉은 야츠코 지에나이(奴智惠內)는 기이치의 딸에게 아버지의 속내를 알아본다.

가부키와 국화인형

국화는 향기 높은 고귀한 꽃으로 고대 일본 상류 사회에서 완상(玩賞)한 꽃이다. 그 꽃으로 담근 국화주는 사기(邪氣)를 내쫓고 장수를 보전하는 술로 믿었다. 요곡(謠曲), 가부키(歌舞技)의 '국자동'은 이국적인 국화에 대한 일본인의 향수를 자락에 깔고 있다.

신의와 정절을 뜻하기도 한 국화는 중양절을 축하하는 귀족과 무사들의 술잔에서 발효한 인식의 틀을 타고 에도 시대 서민이 즐긴 결혼 축하주가 되었다. 독특한 쓴맛에 한·중·일 3국이 공유하는 멋이었다.

국화는 남성의 의리, 남녀 간의 정분을 확인하는 꽃이라는 생각이 서민의 꿈에 날개를 달아주었고 국화의 이미지는 마침내 가부키 무대로 진출했다.

18세기 초 처음 공연된 조류리(淨瑠璃) 기쿠바다케(菊畑, 鬼一法眼 三略卷)가 대표적인 예라 할 수 있다. 사랑의 약속, 가족의 유대, 스승과 제자, 사무라이의 의리, 목표를 위한 희생이 인연의 고리를 풀고 갈등을 극복하는 환상적인 해법을 보여 준 연극이다.

배경에는 중세를 지배한 겐지(源氏), 헤이케(平家) 두 진영의 대결이 있다. 미나모토 요시츠네(源義經)는 부하인 지에나이(智惠內)와 함께 천민으로 분장하고 헤이케의 전략가 기이치 호우겐(鬼一法眼)의 집에 종으로 들어간다.

중국의 병법서(六韜三略)를 손에 넣기 위해서였다. 국화꽃이 만발한 안마당에서 요시츠네와 지에나이, 요시츠네를 연모하게 된 기이치의 딸, 미나즈루 히메(皆鶴姬)는 그동안 은혜의 빚을 진 채 헤이케 편에 섰던 기이치의 비밀을 비로소 알게 된다. 기이치는 구라마 산에서 수양하는 우시마루(요시츠네의 아명)에게 무술을 가르친 다이덴구(大天狗), 바로 그 사람이었던 것이다. 스승은 제자요, 주군인 요시츠네에게 '사위에게 주는 선물'이라 하며 《육도삼략》을 내준 다음 자결한다.

| 이규태·박석기 |

넷 | 중국 | 신이, 벽사, 정화로 본 국화

천년 수명 이어 준 국화꽃 이슬방울

팽조의 전설과 국화

주나라의 목왕(穆王)을 섬기던 국자동(菊慈童)이란 사람이 있었다. 왕의 총애를 받는 인물이었으나 왕의 베개를 타 넘은 죄로 남양의 역현산(酈縣山)으로 귀양을 보냈다. 역현산은 호랑이 소굴이었으므로 사람이 살 수 없었다. 왕은 그래도 마음이 쓰여 《법화경(法華經)》두 줄을 적어 주며 아침마다 외우도록 일러서 보냈다. 역현산에 도착한 국자동은 왕이 적어 준 《법화경》두 구절을 잊지 않기 위해 매일처럼 집 앞에 자라는 국화잎을 뜯어 그 위에 경구를 써서 흐르는 냇물에 띄웠다. 그리고 그것이 임금이 사는 곳에 닿기를 빌었다. 그러던 중 어느 날 꿈결에 백발의 신선이 나타나 경을 적은 국화잎을 띄우는 그 냇물을 마시도록 일렀다. 그는 그로부터 그 물을 마시며 살게 되었는데 물맛이 좋을 뿐더러 무서운 호랑이마저 접근하지 않았다. 그는 어느덧 건강하게 800년을 살았으나 육신은 조금도 늙지 않고 그대로 있었다. 자동은 이름을 팽조(彭祖)로 바꾸고 세상에 나왔다. 위나라 문제(文帝)를 만나 그 비법을 알려 주어 그를 오래 살게 했다는 것이다. 사실 문제는 15세밖에 살수 없는 인물이었다.

팽조가 국화를 먹고 1700세를 살았다고 한나라 유향(劉向)의 《열선전(列仙傳)》에 기록으로 남아 있다. 자동이 살았던 역현산 골짜기가 바로 감국의 집단 서식지였고, 그가 먹고 마신 물은 국화의 잎과 꽃에 맺혔던 이슬방울이 떨어져 흘러내리는 감로수였던 것이다.

장수촌으로서의 명당, 감곡

《한서(漢書)》나 진나라 갈홍의 《포박자》 외 오래된 중국의 전적들에는 국화의 신이성에 대해 많은 이야기가 전한다.

하남성의 어느 산중에 감곡(甘谷)이라는 계곡이 있는데 그 계곡물을 먹고 사는 주민들의 평균 수명이 아주 높다는 것이다. 많게는 140~150세를 넘고 80~90세는 요절하는 축에 든다. 그것은 국화 군락지에서 발원해 흐르는 물을 먹는 것이 장수의 원인이라는 것이다. 그 사실이 알려져 주변 관리들이 그 물을 먹게 되고 그들 또한 건강하게 장수했다고 한다. 이 사실은 여러 문헌 중에서 한나라 응소의 《풍속통의》에 「남양 역현에 감곡이 있는데 그 계곡물이 감미롭다.」라고 구체적으로 나와 있다.

그 산에는 많은 국화가 자생하고 있으며 물이 산에서 흘러내리고 있는데 그 물이 바로 국화의 자액(滋液)인 것이다. 그 골짜기에 30여 호의 마을이 있는데 그들은 따로 샘을 파지 않고 흐르는 물을 그대로 먹는다고 했다. 그러나 그들의 수명은 상수가 120~130세이고 중수는 100여 세이며 최하수가 70~80세가 되니 놀라운 일이 아닐 수 없다. 국화는 몸을 가볍게 하고 기를 보충해 준다는 약효가 있음을 증명한 것이다. 뒷날 왕창(王暢), 유관(劉寬), 원외(袁隗) 등은 모두 남양태수가 되었는데 이 소문을 듣고는 역현에 명해 매월

감곡국천도(甘谷菊泉圖) | 정섭(鄭燮), 청(清), 난징 박물원 소장 | 이 그림은 가파른 절벽 사이에 폭포 한 줄기가 절벽 아래로 세차게 흘러내리는 것을 묘사한 것이다. 바위 사이에 국화 더미가 무성하게 자라 꽃의 빛깔이 사람에게 좋은 느낌을 준다. 전체적인 화면의 구성이 뛰어나고 경지가 초탈하다.

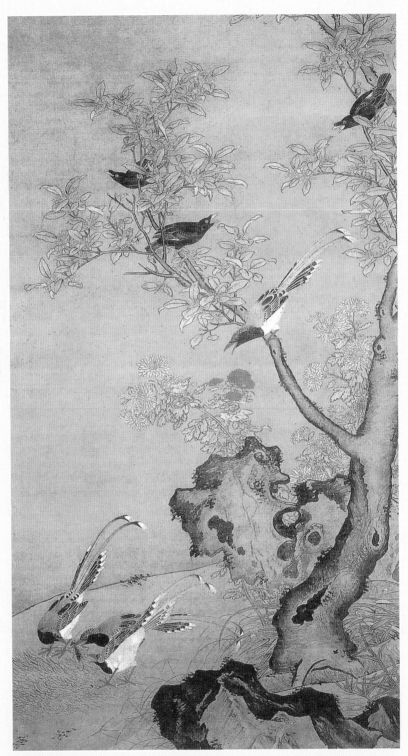

계국산금도(桂菊山禽圖) ㅣ 여기(呂紀), 명(明), 베이징 고궁박물원 소장 ㅣ 그림 중간에 있는 꽃은 색을 칠해 묘사했고 새들의 깃털은 훈염하여 완성했으며, 전형적인 밀화중채 화법에 속한다. 붓으로 거침과 정교함이 서로 대비되도록 한 대표화가의 기본 화풍의 작품이다.

20곡(斛)의 물을 실어오게 해 마셨다. 이들은 풍기와 현기증 등의 병이 있었는데 모두 깨끗이 나았다. 또 동방삭(東方朔, BC 154~93)의 《해내십주기(海內十洲記)》에서는 상수가 200~300세라고도 되어 있다.

감곡에 사는 사람들에 대한 장수의 기록에는 약간의 차이가 있으나 보통의 수명과는 엄청나게 높은 명을 누렸다는 것은 공통점이다. 그런데 감곡이나 국담(菊潭) 등은 여러 설화에서 각기 다른 지역과 내용이 조금씩 다르게 전해지는 경우가 있으나, 현재의 허난 성 난양 시 네이샹 현(內鄉縣) 부근에 있는 계곡으로 보는 것이 정설로 되어 있다.

중양절은 구명의식의 뒤풀이

중양절의 유래는 중국 양나라 때의 오균의 저서인 《속제해기(續齊諧記)》에서 처음 알려진 것으로 보기도 한다.

후한 때의 여남(汝南)의 호공(壺公)선사에게 배움을 받은 비장방(費長房)에게는 제자 환경(桓景)이란 사람이 있었다. 어느 날 비장방이 제자 환경에게 이르기를 "9월 9일 너의 집에 큰 재난이 있을 것이니 제액(除厄)을 하도록 하라. 그 방법은 주머니에 오수유(吳茱萸, 산수유)를 넣어 팔에 걸치고 높은 곳에 올라 국화주를 마시면 화를 면할 수 있을 것이다."라고 했다. 환경은 놀라 스승이 시키는 대로 9월 8일 산에 올라 국화주를 마시다가 10일에 집으로 돌아와 보니 집에서 기르던 소·닭·개·양 등 집에서 기르던 가축들이 다 죽어 있었다.

스승의 말씀이 없었던들 자신이 그 자리에 죽어 있었을 것을 생각하니 스승의 혜안에 감탄하지 않을 수 없었다. 또한 그 자리에 쓰러져 있는 짐승들의 죽음이 더욱 가슴 아픈 일이 되었다.

그로부터 중국에서는 중양의 절기인 9월 9일에 국화잔치를 베풀어 국화를 이용한 온갖 음식을 만들어 국화주와 함께 이웃과 나누어 먹는 습속이 생겼다고 한다. 이는 곧 사기와 악기를 물리치기 위해 남자들은 국화주를 마시고, 여인들은 산수유 주머니를 차는 것이 의례적인 행사로 정착된 연유가 되었다.　|이규태|

향과 약효로 어우러진 가을의 정기

한국

약이 되는 국화와 해가 되는 국화

국화에는 크게 2가지가 있는데, 줄기가 자색이고 향기가 있으면서 맛이 좋고 잎으로 국을 만들어 먹을 수 있는 진국(眞菊)과 줄기가 청색이면서 크기가 크고 쑥 향이 있으며 맛이 쓰고 먹을 수 없는 고의(苦薏, 과꽃 또는 野菊)가 있다. 이들은 꽃이 서로 비슷하지만 단맛과 쓴맛의 차이로 구별한다. 또한 백국(白菊)이 있는데 줄기와 잎이 서로 비슷하고 오직 꽃만이 백색이다.

남양국(南陽菊)에도 역시 2종류가 있는데 백국(白菊)은 잎이 쑥과 같이 크고 줄기는 청색이고, 뿌리는 가늘며 꽃은 흰색이며 꽃술은 황색이다. 황국(黃菊)은 잎이 쑥갓과 비슷하며 꽃과 꽃술이 모두 황색이다. 음식으로 먹을 때는 백국을 많이 이용한다. 또한 작은 꽃을 피우는 종류가 있는데 꽃잎이 작은 구슬처럼 떨어져 주자국(珠子菊)이라 한다. 이 국화는 약으로 사용하면 좋다.

국화에 대한 약으로서의 성질과 효능을 판단하는 표준(氣味)에 대해서는 논란의 소지가 있어 왔다. 이시진은 《본초강목》에서 국화의 꽃·잎·뿌리·줄기·열매 모두가 쓴맛이 있다고 보았고, 단맛이 있는 것을 약으로 사용하고 쓴맛이 있는 것은 약으로 쓰지 않는다고 했다. 또한 쓴맛과 단맛이 동시에 있어 기를 올리거나 내릴 수 있다고도 보았다. 진나라 초대 황제 무제(晋武帝) 때의 장화(張華, 232~300)의 《박물지》에는 2가지의 국화가 있어 싹과 꽃이 같지만 맛이 약간 다른데 쓴 것은 먹지 않는다고 했다. 범성대의 《범촌국보》에는 감국(甘菊) 한 종류만 먹을 수 있고 약재로 쓴다고 했다. 나머지 황색과 백색의 꽃은 비록 먹을 수 없어도 약으로는 쓸 수 있으며 두풍(頭風, 머리가 늘 아프거나 부스럼이 나는 병)을 치료하는 데는 백색이 더 좋은 것으로 의심할 여지가 없다고 못을 박았다. 그러나 이시진은 국화에는 쓴맛과 단맛 2가지 중에서 식용으로는 감국이고, 약용은 모든 국화가 다 좋으나 고의라고 하는 야국은 설사만 나니 모름지기 사용해서는 안 된다고 했다.

청화백자국당초문팔각병
조선 후기, 국립박물관 소장

민간요법에서 많이 이용한 국화

멀미약 : 감국은 머리를 개운하게 해주므로 멀미약으로도 쓰인다. 자동차나 배를 타기 전에 꽃을 달인 물을 자주 마신다. 감국의 잎을 두들겨 짠 즙은 광란이나 종기의 통증을 멎게 하는 데 뛰어난 효과가 있다고 한다. 또 벌레에 쏘였을 때나 치통에도 이 즙을 바른다. 코피가 나거나 귀가 아플 때에도 국화잎의 즙을 넣고, 종기를 고치는 데는 그 즙에 식초를 넣으면 종기가 터져서 낫는다고 한다. 이것은 감국이 소독하는 효과가 있고, 감국의 잎이 화농균을 죽이는 작용을 하기 때문이다. 여인들의 음종(陰腫, 부녀자의 외음부가 붓고 아픈 병)에는 감국을 삶을 때에 나오는 김을 환부에 쏘이고 또 그 삶은 물로 씻으면 효과가 있다고 한다.

　주독과 가려움증 : 국화잎에 소금을 조금 섞어 손으로 비벼서 나오는 푸른 즙을 하루 3번 정도 바르거나 끓는 물에 국화잎 20~30장을 넣어 우려내 파랗게 된 물로 머리를 감으면 비듬을 없애고 가려움증도 멎게 한다. 또한 황국의 꽃을 그늘에 말렸다가 가루로 만들어 한 숟갈 뜨거운 물에 넣어 식혀서 마시면 주독(酒毒)이 풀린다고 한다.

　산후조리 : 우리나라에서 구절초는 민간요법으로 많이 이용되었다. 구절초는

청자상감국화문탁잔 | 고려시대, 국립중앙박물관 소장

부인병의 약으로 흔히 사용되었는데 여인의 손발이 차거나 산후 냉기가 있을 때 달여서 마신다. 구절초의 꽃을 우린 물은 항균작용이 있어 감기로 편도선이 붓고 열이 나는 데 쓰곤 했다.

위에서 설명한 바와 같이 국화는 종래 한방이나 민간에서 약용으로 많이 이용되었다. 그러나 현대 의학의 연구로도 국화의 에센스에는 중추신경의 진정작용이나 혈압강하작용, 결핵균 및 각종 바이러스에 대한 억제 효과가 있다는 것이 증명되고 있다.

국화주 : 눈과 귀를 밝게 하는 등 자양강장제로, 해열·진통과 두통 치료제로 가정에서 상비약처럼 즐겨 담던 술이었다.

국화차 : 음료로도 이용되었지만 약용으로도 이용되었다. 감국 꽃을 그늘에 말려 향기가 날아가지 않게 밀봉해 두었다가 뜨거운 차로 마시기도 했는데 이를 국화차라 하여 즐겼다. 국화차는 머리를 시원하게 하는 효과가 있다. 감국을 차로 마실 때 인동을 섞어서 달이면 동맥경화증에 효과가 있고, 감국에 쇠무릎을 섞어 달이면 고혈압과 협심증에 효과가 있다.

약용과 활용으로 본 국화의 종류

국화의 약용에 대해서는 여러 문헌에서 기록을 찾아볼 수 있다.

중국의 최초의 본초서(本草書)인 《신농본초경(神農本草經)》에서는 「감국화는 기미(氣味)가 쓰고 평(平)하며 독이 있다. 여러 가지 열병이나 종양(腫瘍)·안질·피부질환에 특효가 있으며 오랫동안 복용하면 피의 순환이 좋아지고 몸이 가볍게 되어 늙음을 억제하며 수명을 연장시켜 준다.」고 했다. 또 허준(許浚, 1546~1615)은 《동의보감》에서 중국의 《본초강목》을 인용해 다음과 같이 기술하고 있다.

감국화 : 모든 풍(風)과 어지럼증〔頭眩〕, 종기〔腫痛〕를 치료하고 눈이 빠지려고 하며 눈물이 나오는 것과 피부가 죽어 가는 것과 팔다리가 저리고 아픈〔風濕痺〕데에 쓰인다. 오래 먹으면 혈기(血氣)를 이롭게 하고 몸이 가벼워지며 오래 살 수 있다고 했다. 요통이나 몸에 열이 많이 나고 가슴속이 답답하여 괴로운 증세〔煩熱〕

민화 화조도(부분) | 조선 후기, 만개한 국화 송이 아래 원앙새 한 쌍을 그려 부부의 금슬을 기원하였다. (가회박물관 제공)

를 제거하고 뱃속[腸胃]을 편하게 하며 맥(脉)을 이롭게 하고 사지(四肢)를 편하게 조절한다.

백국화 : 풍으로 어지러울 때 주로 쓴다. 더 나아가 수염도 검게 되는데 검은 참깨와 복령을 같이 섞어 밀환을 만들어 먹으면 백발노인이 늙지 않고 안색이 오히려 좋아진다고 했다. 백국은 쓴맛이 있으며 매운 맛이 있다고 보았다. 음력 8~9월에 꽃을 따서 햇볕에 말린다.

고의 : 고의(苦薏:野菊)는 맛이 쓰면서 어혈을 풀어 준다. 여성들에게 생기는 뱃속의 어혈을 치료하는 데는 효과가 있다.

국침은 고려의 것이 최고다

1123(인종1)년에 송나라 사신의 한 사람으로 왔던 서긍(徐兢)이 지은 고려 견문록이라 할 수 있는《고려도경(高麗圖經)》에 고려인들이 쓰는 향침(香枕)에 대해 자세한 설명이 나온다. 「흰 모시로 자루를 만들어서 그 속에 향기로운 풀을 넣고 양쪽 마구리를 오므려 꿰맨 다음 비단으로 싼 듯한데 가는 금실로 극히 정교하게 무늬를 수놓았다. 다시 여기에 붉은 비단으로 장식을 한 바 그 무늬가 연꽃 모양과 같았다.」 바로 이것이 이미 고려의 상류층에서 흔히 사용했던 국침인 것이다. 조선 정조 때에《송석원시사(松石園詩社)》의 핵심인물인 위항시인 조수삼(趙秀三, 1762~1849) 또한 국침(菊枕)에 대해 시를 남겼다. 그는 국침을 베고 있으면 「……효험도 신기하여 몸이 가뿐하고/ 더욱 신기한 건 두 눈이 점차 밝아지네/ 머릿속의 잡생각이 말끔히 가셔지고/ 목욕을 하고 난 듯 그 기운이 온몸에 퍼지네.(……異效信然輕一身 新功漸次明雙目 頭裡邪風不敢作 滲沾體髮同齊沐).」 라고 했다.

조수삼의 국침 이야기는 말할 것도 없고 서긍의 국침 이야기는 시사하는 바가 많다. 그가 고려를 다녀갔을 때는 고려가 개국한 지 불과 120여 년밖에 되지 않았다. 특히 송나라 사신이 신기하게 생각해 기록에 남겼다는 이 이야기는 중국에는 국침이 없었다는 이야기가 될 수도 있다. 그렇다면 그 당시 고려의 산하에는 국화가 많이 자라고 있었거나 아니면 재배기술이 상당히 발달했다고 볼 수 있다.

국침의 제작방법은 국화 꽃잎을 곱게 말려서 베갯속에 넣어 국화의 그윽한 향기를 즐기는 것이다. 보통 시원한 성질의 메밀 껍질과 같이 섞어 넣는데 잠을 자는 동안에 국화의 향기가 머리를 맑게 해 단잠을 잘 수 있게 도와주기도 하며 눈을 밝게 하기도 한다. 잎 역시 눈을 밝게 하는데 생식과 숙식 모두 가능하다. 이렇게 국

화는 모든 부위를 사용하며 버릴 것
이 없다. 싹은 나물로 먹을 수 있으
며, 잎은 씹어 먹기도 하고 꽃은 식
으로 사용되며, 뿌리와 열매는 약으
로 사용된다. 자루에 넣어 베개가 되
고, 발효시키면 술로 먹을 수 있으니
처음부터 끝까지 버릴 것이 없다. 국
화를 약용으로 이용하는 내용에는
한국·중국·일본이 대동소이하다.

고대 중국에서도 가을에 감국을
따서 말려 포낭 속에 담아 베개를 만
드는데 이를 베고 자면 머리와 눈이
맑아지고 사악하고 더러운 기운(사
예, 邪穢)이 사라진다고 했다.《보생
요록(保生要錄)》에 보면 감국화에
대여섯 가지 약초를 섞어 베갯속을
삼는다 했는데 약효로는 들국화가
좋다고 했다.

중국

불로장수와 제의식품으로서의 국화

기원전 4세기경 초나라의 애국시인
굴원의 시에 「아침에는 목란(木蘭)

책가도 병풍(부분) | 조선 후기, 선비 방에서 애장품으로 사용되었던 책가도 병풍 속에 진귀한 그릇과 국화를 꽂은 화병이 눈에 띈다. (가회박물관 제공)

의 이슬을 마시고/ 저녁에는 피기 시작하는 가을국화의 꽃잎을 씹는다(朝飮木蘭之
墜露 夕餐秋菊之落英).」고 읊고 있다.

이로 보면 중국 사람들은 목란에 맺힌 이슬을 마시는 것은 정양(正陽)의 진액
을 마시는 것이고, 저녁에 방국(芳菊)의 떨어지는 꽃을 먹는 것은 정음(正陰)을 마
시는 것으로 해석한 것이다. 이로 보아 국화를 식용이나 약용으로 이용한 것은 실로
오래 된 것으로 보인다. 그런가 하면 제수(祭需)식품으로도 쓰였다.《초사》에 의하

면 「봄에는 난으로 가을에는 국화로 제사를 지내어 예전부터 내려오는 도를 이어지게 한다.」고 한 것을 보면 분명히 기원전에는 제사를 지낼 때에 국화를 제수식품으로 썼던 것이다. 또 도연명은 약용으로 국화주를 만들어 마셨지만 소동파는 국화를 식품으로 다루고 있다. 소동파는 봄에는 국화의 움을 먹고 여름에는 잎을 먹으며, 가을에는 꽃잎을 먹고 겨울에는 뿌리를 먹어 일 년 사철 이용할 수 있다고 했다.

중국에서는 국화가 불로장수와 연결되어 옛날부터 약으로 이용되었다. 감국 포기 밑에서 나오는 샘물은 국화수라 하여 이 물을 장기간 복용하면 안색이 좋아지고 늙지 않으며 풍병도 고칠 수 있다고 했다. 또 국로주(菊露酒)라 하여 꽃잎에 맺힌 이슬을 떨어 마시기도 했다.

국화를 복용한 신선의 전설은 수없이 많다. 강풍자(康風子)는 감국화와 잣을 먹고 신선이 되었고, 주유자(朱孺子)는 국화꽃을 달여 마시고는 구름을 타고 하늘에 올랐다고 하며, 유생(儒生)은 흰 국화의 즙을 짜서 단을 만들어 일 년을 복용하고 500세를 살았다고 《포박자》에 기록되어 있다. 또 한나라 유향의 《열선전》에서는 팽조가 국화를 먹고 1700세를 살았는데 얼굴빛은 17~18세와 같았다고 했다. 또 팽조는 위(魏)나라 문제(文帝)가 15살밖에 못산다고 예언되었던 것을 국화주의 비법을 알려 주어 장수하게 했다. 또 비장방(費長房)의 고사에서는 국화주가 액막이의 용도로 등장하기도 한다. 실로 국화의 효용도는 다양했던 것이다.

국화의 복용 활용도

중국의 고대 사람들은 국화가 건강에 도움을 주고 장수에 좋다는 것을 일찍이 알고 있었다. 삼국시대 위(魏)나라의 문제(文帝) 조비(曹조)는 일찍이 중양절(음력 9월 9일)에 종계(鐘系)에게 국화 한 다발을 선물하며, 「그러므로 굴평(屈平, 굴원)은 어느덧 늙어가는 것을 슬퍼하며 가을 국화에 떨어진 꽃잎을 먹고 몸을 보하여 수명을 늘리려고 했다. 이를 귀하게 여겨 삼가 한 묶음을 보내어 팽조(彭祖)의 요구에 돕고자 한다(故屈平悲冉冉之將老 思餐秋菊之落英 鋪体延年 英斯之貴 謹奉一束以助彭祖之求.)」고 썼다. 옛날부터 지금까지 국화의 복용법은 아주 많은데, 주로 3가지로 분류한다.

국화찬 : 국화로 만든 요리 역사 또한 유구하다. 당나라 때에 이미 국화떡, 국화 밤국, 나무향 국화죽은 모두 진귀한 음식들이다. 송나라의 시인 임홍(林洪)이 지은 《산가청공(山家淸供)》에서 국화 밤밥을 소개한 것을 보면 오래 두고 먹게 되면 눈이 밝아지고 수명을 연장시킨다고 했다. 중국의 적지 않은 곳에 국화연(菊花

말린 국화꽃 | 말린 국화꽃은 배갯속에 넣어 수면을 돕거나, 차로 마셔 스트레스를 진정시킨다.

국화차 | 국화차는 고대부터 지금까지 줄곧 건강음료로 사랑받아 왔으며, 마음을 맑게 하고 수명을 연장시키는 데 효과가 있다.

宴)이 소개되어 있다. 예를 들어 광둥 중산 시 샤오란 진(广東中山市小欖鎭)에는 예국(藝菊)이란 식품이 있어 이미 그 지역의 중요 생산물이 되었는데, 요리와 떡 등으로 따지면 가짓수가 모두 20~30종은 충분히 된다고 했다.

국화주 : 국화주는 국화만 사용할 수도 있고, 각종 몸에 좋은 한약재를 첨가할 수도 있다. 명대 학자 고렴(高濂, 1573~1620)은《준생팔전(遵生八箋)》에서 국화주 만드는 방법을 소개했다. 하나는 9월경에 반개한 국화를 선택해, 소량의 줄기와 잎을 포함해 함께 찧어 부수고 섞어, 삶은 쌀에 넣어 발효시킨다. 다음해 9월에 열어 식용하면 된다. 두 번째는 10월 국화가 활짝 필 때를 기다려, 국화 2근을 취해 10근의 좋은 술에 담가 10일 동안 밀봉해 두면 바로 마실 수 있다. 세 번째는 국화 즙을 쌀과 함께 발효해 술을 만들거나, 지황, 구기자 혹은 당귀 등을 첨가한다.

국화차 : 당나라 때부터 사람들은 국화를 이용해 차를 우려 마셨다. 예를 들어 당시에 「9월 산승의 절에는/ 동쪽 울 이래 국화가 누렇네// 세속에 술 많이 담는다 하는데/ 누가 차 향기 돕는 걸 알겠는가(九月山僧院 東蘺菊也黃 俗云多迅酒 誰 解助茶香).」라는 구절이 있고, 송나라 때의 시에 역시 「대를 쌓고 누각 지어 둘 다 화려함 다투니/ 침 흘려 굽은 말에 가득함을 깨닫겠네// 집이 작아 죽엽주를 금하기 어려우니/ 졸음이 많으면 모쪼록 국화차를 마시게나(筑台結閣兩爭華 使覺流 涎滿曲斗 戶小難禁竹叶酒 睡多須借菊花茶).」라는 구절이 있다. 민간에서도 「국화 두 송이에 한 움큼 차, 마음을 맑게 하고 수명을 연장시킨다(菊花二朵一撮茶 淸心明目有壽加).」고 했고, 「국화차를 자주 마시면, 늙어서까지 눈이 침침해지지 않는다(常飮菊花茶 到老眼不花).」는 등의 속설이 전한다. 이 모두 국화차를 응용한 역사가 오래되었을 뿐만 아니라 사람들로부터 널리 사랑받아 왔음을 설명해

준다.

국화는 달짝지근하고 쓰지만 시원해 차로 마시면 향기가 그윽하며 뒷맛이 오래간다. 국화차는 건강음료로서 꾸준히 마시면 중년이나 노년기에 들어선 사람들에게 여러 가지 좋은 점이 있으며, 요즘에도 중국과 동남아 일대에 유행이 되고 있다. 또한 국화차에 일정한 한방약재를 함께 넣어 배합하면 더욱 좋다. 국화와 구기자를 배합하면 색과 향이 더욱 좋아지고, 눈을 밝게 해 주면서 간에도 유익해 수명을 연장하며 뽕잎을 함께 조합하면 「풍열(風熱)로 인한 감모(感冒, 감기)와 풍화(風火)로 인한 목질(目疾, 눈병)에 효과가 있다(風熱感冒 風火目疾).」고 한다. 말조개 나비와 반대해(胖大海, 벽오동과에 속하는 고목)를 넣으면, 목을 맑게 하고 인두(咽頭)에 좋다. 볶은 결명자를 넣으면 고혈압을 치료할 수 있고, 금은화(인동덩굴의 꽃)를 배합하면 어린아이들의 땀띠, 등창 등의 증상을 치료할 수 있다. 그러므로 국화차는 고대부터 지금까지 줄곧 좋은 건강 음료로 사랑받아 왔다.

이와 같이 국화차는 단순히 차의 기능을 뛰어넘어 질병의 예방과 치료에 도움이 된다.

진통제 : 국화를 달인 물을 자주 마시면 머리가 개운해진다.

| 이규태·김종덕 |

4. 생활 속의 국화

여섯 | 한·중·일 | 음식으로 본 국화

한·중·일 비교 식국속 문화

국화는 먹어서 회춘이 되는 명약

세 나라에 국화주를 비롯해 국화를 먹는 공통된 습속이 생겨난 이유를 살펴보면 이렇다. 국화의 어린 싹은 나물로 무쳐 먹고 잎과 꽃은 술을 빚어 마신다. 뿌리나 씨앗은 약용으로 활용하는 등 어느 하나 버릴 것이 없다는 데서 식국속(食菊俗) 문화가 발달해 온 것이다. 첫째로, 먹을 때 거부감이 없을 뿐 아니라 식욕을 돋우는 쓴맛이 있기 때문이다. 실제로 임상실험 결과 들국화 꽃의 성분에서 심장병 치료의 확률이 85퍼센트가 되는 약효가 있음이 밝혀졌다. 그만큼 현대의학에서도 약재로서의 국화의 기능이 인정된 셈이다.

둘째, 음양화합(陰陽和合)이라는 동양인의 역학적 사고방식에 부합되기 때문이다. 곧 국화는 9월 9일 명절의 꽃으로 음양설에서 최고의 양수(陽數)인 양기가 왕성한 꽃이다. 인생에 있어 불행은 음양의 조화가 어긋나 음이 기세를 올릴 때 형성되는 것으로 알았으며 강세의 음기에 대처하기 위해서는 열세의 양기를 북돋우는 일이요, 양기의 꽃인 국화를 먹고 마시는 이유가 이에 있다.

셋째, 중양절에 '비장방과 환경의 고사' 이후로 재앙을 면하는 척사(斥邪)수

죽국도(竹菊圖) | 강세황(姜世晃), 조선, 고려대학교박물관 소장 | 이 그림은 9폭의 그림으로 된《잡화도첩(雜畫圖帖)》중 일부로서 가을 국화를 그린 것이다. 일의고행(一意孤行)하는 조금은 오만한 군자(君子)의 모습 같다.

단으로 국화주를 마셨고 국화로 떡을 빚고 전을 부쳐 먹었다. 아마도 차가운 서리를 이기고 피어 있는 국화의 강한 기운이 척사할 수 있다고 믿었던 것이다.

넷째, 상류 지식사회인 선비들 간에 국화를 가까이 하고 어떤 방식으로든지 국화를 먹으면 고결한 인격이나 품격이 형성된다고 여긴 정신 음식이었다. 지조의 수범인 굴원이 아침을 목란의 이슬로 때우고 저녁은 가을 국화의 지는 꽃잎으로 시장기를 메웠다는 것이 한국 선비들에게도 큰 영향을 미쳤던 것이다.

다섯째, 국화를 상식(常食)하면 장수한다는 연수(延壽)설이 국화를 먹게 했다. 송대의 양만리는 국화를 감상하는 것만으로도 회춘이 된다 하여 국화를 먹고 회춘〔食菊回春〕하기를 장려했다고 한다. 역시 송대의 사마광(司馬光, 1019~1086)은 국화 요리의 명수로서 서리 맞은 늦국화로 끓인 국〔晚菊羹〕을 즐겨 먹었다.

한·중·일 국화주는 무엇이 다른가

한국

식국(食菊)의 대표적인 것이 국화주로 한·중·일의 담그는 법을 문헌에서 찾아볼 수 있다. 전통사회의 생활지침서인《규합총서(閨閤叢書)》에 국화주 담그는 법이 자세히 나온다.「전해에 따서 모아 둔 국화꽃을 꽃송이째 말려 중양이 닥쳐 국화가 흐드러지게 피면 술을 빚는다. 뭇 꽃들은 향기가 많다가도 말리면 향기가 가시지만 국화는 마른 후에 더욱 향기롭다. 술 한 말을 내려거든 국화 말린 꽃 2되를 주머니에 넣어 술독에 매어 달아두면 향내가 술독 안에 가득하다.」고 했다.

고려 말의 충신 정몽주(鄭夢周, 1337~1392)가 〈국화탄(菊花嘆)〉에서 국화주를 읊고 있음을 미루어 국화주의 역사도 고려시대로 소급되고 있음을 알 수 있다.「꽃은 비록 말을 못하나/ 그 마음 꽃다움을 나는 사랑하네/ 평생 술을 입에 대지 않았는데/ 너를 위해 한 잔 들고/ 평생 위 아랫니를 뗀 적이 없는데/ 너를 위해 한바탕 웃는다/ 내 너 국화를 사랑함은/ 붉다 못해 노래진 일편단심인 것을……(花雖不解語 我愛其心芳 平生不飮酒 爲汝擧一觴 平生不啓齒 爲汝笑一場 菊花我所思 桃李多風光).」곧 한국의 국화주는 국화와 술이 화합된 양조주가 아니라 어느 술에 국화 향기만을 스미게 한 화향입주(花香入酒)임을 알 수 있다. 그렇다면 앞서 신용개의 일화에서 밝혔듯이 국화꽃과의 대작에서 국화 꽃잎 띄워 마시는 것도 한국적 즉석 국화주라 해도 대과가 없을 것이다.

국화 술이 가장 보편적으로 국화를 먹는 수단이었지만, 고려가요 〈동동〉에 보면 아이들이 약으로 국화꽃을 먹는다고 한 것으로 미루어 술로서가 아닌 국화를 먹는 습속도 오래된 것 같다. 감국(甘菊)을 많이 심어 놓고 그 뿌리에서 흘러나온 물을 받아 국수(菊水)라 했는데 참기름처럼 음식에 조금씩 타 먹기도 했다.

중국《영락대전(永樂大典)》중 〈수친양노서(壽親養老書)〉에 중국 국화주 담그는 법을 보면「국화 5되에 생지황 5되, 구기자 뿌리 5근, 이 3가지(三味)를 섞어 찧어 물 한 섬으로 달여 5말의 즙을 만든다. 여기에 술쌀(고두밥) 5말을 쪄 누룩과 더불어 담아 숙성시킨다.」고 했다.

《수호지(水滸誌)》에 양산박(梁山伯)의 영웅들이 국화지회(菊花之會)라는 국화 술잔치를 자주 벌여 결의를 다지고, 〈금병매(金瓶梅)〉의 유명한 호색한 서문경(西門慶)이 통간(通奸) 전에 국화 술을 마시고 있으며, 스스로를 백두옹(白頭翁)으로 자칭한 백거이(白居易)는 국화연에서 백발을 숨기지 않고 소년처럼 나분되고 국화가 늙은이를 젊게 한다고 읊었다.

수묵국화도 | 한·중·일 삼국 모두 국화를 먹는 공통 습속이 생겨난 것은 국화가 버릴 것 하나 없는 양기의 꽃이며, 재앙을 면하는 척사의 의미 그리고 국화의 장수와 절개의 상징성이 두루 갖춰졌기 때문이다. (가회박물관 제공)

일본

일본 황실에서 국화연을 벌인 것은 686년, 텐무(天武) 왕 때 국화가 일본에 건너가기 이전의 일로 아마도 들국화로 대신했을 것으로 추정되고 있다. 9세기 전후인 헤이안 시대의 중양절 잔치에는 임금 앞에 국화로 장식한 꽃병을 놓고 중신들에게 국화주를 하사했다고 한다. 이때의 국화주는 일본 사카이(酒井) 국화를 적신 것으로 우리나라 화향입주(花香入酒)식 국화주였음을 알 수 있다.

민간에서도 친지에게 국화주를 위해 국화를 선물하는 습속이 있으며, 국화 꽃밭 잘 가꾸어 그 복판에서 잔국연(殘菊宴)을 베풀며 국화주를 마셨던 풍류도 국화 꽃잎을 술에 띄워 마시는 신용개식 풍류요, 화향입주식 국화주였음을 알 수 있다.

에도 시대의 문헌인 《아언속어익회(雅言俗語翌檜)》의 〈술〉편에 일본 명주(銘酒)로 국주(菊酒)가 나오고, 특히 가가(加賀) 지방의 국주는 소문이 자자했음을 알 수 있다. 일본 사케의 명주(名酒) 이름으로 국(菊) 자가 든 것이 많고, 국명(菊銘)이 들어야 좋은 술이라는 인식이 되었을 만큼 국화주가 자리잡아 왔는데 화향입주식의 술로는 불가능한 일이다.

일본에 있어 후기의 국화주는 일본 사케의 양조 과정에서 국화꽃이나 잎, 일본에서 향료나 조미료로 발달한 국즙(菊汁)을 넣어 숙성시킨 국주가 되었음을 알 수 있다.

한·중·일의 공통된 극양의 국화 음식

국차(菊茶)는 말린 국화꽃과 잎을 뜨거운 물에 잠깐 적셨다가 건져내고 마시는 것이 보통이다. 또한 이 말린 국화를 약탕기에 달여 마시기도 했는데 이를 국화탕이라

국화문떡살 | 떡살의 무늬에는 각각 특별한 의미가 있어 사용하는 시기가 달랐다. 백일에는 기쁨을 의미하는 물고기, 결혼에는 원앙이나 나비, 회갑에는 수복(壽福) 문자나 태극 팔괘 무늬 그리고 장수를 의미하는 잉어나 거북, 국화 등의 무늬를 새겼다. (가회박물관 제공)

했다. 국화꽃으로 화전(花煎)을 부치거나 화병(花餠)을 빚어 먹기도 했으며 국화떡은 흰떡에 국화잎을 보기 좋게 부쳐 먹기도 했다. 그런가 하면 나무판에 국화꽃이나 잎을 음각이나 양각으로 조각해 떡에다 찍어 형식화하기도 했다.

중국에서는 국화주 다음으로 많이 만드는 것이 국화병(菊花餠)이다. 중국에서 중양절의 별칭이 여아절(女兒節)이기도 한데 시집간 딸이 친정에 돌아오면 으레 국화떡을 빚어 잔뜩 먹여 보낸 데에서 비롯된 별칭이다. 또한 9월 9일 아침 아이들에게 해맞이시키는 관행이 있었는데 떠오르는 해를 맞이하고 나면 부모는 아이의 이마에 국화떡을 얇게 썰어 붙여 주었던 것이다. 그렇게 해야 건강하게 빨리 잘 자라는 것으로 알았다.

국화는 음양설에서 양(陽)을 강화시키는 꽃이기에 시집간 딸에게 국화떡을 많이 먹임으로서 사내아이를 낳을 수 있게 한다는 것이다. 나아가 사내아이에게 해맞이 끝에 국화떡을 이마에 붙여 주는 것도 양기를 가중시킨다는 역학 민속의 하나로 볼 수 있다.

그 밖의 중국 국화 요리로 미식가인 서태후(西太后)가 즐겨 먹었던 국화어과(菊花魚鍋)라는 것이 있는데, 이는 흰 국화를 말려서 닭과 잉어를 함께 넣어 삶아 만든 요리다. 역시 중국 굴지의 명요리로 소문난 광동국화과(廣東菊花鍋)와 사천국화과(四川菊花鍋)도 원재료는 같고 첨가물이 조금씩 다르다.

일본에서는 전통적으로 싱싱한 국화 줄기에서 국즙(菊汁)을 뽑아 요리재료로 사용하는 것이 특기할 만한 일이다. 이는 한국에서는 찾아볼 수 없는 사실로 참기름처럼 보관해 가며 향을 돋우기 위해 음식에 넣어 먹었던 행세하는 집안의 명물이었다.

일본의 니가타(新潟)에서는 카키노모토라고 하는 붉은 자주색 국화를 즐겨 먹는다. 고운 빛깔하며 씹는 맛까지 있어 술안주로는 그만이다. | 이규태 |

일곱 | 한국 | 민요로 본 국화

체념에서 극복으로 가는 활력소

찬 서리, 거센 바람에도 고절은 꺾이지 않는다

치열한 상록의 계절을 건너온 반도는 가을의 고비를 넘길 즈음이면 맹렬한 만추(晩秋)의 서정(抒情)에 사로잡힌다. 산산곡곡 붉은 혈설(血雪)이 내린 듯 온 산천에 뜨거운 불을 지르는 때깔 고운 단풍이 지천을 한지 삼아 한 폭의 화려한 산수화를 토해 낸다.

초근(草根)의 시린 양태(樣態)를 모르는 듯 낙엽이 지고 낙엽이 쌓이고 가을 무서리가 내리는가 싶더니 된서리가 내리고 스산한 찬바람이 일면 조용하고 평화롭던 대지에 냉기가 그득하고 모든 것이 눕는다. 가을은 그렇게 깊어간다.

생로병사의 자연스러운 섭리를 목격하면서 인간은 삶을 체념하는 법을 배우고 관조하는 자세를 배운다. 그래서 늦가을은 지는 석양처럼 외롭고 쓸쓸하고 허무한 것으로 비유되곤 했다. 한편으론 자조적인 자세와 허무함을 극복하려는 부단한 노력들이 새로운 방어기제를 무수히 만들어냈는데 된서리가 수북이 내린 와중에도 사방 가득 그윽한 향기를 품고 서 있는 국화는 그러한 방어기제로서 탁월한 것이었다. 이러한 국화의 외연은 지조와 절개를 숭상하던 성인군자의 기품에 비유되었고, 그

강인함과 고매함은 '오상고절'이라 하여 문인들과 양반들의 절대적인 사랑을 받았다. 국화의 고매함은 자연스럽게 우리 민요 속으로 흘러들어 왔는데 오상고절의 강인한 모습이 반영된 노래 중 널리 알려진 것이 남도명창들이 즐겨 부르는 단가 〈사철가〉가 아닌가 싶다.

> …중략… 봄아 왔다가 가려거든 가거라/ 니가 가도 여름이 되면 녹음방초 승화시(綠陰芳草 勝花時)라/ 옛부터 일러 있고/ 여름이 가고 가을이 돌아오면/ 한로상풍(寒露霜楓) 요란해도/ 제 절개를 굽히지 않는 황국단풍도 어떠헌고/ 가을이 가고 겨울이 돌아오면/ 낙목한천(落木寒天) 찬바람에 백설만 펄-펄 휘날리어/ 은세계 되고 보면/ 월백설백 천지백(月白雪白 天地白)허니/ 모도(두)가 백발의 벗이로구나 …중략….

영화 〈서편제〉의 테마곡으로 유명한 이 〈사철가〉는 중모리 장단에 부르는 노래로 '사철가'라는 이름 외에 '이산저산'이라는 제목으로도 잘 알려져 있다. '단가'란 판소리 명창들이 본격적으로 판소리를 하기에 앞서 목을 푸는 짧은 소리로, 소리꾼들로부터 〈백발가〉와 함께 많은 사랑을 받는 노래가 단가 〈사철가〉다. 황국은 단풍과 함께 찬 서리, 거센 바람에도 절개를 굽히지 않는 사물로 묘사되고 있다.

서울·경기 지역은 임금이 머물던 궁궐과 근접한 곳이어서 예부터 한스러운 애원조의 소리는 금기시되었고, 반면 흥겹고 신나거나 격조 있는 가락 위주의 노래가 많이 불렸다 한다. 노래 가사 역시 태평성대를 만세하거나 기개와 절개 또는 지조를 반영하는 경우가 많았는데 이 지역의 대표적인 민요인 〈자진방아타령〉에도 국화의 고매한 절개는 잘 드러나 있다.

> 구월이라 구추절에/ 황국단풍 빛도 곱다/ 능상고절 굳은 절개/ 국화송이 떴다/ 에라디여/ 에헤요 에여라 방아홍아로구나.

경기민요 〈자진방아타령〉은 서서 부르는 선소리로 놀량, 앞산타령, 뒷산타령 등 산타령을 부르고 난 뒤에 이어서 부르는 소리였다. 보통 느린 장단의 〈방아타령〉과 사설 〈방아타령〉을 부르고 난 뒤 자진모리의 빠른 장단으로 부르기 때문에 매우 흥겹고 경쾌하다. 가사는 월령체 형식을 띤 노래들처럼 정월부터 2월, 3월을 대표하는 행사를 나열하는 식으로 구성되어 있다.

서울의 또 다른 대표적인 서민 대중의 민요인 〈창부타령〉에도 국화의 강인하고 고절한 모습이 잘 묘사되어 있다.

국화도(菊花圖) | 강세황(姜世晃), 조선 | 민요에 흘러든 국화는 오상고절의 강인함, 고매한 절개, 혹한을 견뎌내는 인고, 사랑을 엮어 주는 노리개, 흥취와 신명을 돋우는 매개체 등으로 다양하게 녹아내리고 있다.

처량할 손 저 국화야/ 양춘가절 마다하고/ 낙목한천 찬바람에/ 너만
홀로 피었으니/ 화중은인이 이 아니냐/ 얼시구나 절시구/ 지화자자
저절시구/ 얼마나 좋은지 모르겠네.

이 〈창부타령〉은 무당들이 굿판의 창부거리 마당에서 부르는 노래인데 매우 흥
겹기 때문에 별도의 민요로 발전했다. 〈창부타령〉에 묘사된 국화는 낙엽지고 황량

한 시절의 혹한을 견뎌내는 인고의 꽃으로 묘사되고 있다. 그러한 모습을 '은인'으로 표현하고 있는데 은인은 '은자(恩者)'를 뜻하는 '은인(恩人)'과 속세를 초탈한 '은인(隱人)' 2가지 의미를 모두 내포한 이중적 의미로 해석된다.

시조 혹은 가사문학을 통해 된서리에 굴하지 않고 향기로운 모습으로 일관한 국화를 절개에 비유한 양반층과는 달리 서민 대중은 국화를 그때 그때의 감정에 따라 때로는 고절한 멋의 대상으로, 때로는 희롱의 대상으로, 때로는 탄식의 대상으로 묘사했으며 이러한 정서가 반영된 민요는 전국적으로 발견된다.

> 들국화 한 송이 살짝끈 꺾어/ 산처녀 머리 위에다 꽂아 줌세/ 에야 디
> 야 에헤헤 헤야/ 에헤야 디여도 산아지로구나.

중모리 혹은 중중모리로 부르는 전라도 산간지방의 대표적인 민요 〈산아지타령〉에서 보이는 국화는 평범한 사람들의 사랑이야기를 엮어 주는 노리개로 등장하고 있다.

> 함박꽃이 곱다한들/ 자식보다 더 고우며/ 국화꽃이 곱다 한들/ 임보
> 다 더 고울소냐/ 얼시구 좋다 좋을시구/ 아니나 놀지는 못하겠네/ 얼
> 씨구나 좋다 지화자 좋네/ 태평성대가 예로구나/
> 구십춘광(九十春光) 좋다 해도/ 구월 중구만 못하다네/ 봉봉이 단풍
> 이요/ 골골이 황국이라/ 국화야 너는 어찌 춘삼월을 다보내고/ 추일
> 수심 띠어 있냐/ 얼씨구 좋네 저절씨구/지화자자 저절씨구 아니나 놀
> 지 못하겠네.

경기민요 〈창부타령〉에 등장하는 국화꽃 역시 임과의 연정, 이별의 정한 등에 대비해 묘사되고 있다. '구십춘광'으로 시작하는 민요의 경우 따뜻한 봄날을 지내고 가을날 애처로운 모습으로 피어 있는 국화의 자태를 창부타령조의 흥겨운 가락으로 읊어내고 있는데 가사만 놓고 보면 처연한 느낌을 주지만 선율은 흥청거리는 느낌이 강하다. 흥겨운 선율과 한스런 가사의 대비는 우리 민족 고유의 성품, 즉 인생을 달관하면서도 이를 극복하려는 천성과도 많이 닮아 있다.

> 단풍은 연홍(軟紅)이요/ 황국은 토향(吐香)할 제/ 신도주(新稻酒)
> 맛 들었는데/ 금은어회(金銀魚膾) 별미로다/ 니나노 닐리리야 닐리
> 리야 니나노/ 얼싸 좋다 얼씨구 좋아/ 벌나비는 이리저리 퍼벌펄/ 꽃
> 을 찾아서 날아든다.

민화 화조도(부분) | 서민 대중에게 있어 민요 속의 국화는 그때 그때의 감정에 따라 고절한 멋의 대상으로, 희롱의 대상으로, 탄식의 대상으로 묘사된다. (가회박물관 제공)

태평성대를 기원하며 근자에 만들어진 신민요 〈태평연〉 그리고 이 〈태평연〉이 민요로 발전한 〈태평가〉는 경기민요 가운데 가장 흥겹고 신나는 민요다. 그 민요 가운데 자주 불리는 〈단풍은 연홍이요〉는 단풍과 국화가 어우러진 자연을 벗 삼아 햅쌀로 빚은 신도주를 마시는 정경을 읊고 있는데 이는 우리네 조상들이 갈구하던 전형적인 음풍농월의 현장이기도 하다.

흥취가 있고 신명이 있는 자리에 국화는 흥을 돋우는 매개로 역할을 해왔다. 국화는 화사한 자태와 향그런 내음만으로도 사람을 기분 좋게 하지만 국화를 이용한 먹거리는 또 다른 별미이자 양식이었다.

삼월 삼짇날 진달래 꽃잎을 따다가 화전을 지져 먹는 것과 마찬가지로 예부터 9월은 국화절이라 하여 노란 국화꽃을 따다가 찹쌀과 버무려 떡을 해먹었다. 어디 떡뿐인가? 잘 익은 국화꽃잎을 따다 술을 빚어 귀한 손님을 대접할 때 한 잔씩 내었으니 화주 가운데도 그 가치를 인정받는 으뜸으로 여기던 술이 '국화주'였다.

> …중략… 술이라니 이백(李白)의 기경(騎鯨) 포도주며/ 뚝 떨어졌다 낙화주며/ 산림처사의 송엽주로다/ 도연명의 국화주며 마고선녀 천일주며/ 맛좋은 감홍로/ 빛 좋은 홍소주 청소주로 왼갖 술을 다 그만두고/ 청명한 약주 술로 노자작 앵무배(鸚鵡盃)에/ 첫 잔 부어 산제(山祭)하고 두 잔 부니 첨작(添酌)이라/ 석 잔 부어 분상묘전(墳上墓前)에 퇴배연후(退盃然後)에 … 중략….

흥취와 신명을 돋우는 국화

평안도 지역에서 주로 창민요꾼들에 의해 전승되는 서도잡가 〈제전〉은 제일에 임의 묘를 찾아가 제사를 지내며 조사(早死)한 임에 대한 원망을 노래한 애상한 곡인데 이 노래의 특징은 제사를 지내는 과정이 비교적 상세하게 묘사되고 있다는 점이다. 물론 실제 제례의식과는 많은 차이를 보이지만 상당부분 닮아 있는데다 제사에 사용되던 각 지역의 제수품들이 쭉 나열되고 있다는 점도 매우 특이하다. 이 제전 중간에 유명한 술 이름이 열거되는데 국화주를 처음으로 명명한 '도연명'의 이름이 언급되고 있어 이채롭다.

민화 화조도 | 조선 후기, 화면 가득히 국화와 새 한 쌍을 크게 그려 가을의 풍만한 정경을 담았다. (가회박물관 제공)

창밖에 국화를 심어

> 창 밖에/ 국화를 심어/ 국화 밑에/ 술을 빚어 두니
> 술 익자/ 국화 피자/ 벗님 오자/ 달 돋아온다
> 아이야/ 거문고 청 처라/ 밤새도록/ 놀리라.

국화주와 관련해 전해 오는 대표적인 시가 작자 미상의 〈창밖에 국화를 심어〉라는 시조로, 전형적인 3·4조의 평시조다. 유흥적이고 쾌락적인 느낌을 많이 주기 때문에 양반층에게도 일반 서민 대중에게도 매우 인기 있는 시조였으며, 이 시조를 차용한 많은 민요가 전해 오는데 가사 자체가 주는 흥겨운 느낌 때문에 어떤 종류의 가락에 얹어 불러도 흥청거리게 되고 무척이나 신명난다.

> 창밖에 국화를 심어 국화 밑에 술을 빚어 주니/ 술 익자 국화 피자 벗
> 님 오자 달이 돋아온다/ 아해야, 거문고 내어 청 처라 임 대접하리라

〈추풍감별곡(秋風感別曲)〉이라는 이름으로 전하는 이 송서(誦書)는 고대소설 〈채봉감별곡(彩鳳感別曲)〉 중 주인공 채봉이 약혼한 강필성과 이별한 정한을 읊은 것이다. 원래 전해 오는 작자 미상의 원시조의 초장, 중장과 가사가 같으나 종장은 변질되어 있다. 〈추풍감별곡〉 같은 산문조의 문장을 일정한 운율에 실어 낭송조로 읊는 것을 '송서'라 하는데, 송서는 시창과 함께 예전부터 서도 지방, 즉 평양 지역의 기생들이 장기로 삼았다. 소설 속에서 채봉 역시 평양기생으로 등장하는데 채봉이 강필성을 그리며 읊는 이 노래가 곧 송서 〈추풍감별곡〉이다. 송서는 특별한 장단 없이 일정한 운율에 긴 산문투의 문장을 1장단 4박으로 노래한다. 이 송서 〈추풍감별곡〉은 문장이 너무 길어 요즘은 '어젯밤 부던 바람(바람 소리) 금성이 완연하다……'로 보통 시작한다. 송서 〈추풍감별곡〉에는 국화에 관한 노래가 몇 대목 더 있다.

> 심사도 서글픈데 물색도 유감하다/ 정수에 부는 바람 이한을 아뢰는
> 듯/ 추국에 맺힌 이슬 별루를 머금은 듯 …중략… 희허 탄식하며 초
> 로로 돌아오니/ 간 곳마다 뵈는 물색 어이 그리 심란한고/ 울 밑에 피
> 는 황국 담 안에 섰는 단풍/ 임과 같이 볼 양이면 경개롭다 하련마는/
> 도도심사 울울한 중 도리어 수색된다/ …중략….

이 대목은 주인공 '채봉'이 가을날 임을 그리는 서글픈 정회를 표현한 것으로

국화는 이별의 정한을 직접적으로 표현하는 사물로 등장한다. 국화에 맺힌 이슬은 이별의 눈물을 상징하며 울 밑에 선 노란 국화는 임과 더불어 볼 수 없기에 오히려 수심으로 작용하는 매개인 것이다.

원래 소설 속에서 채봉은 이별의 정한뿐만 아니라 강필성과의 사랑도 노래로 읊고 있는데 그 대목이 작자 미상의 시조 〈창밖에 국화를 심어〉 대목이다.

서민 대중 역시 시조 〈창밖에 국화를 심어〉 가사를 차용한 민요를 여흥을 즐길 때 많이 불렀으며, 특히 육체노동의 고됨을 잊고자 할 때 흥겨운 가락에 실어 불렀다.

> 창밖에 국화 심고/ 국화 밑에 술 빚어 놓고/ 술도 익고 국화꽃 피고/
> 벗님 오자 달 솟는다/ 니나노/ 닐리리야 닐리리야 니나노/ 얼싸 좋다
> 얼씨구 좋아/ 벌나비는 이리 저리 펄펄펄/ 꽃을 찾아서 날아든다/ 노
> 류장화(路柳墻花) 꺾어 들고/ 춘풍화류(春風花柳)를 희롱하세.

원래는 신민요였으나 세월이 흐르면서 경기민요로 발전한 민요 〈태평가〉. 1935년 선우일선이라는 신민요 가수가 폴리돌 레코드사에서 발표한 〈태평연〉은 한국전쟁 중 이은주 명창이 개사해 부르면서 인기를 끌었는데 〈창밖에 국화 심고〉는 원래 발표될 당시에는 들어 있지 않은 가사이나 훗날 누군가가 지어서 부른 것으로 추측된다. 이 역시도 시조 〈창밖에 국화를 심어〉의 초장과 중장을 차용했다.

시조 〈창밖에 국화를 심어〉를 차용한 민요는 〈태평가〉 같은 창민요 말고도 토속민요에서도 많이 발견된다. 경북 상주 지방에서 전해 오는 〈모심기노래〉 중 모를 심고 집으로 돌아오는 길에 메나리조로 부르는 〈치야칭칭나네〉에서도 이를 찾아볼 수 있다.

> 창밖에 국화 심고/ 국화 밑에 술 빚어 놓고/ 술 익자 국화꽃 피자/ 임
> 오시자 달 떠온다/동자야 국화주 걸러라/ 오늘 저녁에 유쾌히 놀자.

경기도 연천 지역의 아낙네들이 유흥을 즐길 때 많이 부르는 〈노랫가락〉에서도 이 가사를 찾아볼 수 있다.

> 창밖에 국화를 심어 국화 밑에 술 빚어 놓고/ 술 빚자 국화 피자 임 오
> 시자 달이 뜨니/ 동자야 국화주 걸러라 마실 음(飮) 자라 얼간주라.

원래 양반들이 부르는 소리인 시조를 궁궐을 드나들던 무녀들이 배워서 부른 소리라 하여 '무녀노랫가락' 이라는 이름으로도 전하는 이 노랫가락은 오늘날 경기 민요의 대표적인 소리로 알려져 있으며 5, 8박 장단의 시조시를 3장으로 짜서 부른

국화 화조도(부분) │ 조선 후기, 보통 민요 속에서의 국화는 그 자체의 상징성이나 신명과 흥을 돋우는 매개로 노래되었지만, 한편
으로는 고단한 서민의 처량한 신세를 한탄하거나 은둔생활을 한 사람들의 일장춘몽과 인생무상을 담기도 했다. (가회박물관 제공)

탓에 장단 역시 매우 독특하게 진행된다.

이 흥겨운 시조를 차용한 민요는 유흥민요의 대명사인 경기민요 〈창부타령〉에서도 발견된다.

> 영창 밖에 국화 심고/ 국화 밑에 술 빚어 놓으니/ 국화 피자 술이 익자
> / 달이 돋자 임 오셨네/ 얼씨구나 절씨구나 어절씨구 이 아니냐.

관서 지방의 '한'과 '서러움'을 담아

이처럼 가을 국화는 양반과 서민 대중에게 신명과 흥을 돋우는 매개로서 톡톡히 역할을 했다. 하지만 서울에서 멀리 떨어져 있는 지역일수록 그리고 고단한 하루하루를 사는 서민 대중일수록 '황국' 혹은 '가을국화'는 처량한 신세를 직접적으로 표현하는 대상이자 상징이었다. 특히 조선시대에 심한 지역차별을 받았던 관서 지방 사람들이 민요에 차용한 국화는 '인생무상' 그 자체를 의미했다.

> 추야 공산 다 저믄 날에/ 노란 황국이 다 늦는구나/ 생각을 하니/ 임
> 의 생각이 아연하여 내 어이 할꺼나.

늦가을 찬 서리에 떨고 있는 노란 국화의 처량한 신세. 그것이 곧 관서 지방 사람들의 처량한 신세에 다름 아닌 것이다.

한용운이 〈님의 침묵〉이란 시에서 임의 의미를 중의적으로 사용했던 것처럼 관서 지방의 대표적인 민요 〈수심가〉에서도 임의 의미가 중의적으로 쓰였는데, 한용운의 시와 달리 원망의 대상으로서의 임과 사랑하는 사람으로서의 임에 대한 복합적 심정을 〈수심가〉에 담아내고 있다.

황국 향기로 날려 버리는 응어리진 한

관서 지방 사람들은 역사를 통틀어 수백 년 동안 핍박받고 차별받았다고 느꼈으며, 그 때문에 자조적인 자세로 삶을 일관하고, 그러한 삶에 대한 견지는 또 오랜 세월을 지내오면서 인생을 반어적으로 표현하는 데 익숙해져 있었다.

> 이내 춘색은 다 지나가고/ 황국 단풍이 찾아를 오누나/ 이에 지화자자
> 좋다/ 천생만민은 필수지업이 제각기 달라/ 어떤 사람은 팔자 좋으나

/ 어떤 사람은 팔자 사나워 우리는 구태여 선인(船人)이 되어

/ …중략….

서도 지방의 대표적인 민요 〈배따라기〉는 뱃사람의 힘든 여정을
서사적으로 노래한 것으로 그 소리가 몹시도 처량해 이를 다 듣고 있노
라면 한숨이 절로 나오는 매우 한스런 노래다. 그래서 이들 뱃사람들은
노래 말미에 「일후일랑은 밥을 빌어다 죽을 쑤어 먹을지라도 다시는
뱃사람 일은 하지 말자.」고 다짐까지 하고 있다.

완창하는 데만 무려 15분 이상 걸리는 〈배따라기〉의 시작머
리는 배따라기라는 서사시의 대주제를 함축적으로 표현하고
있는데 '춘색'은 좋은 시절을 의미하며 '황국 단풍'은 빛 좋
고 경개 좋은 시절을 지나 시기적으로 불리한, 힘들고 고
난의 시기가 오고 있음을 암시하는 것으로 고된 뱃일이
시작됨을 의미한다. 그럼에도 강한 역설과 반어를 사용
해 '지화자자 좋다'로 받고 있다. 죽음을 암시하는 뱃일
이 시작되었는데 그것을 좋다고 표현하는 뱃사람들의 삶
을 달관하는 자세가 슬프게 묘사된 이 〈배따라
기〉에서 황
국 단풍은 곧 삶의 끝을 의미하기도 한다. 그래서 〈배따라
기〉는 풍요로운 뱃일을 노래하는 것이 아니라, 강풍과 파도
를 만나 배가 전복되고 모든 뱃사람이 물에 빠져 죽는 가운데
요행히 혼자 살아남아 죽음과 결투를 벌이는 뱃사람의 이야기를
노래한 것이다.

흑백상감청자국화문병 | 가회박물관 제공

일장춘몽, 인생무상의 정선 국화

국화꽃이 관서 지방 사람들에게는 차별받는 자신들의 분신 혹은 처지를 비관한 자
신들의 운명을 암시하는 대상으로 존재했다면, 조선시대에 폭정을 피해 낙향, 은둔
생활을 했던 강원도 정선 사람들에게는 어떤 모습으로 묘사되었을까?

앞남산에 황국단풍은/ 구시월에나 들구요/ 이내 몸에/ 속단풍은 시시
때때로 든다/ 산천초목 황국단풍은/ 년년이나 들고/ 이팔청춘 우리
인생은/ 해마다나 늙어요/ 국화 매화가 곱고 고와도/ 춘추단절(春秋

短節) 아니냐/ 여자 일색이 네 아무리 고와도/ 삼십 미만이로다/ 국화
(菊花)도 한철/ 매화(梅花)도 한철/ 우리도 요때 조때가/ 한철이로구
나/ 국화와 매화꽃은/ 몽중에도 피잔나/ 사람의 이내 신세가/ 요렇게
되기는 천만 의외로다.

〈정선아라리〉에서 보이는 국화꽃은 낙향한 선비들의 유유자적한 모습을 담고
있는가 하면 필부필부들의 애정을 고스란히 담고 있다. 인생무상을 그리는 심정은
정선 지역이라고 해서 예외는 아니었다. 관서 지방에서 보이는 국화가 '한'과 '서러
움'의 상징이라고 한다면, 정선 지방의 민요에서 발견되는 국화는 인생의 덧없음,
일장춘몽의 인생무상을 반영하고 있는 허무함의 징표라고 할 것이다. 정선 지방은
예로부터 남도의 섬 지역들과 함께 유배지 혹은 낙향한 문인들의 집단 은둔지였기
때문에 이러한 정서가 강하게 표출되고 있다.

상구가(上九)가 겹친 국화의 계절

국화꽃은 음력 9월을 상징하는 대표적인 꽃이기에 월령체의 형식을 띤 민요에는 어
김없이 등장한다. 특히 국화가 가장 많이 등장하는 민요는 〈화투풀이〉인데 이 화투풀
이는 12달 계절을 하나씩 대표하는 사물을 화투패로 만들고 이 패를 섞은 다음 그 패
를 이용해 한 해의 운을 점치면서 부르는 민요다. 특히 우리 민요에는 숫자, 한글 등
을 가지고 만든 노래가 많은데 〈투전풀이〉, 〈화투풀이〉, 〈관암세기〉, 〈국문뒤풀이〉,
〈천자뒤풀이〉, 〈장타령〉 등이 그것이며 이들 민요는 선율적으로 혹은 가사적으로 상
당히 닮아 있다. 이들 가운데 '9월' 또는 '9'를 대표하는 상징물이 국화인 것이다.

…중략… 사월 흑싸리 흩어지고/ 오월 난초 날든 애 나이비/ 유월 목
단에 앉었구나/ 칠월 홍돼지 홀로 누워/ 팔월 공산에 구경 갈까/ 구월
국화 곱게 핀 꽃은/ 시월 단풍에 낙엽이 지고 …중략….

강원도 정선 지역에서 전하는 〈화투뒤풀이〉는 장타령조의 선율에 가사를 얹어
촘촘히 엮어 나가는 형태를 취하고 있다.

…중략… 삼월 사쿠라 산란한 맘은 사월 흑사리 흩어졌네/ 오월 난초
나는 나비 유월 목단에 앉았구나/ 칠월 홍돼지 홀로만 눕어 팔월 공산
에 달이 밝아/ 구월 국화 굳은 절개 시월 단풍에 떨어져도 …중략….

〈화투타령〉이라는 이름으로 전북 임실 지역에서 전하는 민요 역시 정선 지역의 〈화투뒤풀이〉와 큰 차이를 보이지 않고 있다. 이들 〈화투타령〉 혹은 〈화투뒤풀이〉는 전국적으로 수십 가지가 발견되지만 내용은 큰 차이가 없으며 대부분 장타령조로 노래한다. 다만 9월의 상징인 국화의 경우 다른 지역에서 발견되는 사설과 달리 절개로 대변되고 있다는 점에서 차이를 보인다.

> 삼월 사쿠라 살간한 마음/ 사월 흑사리 흐처 놓고/ 오월 난초에 놀란
> 제비/ 유월 목단에 춤을 추니/ 칠월 홍돼지 홀로 누워/ 팔월 공산을
> 구경하니/ 구월 국화꽃이 피어/ 시월 단풍에 떨어지니 …중략….

충남 예산 지방에서 불리는 〈화투타령〉 역시 다른 지방의 〈화투타령〉과 비교해 보면 가사와 선율 면에서 큰 차이를 보이지 않고 있다. 이 〈화투타령〉이 생겨난 지 그리 오래된 민요가 아니라는 걸 암시하는 대목이기도 하다.

경기도 이천에서 전하는 〈곱사풀이〉에도 구월은 단연 국화의 계절로 묘사된다.

> 아, 일자도 모르는 건 반 무식이로군/ 일본놈 사랑 지누나/ 아, 이천도
> 천이고 개천도 천이로군/ 쭉 갈라진 경부천 가는 길이요/ …중략… /
> 오오 가는 황천길 육방마 도원수로구나/ 칠에 머리는 총각의 머리요/
> 속 비우고 간 정녕도 드는가리라/ 공고리 팔이요 구월산 국화가 피네
> …중략….

투전놀음을 할 때 부르는 투전풀이조로 부르는 곱사풀이 노래는 가사가 투전풀이와 별반 차이가 없다. 또한 〈화투타령〉의 가사와도 큰 차이가 없다. 광대놀이에 꼽추가 나와서 관객을 희롱하면서 부르는 〈곱사풀이〉는 오늘날에는 거의 전하지 않는 민요지만, 일제시대만 하더라도 민중 사이에서 널리 구전되던 민요였다.

외양은 산중처사를 닮아 있고, 누군가 돌보지 않아도 스스로 고난을 극복하고 함초롬히 피어 있는 꽃, 국화. 이러한 국화와 닮아 있는 것이 우리 서민 대중의 삶이고 얼굴이고 모습이지 않았을까?

| 김문성 |

여덟 | 일본 | 문장으로 본 국화

일본 황실문장으로 본 국화

생활용품의 장식 문양이 황실문장으로

일본 왕실을 상징하는 문양(紋樣)은 국화이며, 일본에서 최고훈장은 대훈위국화장(大勳位菊花章)이다. 국화가 일본에서 최고위의 위상을 차지한 데에는 여러 가지 이유가 복합됐다고 본다.

첫째, 일본 사람들이 제일 좋아하는 꽃은 국화(國花)인 벚꽃이 아니다. 전통적으로 고귀하다는 품격의 표출로 10세기 전후부터 일본 사람들의 옷 무늬 가운데에서도 가장 자주 애용돼 왔던 것이 국화다. 일본인이 좋아하는 꽃에 대한 여론조사가 정기적으로 이어져 왔는데 선호비율이 조금씩 떨어지긴 했지만 1위 자리를 고수하고 있는 것이 국화다.

1980년도 NHK조사 결과를 보면 국화를 제일 좋아한다는 연령층이 남성의 경우 50대 후반 이상이며 여성은 30대 후반 이상으로 선호층의 노쇠 경향이 뚜렷했는데, 이는 전통적으로 국화를 제일 좋아한다는 국민성의 표출이기도 하다. 매년 일본에서의 화훼 생산량과 판매량도 35~38퍼센트로 국화가 1위를 차지해 바로 국화와 일본인의 함수를 짐작케 한다. 전통적으로 일본인이 가장 선호하는 꽃을 왕실 문장

일본의 다양한 국화 문장들 │ 국화는 일본 사람들이 제일 좋아하는 꽃으로, 왕실을 상징하는 문양(紋樣)이다.

대이쿤이기쿠카쇼(大勳位菊花草) | 일본 최고의 훈장. 일장기를 상징하는 태양의 중심에서 나온 강렬한 햇빛을 받아 사방으로 국화잎이 피어나는 모양이다.

으로 선택한다는 것은 왕실에 대한 국민의 구심력을 강화시키는 데 알맞은 대상임이 감안됐을 것이다.

둘째, 일본(日本) 곧 태양의 본체라는 국체(國體) 이미지에 팔방으로 방사하는 햇살과 국화의 꽃 모양이 흡사하다는 것을 들 수 있다. 곧 해와 햇살 문양인 일본의 군함기나 욱일(旭日)훈장은 국화 문양과 혼동되리만큼 유사하다. 거기에다 음양설로 태양의 원형질인 양기가 집결된 꽃이 국화꽃이기에 왕실의 문양 선택에 당연히 첫 번째로 올랐음직하다.

셋째, 8세기 이후로 궁중에서 중양절에 국화잔치를 베풀어 왔고 국화를 기르면 그 기운이 나쁜 기운을 쫓고 연수(延壽)를 한다는 음양설의 영향으로 일본 궁궐에서 가장 많이 심어 내려온 꽃이 국화다. 중세인 가마쿠라 시대에 들어 고토바(後鳥羽) 왕이 남달리 국화를 사랑해 국화꽃으로 문양(紋樣)을 만들어 신하들에게 신임의 표징으로 주었고, 백성들에게 사랑의 표시로 활용한 것이 관행이 되어 국민 간에 국화가 왕실의 상징문양이라는 상식이 되었다고 본다.

메이지 유신(明治維新)으로 서양문물과 제도를 대담하게 수입하는 과정에서 유럽 왕가에 고유 문장(紋章)이 있음을 본 떠 이상과 같은 복합 이유를 참작, 왕실 상징의 어문(御紋)으로 국화가 선택되었을 것이다. 민간에 널리 번겼던 이 국화무늬의 민간사용에 대해 금지령이 내려진 것이 1869년(明治 2년)인 것으로 미루어 이 해에 국화어문이 시작된 것일 게다. 왕실에서도 임금만이 16겹 국화무늬를, 왕족은 두 잎 모자란 14닢 국화무늬를 쓰게끔 차별화했다.

국화 문장에 적용되는 격과 유형

국화 문장(紋章)은 일본 조정(朝廷), 특히 황실문장으로서 높은 영예를 자랑하고 있으며, 대단히 권위적인 문장으로 널리 알려져 있다.

국화 문장은 주로 국화 꽃잎을 도안화한 것이 많으며 간무(桓武) 천황이 정력(延曆) 16년(799) 10월 가회(歌會)에서 국화를 관상했다는 기록이 나온다. 그로부터 국화가 일본에 널리 퍼지자 국화 문양 등에 자주 사용되기 시작했다. 후지와라(藤原) 시대에는 《무라사키 시키부 일기》에 국화 문양이 등장한다. 이 무렵에는 아직 문장으로서는 정해지지 않았지만 문양으로서 귀족층과 엘리트 속에서 애용되었다. 특히 고토바 상황의 국화에 대한 지극한 애정에 힘입어 공식적인 문장이 된 것으로 볼 수 있다. 그것은 국화가 장수를 뜻할 뿐만 아니라 벽사 기능 등 신이한 힘을 가진 초본임이 잘 알려졌음을 생각해 보면 크게 어긋나지 않는 가설이 될 것이다. 일상 입는 의복의 문양은 물론 타고 다니는 구래의 장식 문양과 궁중에 조달되는 생활용품에 이르기까지 국화 문양이 일반화 되어 있었다는 것이다.

일본에서의 국화 문장의 유형은 주로 2가지로 분류된다. 하나는 국화 자체를 도형화한 것인데, 꽃 중간 부분에서 꽃잎이 방사형으로 나오는 것이다. 꽃잎은 보통 하나지만 복수로 된 것도 있다. 그것을 팔종국(八種菊:やえ菊, 겹국화)이라 칭한다. 꽃잎이 적은 것은 6개, 많은 것은 36개나 된다. 대부분 우수지만 개중에는 5개나 7개가 되는 기수의 경우도 가끔 있다. 또 하나의 유형은 국화의 가지, 잎, 뿌리를 도안화한 것이다.

좀 더 구체적으로 분류해 보면 다음과 같이 나눌 수 있다.

1) 꽃잎의 유형

홑겹(단판)국화: 주로 각 宮家에서 공통으로 사용되어 온 문장으로서 후시미(伏見宮), 나시모토(梨本宮), 히가시후시미(東伏見宮)에서 사용되었다.

겹국화(八種菊) 문장: 황실 전용.

대머리국(かぶら菊), 난국(亂菊)이라 하여 옆에서 본 국화[橫見菊], 쪼개진 국화(割菊) 등은 기타시라가와(北白川宮), 다카마츠(高松宮), 다케다(竹田宮)에서 사용되었다.

2) 잎의 유형

주로 잎이 마주친 잎[違菊葉]과 쪼개진 잎[割葉]이 있다.

3) 꽃과 가지의 결합으로서의 유형

국화와 가지[枝菊], 국화와 가지에 둥근 태, 이 외에도 여러 가지 국화꽃과 짝.

4) 꽃과 유수(流水)가 결합된 국수(菊水) 문장. 주로 쿠스노키(楠木), 오구모(大竿) 등 여러 씨족에서 사용되었다.

5) 울바자에 국화

댓나무[籬架菊]나 일반 나뭇가지로 울타리를 만들고 그 사이에 심은 국화꽃을 말한다. 이츠미(逸見氏), 나츠비(夏日氏) 가문 등에서 사용했다. | 이규태·김문학 |

아홉 | 한·중·일 | 속담과 관련어 풀이

꽃 중의 꽃

색깔로 붙여진 의칭으로는 황예(黃蘂)·황영(黃英)·금예(金蘂)·금영(金英)·금류(金虆)·금경(金莖)·금영롱(金玲瓏) 등이 있는데 '예'는 꽃술이라는 뜻이다. '영'은 뿌리이고, '류'자는 황제의 면류관과 같이 매달아 늘어뜨리는 구슬줄을 말한다. '영롱'은 앞에 금자를 붙여 찬란한 구슬을 가리키는 말이다. 이들은 하나같이 앞에 '金'자가 붙는데 황색이나 금색을 말한다. 이는 중국인의 황색(中央)중심주의 사상으로 보아 꽃 중의 꽃이란 뜻이다. 나아가 이 의칭들은 모두가 중국인들의 국화꽃에 대한 서정적 극칭이라 할 수 있다.

한국

• 매화도 한철 국화도 한철 : 모든 것은 한창일 때가 따로 있다는 말.
• 짚신에 국화 그리기 : 격에 어울리지 않는다는 말, 바탕이 중요한 것이지 아무리 겉을 치장해도 속이 드러난다는 뜻이다.
• 거적문에 국화 돌쩌귀 : 제 격에 맞지 않아 어울리지 아니함을 이르는 말.

중국

- 동녘 울타리 밑에서 국화나 따라 : 때에 따라서는 유유자적하는 것이 좋다는 말. 도연명의 〈음주〉란 시구에서부터 시작되었다.
- 국화를 먹으면 난쟁이도 신선이 된다 : 국화가 장수식품임을 강조한 말(精註雅俗古事讀本). 중국에서는 국화를 먹고 장수한 일화들이 특히 많다.
- 국화는 비를 무릅쓰고 꽃을 피운다 : 중양절 때가 되면 국화는 누가 뭐라고 해도 꽃이 핀다는 말. 때를 기다리면 좋은 일이 생긴다는 뜻이다.

일본

- 국화 향기가 나면 나라, 나라에는 옛 부처들(菊が香や 奈良にわ 古き佛達) : "옛 부처들!" 하고 말을 하는 순간 일본에서 가장 오래된 목조사찰을 떠올린다. 물론 사찰의 저녁 종소리부터, 나라의 색채, 소리, 향기 그리고 쌉쌀한 맛까지 되살아난다는 것이다. 일본에서도 국화는 당대의 장수식품이었다
- 6일의 창포, 10일의 국(菊) : 음력 5월 5일 단오날에 머리에 꽂아야 할 창포꽃을 하루 늦게 꺾어 오고, 9월 9일 중양절에 국화꽃 구경을 나가야 하는데 그만 하루 늦게 나간다는 뜻이다. 일상사에 바쁘다 보면 항시 때를 놓친다는 말.
- 국화에 맺힌 이슬이 못이 된다 : 작은 것이 모이면 큰 것이 된다는 말. 꽃잎에 맺힌 맑은 이슬방울이 넘쳐 흘러 못이 되려면 많은 세월이 걸린다는 말.
- 국화 키우기는 죄 키우기 : 국화 가꾸기에 몰두하다가 부모가 임종하는 자리도 지키지 못한다. 즉 그만큼 국화 키우는 재미가 있다는 말.　｜편집부｜

5

오늘날의 국화

5. 오늘날의 국화

하나 | 한국 | 현대시에 나타난 국화의 상징성

향기 그윽한 마지막 계절의 꽃

은자의 투명함과 원형 심상

국화는 가을의 무서리를 견디며 피어나는 모습 때문에 선조들에게 사랑을 받아왔다. 흔히 고전시가에서 국화는 군자의 품격으로 상징되어 왔는데, 국화에 대한 이러한 전통적 관념은 현대시에 이르러서도 충실히 계승되는 면모를 보이고 있다.

> 바람 울부짖고/ 暴雨(폭우) 몸부림치는 곳// 쓸쓸하여/ 벌도 胡蝶(호접)도 오지 않는/ 벌판에// 홀짝 핀/ 한 포기 들菊花!
>
> — 박두진, 〈들菊花〉

> 이 아침 서리밭에/ 성에같이 피어난 흰 꽃송이/ 식은 地熱(지열)의 찬 흙을 밟고/ 맨발로 내려 선 상큼한 목// 빛도 향기도 서리에 얼었을까/ 너무도 담담한 채 소슬한 얼굴.
>
> — 홍윤숙, 〈霜菊〉

박두진의 시에서 국화는 '바람이 울부짖고', '폭우가 몸부림치는' 외적 시련과 '쓸쓸하여/ 벌도 호접도 오지 않는' 내적 고독을 모두 감내하고 있는 인고의 존재이다. 아무것도 없는 허허로운 '벌판' 위에 단 '한 포기'로 피어 있지만 국화라는 이 작은 생명체 속에는 현실의 고통을 인내하고 극복해 내는 강인한 의지와 정신이 내포되어 있는 것이다. 외로움을 이기는 이러한 속성은 홍윤숙의 시에서 '백색무구한 기품'을 지닌 '당신의 문(門)'으로 알레고리화 된다. 서리 맞아 피어나는 이 마지막 계절의 꽃은 투명함과 고고함을 지닌 은자(隱子)를 상징한다.

> 고향의 들판 어느 구석에/ 이맘때쯤/ 남몰래 피어나 있는 들국화를 너는 알 것이다// 잡초 사이에 끼어/ 자랑하지도 뽐내지도 않는 수지운 꽃/ 혼자서도 외롭지 않은/ 하나의 슬픈 사랑을 너는 알 것이다// 시멘트 벽으로 둘러싸인 독방/ 손바닥만 한 하늘이 찾아오는 작은 獄窓(옥창)에/ 풀벌레 울음소리 핏빛 恨(한)을 짤 때/ 차가운 마룻바닥 위에 앉아 눈감고 견디는 인내의 하루// 이맘때쯤/ 노을 지는 고향의 들판 어느 구석에/ 오들오들 떨고 있는 가녀린 숨결/ 한 떨기 작은 기다림을/ 너는 알 것이다.
>
> – 문병란, 〈고향의 들국화 ― 옥중의 제자에게〉

쉽게 침범할 수 없는 이 닫혀 있음의 이미지는 〈고향의 들국화〉에서도 보인다. 시인은 옥중에 갇혀 있는 제자에게 고향에 피어 있는 들국화의 모습을 상기시키고 있다. 이 시에서 들국화는 그 누구도 알아 주지 않는 거친 들판의 구석, 잡초 사이에 끼어 슬프고도 긴 기다림 속에서 꿋꿋이 피어나고 있다. 이러한 모습은 현실의 혹독함에도 불구하고 자신의 신념을 묵묵히 지켜 나가는 군자의 강인한 모습을 그대로 보여 준다는 점에서 고전 시가의 전통을 잇는다고 할 수 있다. 그러나 그 과정에서 그가 견뎌야 할 서러움과 고통의 이미지가 부각됨으로써 인간적 갈등과 번뇌 역시 외면되지는 않는다. 이러한 국화의 이미지는 자신의 신념을 지키기 위해 '시멘트 벽으로 둘러싸인 독방'에서 '핏빛 한'으로 인내해야만 하는 제자의 삶을 위로하는 매개물이 되며 동시에 그의 삶 자체를 형상화하는 소재가 되고 있다.

인고의 정신성과 성숙한 삶의 상징

국화는 무서리를 견디며 성숙의 계절이라 할 수 있는 가을에 피어난다. 그 때문에 현대시에서 국화는 오랜 세월을 인내한 뒤에야 얻을 수 있는 삶에 대한 성숙한 태도를 상징하기도 한다.

한 송이의 국화꽃을 피우기 위해/ 봄부터 소쩍새는/ 그렇게 울었나 보다// 한 송이의 국화꽃을 피우기 위해/ 천둥은 먹구름 속에서/ 또 그렇게 울었나 보다// 그립고 아쉬움에 가슴 조이던/ 머언 먼 젊음의 뒤안길에서/ 인제는 돌아와 거울 앞에 선/ 내 누님같이 생긴 꽃이여// 노오란 네 꽃잎이 피려고/ 간밤엔 무서리가 저리 내리고/ 내게는 잠도 오지 않았나 보다.

- 서정주,〈국화 옆에서〉

　　이 시에서 국화는 단 한 송이의 꽃을 피우기 위해 소쩍새의 울음, 천둥 소리, 무서리를 견뎌야만 했다. 지난한 인고의 과정을 거친 후에야 봄부터 기다려 온 개화의 순간을 맞이해 '노오란 네 꽃잎'으로 피어날 수 있기 때문이다. 인내를 통해 성숙할 수 있다는 이러한 진리는 비단 국화가 개화에 이르는 과정에만 한정되는 것은 아니다. 누님 역시 '머언 먼 젊음의 뒤안길'로 집약되는 고뇌와 방황의 긴 시간을 견뎌야만 했다. 그리고 마침내 과거의 시간을 성찰할 수 있는 성숙한 인간으로 성장해 자신의 삶을 완성할 수 있었다. 때문에 시인은 국화를 두고 '누님같이 생긴 꽃'이라 명명한다. 국화라는 작은 생명체의 모습에서 인간사를 포함한 우주의 삼라만상이 지니는 보편의 원리, 즉 완성에 대한 시련과 그 과정이 지니는 엄숙함을 이 시는 형상화하고 있는 것이다.

　　이렇게 모든 시련을 극복해 낸 뒤의 국화는 순수한 아름다움과 조촐한 품격을 드러내게 된다.

흑백상감청자국화문목긴병
고려시대, 국립중앙박물관 소장

웃음이나 설움이 자랑 아닌 너는/ 번거로운 花園(화원)에선 멀리 떠난/ 美(미)의 女人(여인), 聖(성)의 靑春(청춘)/ 오묘한 말로 못 이르노라/ 어여쁜 눈짓으로도 못 피게 하노라/ 별이 시원히 둘린 밤에/ 神(신)의 손길에서 길러진 品位(품위).

- 모윤숙,〈菊花〉

　　모윤숙의 시에서는 국화가 고고한 품격을 지닌 아름다움의 상징으로 형상화되고 있다. 시인은 국화의 개화가 '오묘한 말', '어여쁜 눈짓'과 같은 인간의 보살핌에 의해 이루어지는 것이 아니라고 말한다. 그것은 오직 '별이 시원히 둘린 밤', '신의 손길'과 같은 신성한 힘에 의해서만 가능한 것이다. '웃음이나 설움이 자랑이 아닌', '미의 여인', '성의 청춘'은 이러한 국화의 신성한 품격을 단적으로 드러내 준다.

한편, 이렇게 성화(聖化)된 국화는 세속에 찌든 인간을 정화시키는 매개체로 나타나기도 한다.

> 마지막 꽃에 얼맞도록 菊花(국화)는/ 가냘픈 꽃잎을 벌리고 바람에 몸을 떤다/ 몸 향기를 바람에 태워/ 세상을 황홀하도록 향기 속에 적시이고 있다/ 지금 뜰에는 菊花가 한창이다// …중략… 먹으면 가슴도 향기로 차고/ 머리가 맑아 오는 그 光明(광명)을/ 이 가을의 銀(은)빛을// …중략… 菊花에 묻히어/ 나도 지금 한 가지 菊花가 되어 간다/ 어지러운 티끌에 汚染(오염)된 머리를 바래고/ 내가 지금 菊花 앞에서 그 황홀한 빛깔 속으로 들어간다.
>
> – 박남수, 〈菊花〉

시인은 고뇌와 방황의 시간을 견디고 이겨낸 뒤 적극적으로 자신이 속했던 오염된 세계를 버리고 '황홀한 빛깔'로 표현되는 아름다움의 존재인 국화와 자신을 일체화시킨다. 국화와의 동일화를 통해 속된 나를 정화시키고 있는 것이다.

인간사와 대비된 순수한 존재

국화는 인공 혹은 인간사와 대비되는 개념으로 순수함을 표상하는 소재로도 현대시에서 활용되고 있다. 그래서 국화는 잊혀진 자연의 정취를 느끼게 해 주면서 현대를 살아가는 사람들에게 작지만 소소한 기쁨과 행복을 가져다주는 존재가 된다.

> 매머드 아파트 창가에/ 귤상자 조각을 막고/ 50원어치 흙을 사다/ 10원어치 씨를 뿌린 봄국화가/ 노랑/ 빨강/ 분홍/ 연두/ 흰빛 등/ 꽃술을 달고 있다/ 人工(인공) 속에 홀로 핀 자연의 숨결!/ 봄 아침의 햇살이 찾아들다/ …중략… 옆집 정년퇴직한 홀 늙은이가/ 어항에 물을 갈아주다/ 고개를 외로 돌려 보고/ 왼편 집 꼬마 형제가/ 소꿉 세간을 늘어놓다/ 돌아다보고/ 한길에 방울을 흔들며 지나가던/ 두부장수가/ 고개를 치켜 쳐다보고/ 손수레를 밀고 지나가던/ 빙과장수도/ 땀을 씻으며 쳐다보고.
>
> – 구상, 〈봄국화〉

구상의 〈봄국화〉에서 시인은 '매머드 아파트'로 상징되는 도시에서의 삭막한 삶을 살아가고 있다. 그는 그런 아파트 창가에 귤 상자 조각을 막고 사온 흙 위에나마 국화 씨를 뿌린다. 국화의 강인한 생명력은 이러한 인공적인 생태 조건 속에서도 다양한 색깔로 아름답게 피어난다. 때문에 정년퇴직한 늙은이, 꼬마 형제, 두부장수, 빙과장수 등 일상적 삶을 살아가는 현대인들은 그 모습을 '돌려 보고', '돌아다 보고', '쳐다보고' 하면서 새로운 활력을 얻고 있다. 이는 국화가 인공의 세계에서 생기를 잃은 채 살아가는 인간에게 가공되지 않은 자연을 체험하게 해 주는 동시에 콘크리트에서는 느낄 수 없는 작은 행복을 선사하는 순수한 존재로 형상화되었음을 보여 주는 것이다.

한편, 국화는 한없이 순수하기 때문에 인공의 세계에서는 살아갈 수 없는 연약한 존재로 표상되기도 한다.

> 비탈진 들녘 언덕에 늬가 없었던들 가을은 얼마나 쓸쓸했으랴/ 아무도 너를 여왕이라 부르지 않건만 봄의 화려한 동산을 사양하고/ 이름도 모를 풀 틈에 섞여/ 외로운 계절을 홀로 지키는 빈들의 색시여/ … 중략… 한아름 고이 안고 돌아와/ 화병에 너를 옮겨 놓고/ 거기서 맘대로 자라라 빌었더니/ 들에 보던 그 생기 나날이 잃어지고/ 웃음 걷은 네 얼굴은 수그러져/ 빛나던 모양은 한 잎 두 잎 병들어 갔다.
>
> – 노천명, 〈들국화〉

거친 들녘에 피어나 빈 들을 외로이 지키는 들국화의 모습을 안쓰러워하여 그것을 옮겨와 화병에 꽂아 놓고 있다. 그러나 국화는 바람과 달리 생기를 모두 잃은 채 병들어 죽고 만다. 표면적으로 안락해 보이는 인공적 삶의 조건, 즉 '화병'보다는 비록 거칠지만 자연의 온기를 품은 들녘의 한 방울 이슬이나 흙냄새가 국화를 살아갈 수 있게 하기 때문이다. 뿌리가 잘린 채 좁은 화병 속에 꽂힌 국화는 더 이상 생생할 수도 자랄 수도 없다. 국화는 대지에 직접 뿌리를 박고 빛과 바람과 비를 마음껏 맞을 수 있을 때라야 비로소 건강하게 살아 있을 수 있는 들꽃인 것이다.

| 김현자 |

둘 | 일본 | 베네딕트의 《국화와 칼》로 본 일본

상징만능의 폐허에서 부활하는 국화

패전 이후 일본 민주주의 교본

국화 이름이 붙은 책 가운데서 일본인들이 제일 많이 읽은 책은 루스 베네딕트 (Ruth Fulton Benedict, 1887~1948)의 《국화와 칼》이다. 2차 대전 직후 일본을 점령한 미군은 이 책에 적힌 서양인과 다른 일본인의 행동을 가늠해 보면서 통제정책을 펴 나갔다. 여성의 성 풍습에서 남성 길들이기까지 점령군에게 필요한 정보가 가득 담겨 있었다.

이 책은 국화(천황)와 칼(사무라이, 군부)의 결합이 낳은 신화적 상징만능주의 일본제국을 해체시킨 다음 민주주의 교육을 도입하는 데 활용한 교본(1946년 초판)이다. 미국에서 2만 3000권이 팔렸으나 일본에서는 번역본 230만 권이 팔렸다 (1999년 현재).

전쟁을 일으킨 쇼와(昭和) 천황은 1945년 통수권을 포기했다. 이어 일본 국민을 상징하는 천황과 함께 천황가의 16화판 황금 국화의 상징적 재산 가치는 바닥을 쳤다. 이후 내각책임제 일본인정부의 출범과 함께 베네딕트의 전시(戰時) 임무는 모두 끝난 것 같았다.

그러나 태양신 아마데라스의 제사를 독점한 천황과 백성의 관계를 부자관계로 규정한 전통의 압박에서 일본인이 풀려난 다음에도 《국화와 칼》을 교재로 쓴 일본을 비롯해 한국과 중국의 여러 대학에서 베네딕트는 일본 문화의 길라잡이 구실을 하고 있다.

일본말을 모르고 현지 일본인과 접촉한 적도 없다는 미국 여성이 저술한 논픽션 한 권을 원조 일본인론으로 자리매김해 놓은 탓이다. 인류학자이기 전에 시인인 베네딕트는 일본 문화를 논하는 담론의 길목에 여전히 버티고 서 있다. 아예 그녀가 쳐놓은 상징 '국화'의 거미줄 망을 빗겨 가든지, 넘어야 할 산이 된 것이다.

60년 전 점령군이 건네 준 신종 거울과도 같은 그 책 속에서 자기 모습을 찾은 일본인들은 충격, 분노, 수긍, 반발 등 엇갈린 반응을 보였다. 협소한 전공 지식에 묶이지 않은 베네딕트는 국화와 칼, 두 초점에 수렴된 이미지로 대책 없이 만용을 부리곤 하는 일본인의 정체를 서양인이 알 수 있도록 설명하려고 했다. 그것은 바이킹의 광기[berserkr], 전쟁 영웅들의 증상인 '이리 같은 분노(lyssa)'와는 또 다른 종류의 것이었다.

미얀마 전선에서 연합군에 잡힌 일본군 포로와 전사자의 비율은 1 대 120, 합리적인 설명이 불가능한 숫자였다. 포로가 되기 전에 스스로 목숨을 끊도록 명령한 결과다. 포로는 대부분 부상병이었는데, 천황을 비방한 자는 고작 3명이었다. 일본의 선제 기습공격으로 시작된 침략 전쟁의 책임을 천황이 져야 한다고 말한 포로는 단 한 명밖에 없었다. 베네딕트는 일본인의 내면화한 그런 절대 복종이 어릴 때부터 가르친, 전체 속에 자기 위치를 찾도록 강조한 천황 중심, 고을 수장, 가장 중심의 사고가 낳은 현상이라는 것이다. 제 얼굴이 달아오를 짓을 죽음보다 두려워하는(?) 일본인을 공포에 몰아넣은 함정은 "지시받은 순서에 따라 기계적으로 처리할 수 없는 상황"이었다.

일본에서의 국화는 시들지 않는다

목욕탕을 쓰는 순서에서도 아버지 다음에는 아들들의 차례다. 어느 가정에서도 여자는 맨 나중이다. 여자는 남동생과 나이를 따질 수가 없었다. 남자니까 누나는 동생에게 먼저 절을 하도록 배웠다. 아마데라스 여신의 성전환을 요구한 귀족사회는 남성우월사상의 온상이었다. 태어난 고장에 사람을 묶어 놓은 한[藩, 울타리]의 등급에 따라서 같은 사무라이라도 지위의 높낮이는 다르게 매겨진다. 그런 "일본인의 겉을 칠한 껍질을 벗기면 해적이 나온다지만 일본에서 칠은 값비싼 제품이고 그것은 흠집을 감추는 덧칠이 아니다. 적어도 그것은 아름답게 꾸민 본질과 맞먹는 가치를 지닌다."(노하라 코마키치, The True of Japan, London 1936)고 했다.

전쟁규범을 잘 지키고 적장에게 예를 다한 러일전쟁 당시의 일본인의 성격이 태평양 전쟁에서는 완전히 바뀌었다는 주장이 있지만, 베네딕트는 이를 일본의 상황윤리로 대체한다.

가미카제〈神風〉 특공대

「일본인처럼 극단적인 실리주의 윤리로 무장한 국민은 20세기 초 러시아 인이 저들에게 모욕을 주지는 않았다고 생각한다. 그에 반해서 1920년대, 30년대 일본인은 예외 없이 모두가 미국이 '일본을 개똥처럼 취급했다.'고 생각했다. 필리핀에서 일본군이 미군 포로에게 가한 잔학행위는 모욕에 대한 정당한 복수였고, 이는 미국의 보복을 불렀다. 일본은 사태를 미리 알고 자신의 생활습성에 따라 방침을 바꿔 전쟁을 포기했기 때문에 일본인의 장부에는 일체의 숙원기록이 없어졌다.」

이성적 판단을 압도한 감정처리방식은 전쟁이 실패로 끝난 다음에도 일본이 미국에 이겼다는 소리를 나오게 만들었다.

《국화와 칼(The Chrysanthemum and the Sword, 1946)》표지

《국화와 칼》을 평가하라는 주문에 "학문적인 가치는 없다."고 말한 일본의 윤리학자이자 문화사가인 와쓰지 데쓰로(和辻哲郎, 1889~1960)는 베네딕트의 '국화'를 맹신한 일본인은 10여 년간 무대를 독점한 '국수주의적 군인, 이노시시 무사(猪武士)'였지 일본인 전체는 아니라고 했다. 그러나 이 윤리학자도 제자를 비롯한 수많은 대학생이 천황이 하사한 국화주 한잔 받아 마시고 '가미카제(神風)' 자살공격을 위해서 고물비행기에 줄줄이 오른 사실은 설명하지 못했다. 선악의 절대 기준이 없는 사회에서 윗사람 눈치에 따라 올인 하는 경향이 돋보인 일본인의 행동은 다시 세계의 이목을 끈다. 1970년대 국가경제역량이 세계 정상에 오르면서 보은(報恩)의 '기리(きり, 義理)'를 지키는 행동을 민족의 긍정적인 자질로 재평가하기 시작했다.

국화는 베네딕트가 주문한 그대로 천황의 위엄과 일본인의 미의식을 갈무리하는 꽃으로, 칼은 이상적인 행위에 책임을 지는 일본인의 비유가 된 것이다.

그러나 경제적인 자신감에도 불구하고, '후쿠와 우치 오니와

《국화와 칼》의 저자 루스 베네딕트

소도(복은 안으로 들고 역신은 밖으로 나가)!' 라는 주문(呪文), 곧 울타리 밖을 역신이 창궐하는 오염원으로 보는 사상은 아직도 버리지 못한 것 같다.

미국의 모 대학에서 《국화와 칼》을 가르친 소니아 량(재일동포 출신)은 "타인(이웃)이 존재하지 않는 자화상에 만족해 자축의 잔을 든 사람들"이라고 오늘의 일본을 평한다. 일본 문화는 "창피한(쪽 팔리는) 꼴에 예민한 문화"라고 베네딕트는 지적했지만, 사무라이의 덕목을 예찬하는 복고주의자들은 동아시아에서 일본인이 저지른 행위를 제대로 기록한 자국의 역사교과서를 없애라고 요구한다. 자학사관이라는 이유에서다. '부끄러운 과거를 청산' 하는 행위는 '국화의 옥좌' 에서 직접 전쟁을 지시한 천황에게 우선 면죄부를 주고, 전쟁 결과보다는 비극 속에 끝난 주종관계의 상징성을 미화한다. 그것은 인류보편의 상식에 따라 전범으로 처형된 자들을 '결코 부끄럽지 않은 사람' 으로 '명예를 되찾아 주고 원혼을 풀어 주는' 작업과 병행되는 역사 고쳐 쓰기의 일환이다.

천황의 통치력의 원천인 3종 신기(神器, 중국제 거울과 칼 그리고 일본제 옥)를 안전한 곳에 옮기려다가 최후통첩을 어기고 핵공격을 받은 천황의 상징인 국화를 맨 먼저 부활시킨 것은 여권(passport)이었다. 해외에 진출하는 일본인의 얼굴로 바뀐 국화는 그로부터 그 얼굴을 받쳐 주는 보이지 않는 힘과 특권의 동의어가 된다. 전후 평화헌법에 따라 국가사제(司祭)의 기능마저 없어진 '상징 천황' 의 '상징' 이 무슨 뜻이냐고 물었을 때, 가네모리(金森德次郎) 국무대신은 '아코가레(憧憬)' 라고 답변했었다. 어느새 그 그리움은 세계 제2의 강대국의 방어능력을 갖춘 태풍의 눈으로 성장할 위치로 이동하고 있는 것이다.

| 박석기 |

셋 | 한·중·일 | 국화의 현재와 미래

국화 선호도와 품종의 다양화

한국인은 지금도 국화를 사랑하는가?

국화는 2000여 년간 우리나라 사람들에게 사랑받는 전통 꽃으로 군림해 왔다. 그러나 2002년 1월 농림부가 농산물 및 화훼류 소비자 구매패턴을 조사·분석한 결과, 우리나라 사람들의 선호도에서 장미가 40.5퍼센트로 1위를 차지했다. 장미나 국화를 제외한 기타 절화류가 35.5퍼센트이며, 국화는 겨우 11.8퍼센트 순으로 그 선호도가 떨어져 있음을 알 수 있다. 전체 응답자 909명 중 약 107명이 국화를 선호한다고 응답했으며, 특히 남성(49)에 비해 여성(58)이 8.4퍼센트 더 높게 나타났다. 또한 연령별로는 30대가 전체 연령별 중에서 응답자 37명으로 34.6퍼센트를 차지하여 국화를 선호하는 대표 연령대로 나타났다.

2004년 6월 한국갤럽이 조사한 〈한국인이 가장 좋아하는 40가지〉특별 기획 여론조사에서는 한국인이 가장 좋아하는 꽃은 장미(41.6퍼센트)로 다음의 순결이란 꽃말의 백합(7.5퍼센트)의 뒤를 이어 국화(4.9퍼센트)가 세 번째 자리를 차지했다.

꽃은 선물 또는 장식적인 용도로 많이 쓰인다. 생일이나 또는 온갖 기념일 등의 축하 선물 그리고 집안의 장식용으로 쓰이는 것이 일반적이다. 국화는 서양 꽃인

장미처럼 계절이 따로 없는 화훼에게 주인공의 자리를 빼앗긴 것이다. 물론 그 이유는 여러 가지가 있겠으나, 첫째로 서양 문화의 홍수 속에 묻어 온 서양 꽃들의 화려함과 감미로운 꽃말들의 유혹에서 벗어나지 못한 것은 아닐까! 또한 언제부터인가 국화는 흉사라고 할 수 있는 장례의 이미지와 같게 되었고, 계절과 관계없이 길러 출하되는 현실과는 달리 계절 꽃이라는 것이 다음으로 작용하지 않았을까 한다.

한·중·일이 좋아하는 오늘날의 국화 종류

한국

오늘날 재배되고 있는 국화 품종의 이름은 실로 다양하다. 이것은 현대인의 취향에 맞춰 무한대의 품종을 개발할 수 있는 기술의 발전으로 볼 수 있다. 그중에는 순수한 우리말로 된 아름다운 이름들이 많다. 예를 들면 봄처녀·보름달·함박눈·봄동산·놀·꽃바구니·은피리·보라·봄빛·달무리·아지랑이·꾀꼴소리 등이다. 미인의 이름을 붙인 것으로는 황진이가 있는가 하면, 지명에서 따온 만월대(滿月臺)·금보산(金寶山)·부산설(釜山雪) 등이 있다. 이는 한결같이 구매자의 잠재의식을 자극해 구매욕을 돋우겠다는 상술이 크게 작용한 것으로 보인다.

또 일본에서 들어온 품종에는 달월(月)의 글자를 넣은 것이 많다. 예를 들면 송상지월(松上之月)·고촌지월(孤村之月)·고리지월(故里之月)·월광지정(月光之庭) 등으로 대단히 풍류적인 이름이 많이 등장한다. 그 외에도 강호국(江戶菊), 차아국(嵯峨菊), 이세국(伊勢菊), 정자국(丁字菊) 등이 있다. 외국에서 들어올 때의 이름을 그대로 사용하고 있는 것도 많다. 이는 국화의 품종이 아니라 화훼인들이 자신이 기르고 가꾸는 품종에 붙이는 애칭이라고 봐야 할 것이다. 그중에는 독특한 품종이라기보다는 변종이 있을 수 있다. 그만큼

다양한 국화의 종류 | 오늘날 국화는 현대인의 취향에 맞춰 무한대로 품종을 개발하고 있다.

양국기술이 발달한 것이다.

중국

중국에서의 국화 품종은 훨씬 다양하다. 꽃의 크기와 형태, 색깔 등으로 좀 더 세밀하게 분류하고 있다.

꽃의 크기와 형태로 구분하면 대국[大輪菊], 중국[中輪菊], 소국[小輪菊]이 있다. 대륜국은 꽃의 지름이 18센티 이상인 것을 대륜으로 분류한다. 대국의 꽃은 색채가 풍부하고 형태와 개화시기 등의 변화도 천차 만태일 뿐 아니라 꽃이 우수하고 아름다운 것이 특징이다.

대륜국은 꽃의 형태에 따라 광판(廣瓣) 또는 문자국(文字菊), 후판(厚板), 후주판(厚走瓣), 후판종(厚瓣種), 대괵판(大摑瓣), 태관판(太管瓣), 간관판(間管瓣), 관판종(管瓣種), 세관판(細管板)으로 구분된다. 중륜국은 꽃송이의 지름이 9~18센티에 해당하는 것을 말한다.

일본

일본에서는 강호국을 광국(狂菊)이라 부르기도 한다. 중륜국은 판(瓣)의 형상에 변화가 적으며 대륜국처럼 화려하지 않아 별로 인기가 없어 재배도 부진한 편이다. 소륜국은 지름이 9센티 이하인 것을 소륜국으로 분류한다. 소륜국에는 색채가 선명하고 화려한 것이 많다. 소륜국은 꽃의 형태에 따라 일중(一重), 팔중(八重), 정자(丁子), 어자(魚子) 등으로 분류된다.

꽃의 색깔로 구분할 경우는 대국, 중국, 소국 및 계통에 따라 차이가 있으나 흰색, 황색, 홍색, 도색(桃色), 등색(藤色) 등으로 풍부하다. 한 색깔 가운데에도 담(淡)·농(濃)·천(淺)·심(深) 등으로 나뉘어져 가히 없는 색이 없다고 할 정도다. 일반적으로 중국과 소국에 선명한 색깔의 꽃이 많은 편이다.

개화기(開花期)로 구분할 경우, 자연 상태에 있어서의 개화기를 기준으로 할 때 추국(秋菊)은 10~11월에, 한국

(寒菊)은 12~1월에, 하국(夏菊)은 5~7월에 핀다. 그런가 하면 8월과 9월에 피기도 하는데 8월굴, 9월국 등으로 부르기도 한다.

용도에 따라 구분하면 화분용 국화, 절화(切花)용 국화, 취미 국화, 분재국, 현애국(懸崖菊), 식용국 등으로 나눌 수 있는데 각기 이러한 용도에 따라 적합한 품종이 따로 있다.

| 편집부 |

넷 | 한·중·일 | 현대 산업으로 본 국화

날로 늘어가는 국화의 향기

한국

2003년 농촌진흥청 자료에 따르면 2001년 국화 재배면적은 751헥타르, 생산액은 588억 원에 이른다. 1995년 이후 650~750헥타르 범위에서 일정 수준을 유지하고 있다. 국화는 한국의 화훼산업 분야에서 면적 821헥타르에 연간 1632억 2800만 원의 매출액을 자랑하는 장미에 이어 2위 자리를 유지하고 있다.

경남을 중심으로 한 남부 지역은 따뜻한 기후를 바탕으로 겨울철 송이국화(스탠다드 형)를 주로 재배하고 있고, 경기도를 중심으로 한 중부 지역은 스프레이(하나의 꽃대에 여러 개의 꽃을 피움) 품종이 주류를 이룬다.

국화 수출은 1990년대 중반까지 별다른 실적이 없다가 장미와 마찬가지로 대규모 유리 온실이 세워지는 등 시설 현대화에 따라 수출이 본격화되었다. 특히 경북 구미 지역에 설치된 2곳의 생산단지에서 우리나라에서 수출하는 대부분의 국화를 생산하고 있다. 이에 따라 일본의 한국산 절화 국화의 수입 비중이 점점 높아졌고, 2001년도에는 수출액 725만 불을 기록해 점유율 29.5퍼센트로서 31.3퍼센트의 네덜란드에 이어 2위를 차지하고 있다.

그러나 최근 들어 중국의 물량공세로 수출 단가가 지속적으로 하락해 폭발적인 물량 증가에도 불구하고 수출액 증가는 기대에 미치지 못하고 있다. 그리하여 채산성 악화를 우려하는 수준에 이르고 있다.

수도권

국화 분화재배는 대부분 대도시 주변에서 생산되고 있다. 수송거리가 멀면 수송비가 많이 소요되기 때문에 대량 소비가 될 수 있는 대도시를 중심으로 농장이 형성될 수밖에 없다. 2001년도 재배면적은 32.9헥타르, 농가수는 162농가다. 그중 서울이 18.3헥타르, 경기 지역이 80헥타르로 대부분을 차지하고, 그 다음 부산이 2.1헥타르, 나머지 시, 도 지역은 모두 1.0헥타르 이하의 작은 면적을 재배하고 있다. 재배유형으로는 현애작, 폿트멈, 입국, 쿠션멈 등 다양한 형태를 보이고 있으며, 품종은 대부분 구품종인가 하면 품종명이 분명하지 못한 것이 많은 반면, 다양하지 못한 것이 흠이다.

지방권

《농민신문》 2004. 8. 11자 기사에 의하면 전주 동산동 일대에서 재배하는 국화가 일본 수출길이 열렸다고 한다. 전주시 농업경영사업소는 동산동 국화단지(영농조합대표: 한양옥)가 2004년 8월부터 12월까지 모두 62만 본의 국화를 일본에 수출했다.

모두 7명의 농업인이 참여하고 있는 동산동 국화단지는 해마다 일본 등의 외국에 수출길을 물색해 왔던 것이다. 수출 가격은 본당 35~55엔이며, 전주시는 재배면적을 계속 확대해 대만이나 미국 등으로 수출활로를 확대하는 한편, 해마다 100만 본 이상을 수출해 나갈 계획이다.

중국의 재배현황

중국의 국화 재배면적은 1995년 990헥타르에서 1998년 1826헥타르로 1.8배 증가했으며, 이후 1999년까지 1800헥타르 내외를 유지하다가 2000년에 들어서야 2000헥타르로 늘어났다. 중국의 2000년 국화 재배면적은 2016.56헥타르에 생산량은 6억 2698만 개였으며, 생산액은 2억 3908만 위안이었다. 이후 2002년에는 재배면적 3903.4헥타르에 9억 2215만 개를 생산했으며, 생산량은 3억 4263만 위안으로 증가해 2년 사이 재배면적은 51.6퍼센트, 생산량은 68퍼센트, 생산액은 69.8퍼센트 증가했다.

전북 고창의 국화밭 | 미당 서정주 시인의 고향이자 그의 묘와 시 문학관이 있는 전북 고창군 아산면 질마재 언덕에 7만 여 그루의 국화가 활짝 피어 있다.

그러나 국화 수출은 1995년 32만 달러에서 1998년 533만 달러로 16.9배 증가했으나, 1999년에는 절화수출 총액이 68만 달러로 오히려 크게 감소했다. 이렇듯 국화 수출은 미미하나 전반적인 화훼 생산량이 증가하고 있다. 이는 국가경제가 급격히 성장함에 따라 국민소득 또한 늘어나고 주택환경이 바뀜으로써 국화의 수요가 그만큼 늘어났다는 이야기다. 따라서 자연히 국화 생산 기술이 발달하고 시설이 대규모화되고 있음은 누구도 부정할 수 없는 사실이다.

중국의 적극적인 국화 품종 개발

국화는 중국 원산의 전통 화훼 중 하나로서 재배역사가 유구하여 대략 2500년에 달한다고 한다. 일부 학자는 3000년이라고 주장하기도 한다. 품종 자원 역시 그 역사만큼이나 풍부한데, 진 나라 이전에는 황색 국화만 있었지만 남북조 시대에는 황국, 백국, 묵국, 자색국이 있었으며, 송대에는 백, 흑, 자, 분홍 등 36종이던 것이 1242

년에는 131종, 원대(1279~1368)에는 163종이 되었다. 명나라 때인 1500년대에 이르러 100여 종이 늘어 1600년경에는 270종이 되었다고 한다. 그중 황색이 92품종, 백색 73품종, 적색 35품종, 분홍 22품종, 기타 22품종이 있었고 5월국, 59국, 7월국이 있었다는 것이다. 청대(1685)에는 156종이 있었고, 황색 54, 백색 32, 자주 27품종이 포함되어 있다. 1803년에는 233품종이 소개되어 그중 황 54, 백 32, 적 31, 자주 27품종이 있었다.

그러나 수많은 품종과 색상으로 구분되는 여러 가지 국화 종류에 대한 분류방법이나 숫자의 근거를 정확히 가름할 수는 없지만 엄청난 품종이 있었던 것은 분명해 보인다. 최근의 국화 품종은 3000여 종으로 늘어났다. 1993년 《중국국화총람(總攬)》을 데이터베이스화한 CD-ROM을 개발해 2302개의 품종을 수용했다. 실제 이 CD-ROM에는 31종을 추가로 넣어 2333개의 품종을 체계적으로 수용·정리했다. 중국의 국화 품종 관리에 대한 집념을 엿볼 수 있다.

중국은 역사적으로 꾸준히 국화 품종을 개발하기 위해 노력한 흔적이 많이 남아 있다. 송나라 때 유몽의 《국보》에서 신라국이란 명칭이 나오는 것을 보아도 이미 오래 전부터 국화 품종을 도입한 것이다. 그런가 하면 1756년 36품종을 비롯해 1920~30년대 일본으로부터 대량의 국화가 도입되었다. 최근 20년 내에 도입된 분재 대국 또한 일본 품종으로 1997년에 이르러 전부 50개 품종이 도입되었다.

국화 품종 개발에 중국이 얼마나 적극적인가 하는 것은, 1980년대 초 베이징에서는 미국으로부터 소국을 들여 왔고 1980년대 중반에는 일본에서 소국 10여 종이 더 도입된 것을 보면 알 수 있다.

일본의 재배현황

일본의 경우 1998년 재배면적이 6190헥타르, 2000년 재배면적은 6260헥타르로 대략 6000헥타르선이다. 생산 본수는 2400만 본으로 절화류 시장의 35.6퍼센트를 점하고 있다. 경매량은 20억 본을 상회하고 있다. 국화 중에서 생산액이 가장 큰 것은 중애륜 송이국으로 전체의 60퍼센트 이상이고, 소국이 30퍼센트, 스프레이국이 10퍼센트 정도 생산되고 있다. 국화는 일본의 화훼류 중 생산 및 소비가 가장 많은 비중을 차지하고 있다. 또한 세이코엔(精興園), 다키이 종묘, 미요시 종묘, 사카타노타내 등 다양한 국화 육종회사가 있어 세계의 국화 육성에 큰 영향력을 행사하고 있다. 이로써 일본의 국화 산업은 세계 1위임을 의심할 여지가 없다. | 편집부 |

다섯 | 한·중·일 | 관광·축제로 본 국화

향기 가득한 원색의 장원

한국

국야농원

강원 춘천시 신북읍 102보충대 근처 야산에 10여 동의 비닐하우스가 옹기종기 모여 있는 곳이 국야농원(대표: 이재경)이다. 비닐하우스 4개동을 가득 채우고 있는 꽃들. 이름은 모르지만 모두 낯이 익다. 우리 산과 들에 흔하게 피어 있는 꽃이며 자생국화인 들국화다. 이 농원에서는 들국화의 아름다움을 널리 홍보하고 우리 환경에 맞는 품종을 새로 만들어 널리 보급하는 데 목적을 두고 있다.

　　30년간 다양한 종류의 국화를 재배하다 10여 년 전부터 본격적으로 들국화를 재배해 왔다. 이곳에서 탄생한 개량 들국화가 500종이 넘는다. 또한 2000년부터 해마다 가을이 되면 들국화 전시회를 열어 2005년에는 6회째를 맞이했다. 아찔한 향기를 뿜어내는 야생 들국화의 꽃무더기가 관람객들의 시선을 사로잡았다.

들꽃잠 농장

우리나라는 가을이 되면 국화잔치를 곳곳에서 구경할 수 있다. 전북 정읍시 감곡면

국화꽃으로 만든 대한민국 지도 | 테마파크에서도 해마다 국화 축제를 열어 가을을 만끽하려는 사람들로 인산인해를 이룬다.

방교리 '들꽃잠농장'은 여성 농업인 김후종(金後種) 씨가 6000평에 구절초를 재배하는 곳으로 2001년도에 개장해 오늘에 이르고 있다. 이 전시에서는 구절초 요리 시식과 국화차 등 행차(行茶), 잔디밭에서의 각종 스포츠, 야외 피아노연주회, 구절초 천연염색 체험에 이어 농산물 반짝 시장 등의 행사로 이어간다. 농가들에게 구절초 재배법과 관련 사업에 관한 교육도 실시하고 있다.

아침고요수목원

아침고요수목원은 매년 가을이면 국화 전시회를 열고 있는데, 약 200여 종류의 국화와 국화 분재 작품들이 가을을 더욱 화려하게 수놓고 있다. 뿐만 아니라 구절초 같은 가을 야생화들이 주변 산하와 어울려 아름다운 자태를 뽐내고 있다. 특히 새벽의 물안개가 피어오를 때는 주변의 산과 계곡의 경관과 수목이 더욱 아름다운 정취를 맛볼 수 있게 한다.

서울랜드 국화축제 | 해를 거듭할수록 단순한 국화 전시가 아닌 미술을 접목하는 등의 새로운 축제를 열어가고 있다.

에버랜드와 서울랜드

테마파크인 경기도 용인 에버랜드에서는 3만 5000개체의 국화를 전시하는 가을 축제를 매년 열어 희귀 국화, 들국화, 분재, 유실수 등을 선보인다. 2005년 26회째를 맞이했다. 또한 과천 서울랜드에서도 2005년 5회째 국화축제를 열어 중추국, 현애국 등 150여 개 품종, 100만 송이 국화로 공원 전체를 여러 빛깔로 단장했다. 국화로 만든 대형 자동차, 헬리콥터, 사슴 등의 토피어리와 꽃 기둥들이 들어서기도 한다.

한림공원 국화축제

하늘을 찌를 듯이 치솟아 오른 야자수길, 희한한 식물의 왕국 아열대식물원, 국가지정문화재 천연기념물 제236호인 협재·쌍용동굴, 세계 여러 나라의 돌과 분재예술을 볼 수 있는 제주 석·분재원, 제주 전통 생활상을 볼 수 있는 재암민속마을 등 환상적인 관광물들이 관광객들을 유혹하는 제주 한림공원에서는 매년 10월~11월에 국화축제가 열리고 있다.

에버랜드 가을축제 | 주요 놀이공원을 중심으로 열리는 대규모 국화축제는 대부분 다양한 이벤트와 함께 마련돼 가족 나들이에 그만이다.

2005년 12회를 맞이한 '한림공원 국화축제'에서는 일 년 동안 정성껏 가꾸어 온 5000여 화분 수십만 송이의 국화와 억새꽃으로 어우러진 '국화의 거리'를 조성해 관람객들이 국화의 향기를 만끽할 수 있도록 했다. 또한 국화꽃으로 만든 대형 국화꽃탑을 비롯해 여러 모양의 형태국, 현애국, 목부작, 대작 등 다양한 국화 작품 및 여러 가지 색깔의 아름다운 국화꽃을 감상할 수 있다. 국화축제 기간 중에는 국화차 시음회, 사진 촬영 대회, 어린이를 대상으로 한 그림 그리기 대회 등 다채로운 행사가 마련되어 단순한 감상만이 아닌 체험할 수 있는 기회도 마련했다.

마산 가고파 국화축제

마산에서는 국화 재배를 농가소득을 위해 장려하고 있다. 국제적인 홍보와 시장 판로를 열기 위해 만들어진 마산 가고파 국화축제는 처음에는 국화박람회로 2000년도부터 열려 2005년에 '마산 가고파 국화축제'로 명칭을 변경해 지속적으로 행사를 이어오고 있다. 지역 특산물인 마산 국화의 이미지를 부각시키기 위해 시민의 관심 유발과 국화의 대중화 및 소비층 저변확대에 기여하고자 노력하고 있다.

마산 가고파 국화축제 상징 캐릭터

마산 가고파 국화축제 현장에서는 일반 시민들은 물론 많은 외국 바이어들에 의해 상담이 활발하게 이루어지고 있다. 첫해의 수출액 109만 불에 이어 2004년 3회에는 400만 불에 이르는 수출고를 올리기에 이르렀다. 마산시에서는 더 많은 나라로의 수출다변화를 위해 9억여 원을 들여 2만 9700평방미터에 자동화 시설을 갖춘 국화 수출전문단지를 조성했다. 그동안 쌓아온 양국(養菊)기술을 바탕으로 더욱 질 좋은 국화의 대량생산이 가능하도록 한 것이다.

부천, 자연생태박물관

부천시 자연생태박물관 사계절정원에서는 2005년 2만 1944점의 다채로운 국화 퍼레이드를 펼치는 국화전시회가 열렸다. 특수 작품인 현애, 다륜대작, 모형작, 목·석부작 등 44점과 입국, 일간작, 쿠션맘 등 8900점의 국화 향기가 정원을 가득 메우고 포인세티아, 초화류 등의 화초 1만 3000여 점이 국화와 함께 전시됐다.

국화전시회와 함께 나무목걸이 만들기, 삼태기, 보릿대를 이용한 사진액자 만들기, 새끼꼬기 등 농경시대의 다양한 체험행사를 통해 온 가족이 함께 할 수 있는 즐거운 시간이 마련되었다. 또한 전시관 광장에서는 금관5중주, 바이올린 연주, 고전무용 등의 공연이 열려 예술적 정취를 고취시켰다.

전북 고창의 국화꽃 축제

'국화 옆에서' 라는 유명한 시를 쓴 미당 서정주 선생 묘소(부안면 선운리 안현마을)에서는 2005년 처음 미당 시문학관을 열고 국화꽃 축제를 개최했다.

4월의 선운사 동백 그리고 9월의 메밀꽃(고창군 공음면 학원농장), 상사화(선운사)로 이어지는 고창의 꽃잔치를 늦가을 국화가 이어가는 것이다.

미당을 사랑하는 이곳 사람들이 2004년 그의 묘소 주변 5000평의 비탈에 국화밭을 만들었다. 그리고 2005년에는 10배 규모로 국화밭이 더 넓어져 국화축제를 열기에 이르렀다.

'고창 국화축제' (www.고창국화축제.com)는 미당 관련 영상물을 방영하고, 국화를 재료로 한 음식을 맛볼 수 있는 기회를 마련했다. 축제 기간 동안 미당시문학관에서 순수 문학 축제인 미당문학제가 열렸으며, 전 문화관광부 장관인 이어령

선생이 문학 강연을 했다.

이 축제를 장식한 국화는 고창 내에서 나온 돼지 배설물로 만든 퇴비로 키워졌으며, 국화꽃이 진 뒤에는 꽃대를 잘라 다시 돼지 사료로 활용한다. 또한 식용 국화를 별도로 심어 그 국화로 국화차, 국화주 등 국화 꽃잎을 활용한 상품을 개발할 예정이다.

이 외에도 각 지역마다 지방 행사로 국화축제가 열리고 있다. '금곡역 한마음 국화축제', '충남 서산시 고북면 국화축제', '봉화 국화축제', '구미 삼성전자 국화축제' 등 많은 축제가 가을의 시작과 더불어 곳곳을 국화 향기로 가득 채우고 있다. 또한 강원도 산림개발연구원이 주최하는 들국화 전시회가 강원도립화목원에서 열리고 있으며, 아산 세계꽃식물원(www.asangarden.com)에서는 9~11월에 베고니아 국화꽃 축제를 열고 있다. 도심의 곳곳에서는 백화점 등에 국화 전시 및 다채로운 부대행사가 열려 도심의 복잡함에 갇혀 사는 많은 사람들의 가슴을 탁 트이게 해 주고 있다.

외로운 '문명의 유배지', 국화도

국화도는 충남 당진 앞바다에 있으면서도 행정 구역상으로는 경기도 화성시에 속하는 섬이다. 조선 말 경기감사와 충청감사가 경계지역을 설정할 때 어업권을 확보하기 위해 국화도를 서로 자기의 관할구역으로 주장하자, 양 감사의 합의하에 표주박을 띄워 표주박이 닿는 곳을 관할구역으로 정하기로 하고 표주박을 띄운 결과, 우정면 매향리(梅香里)에 닿아 매향리의 부속도서가 되었으나 1949년 수원군이 화성군으로 개편되면서 국화리가 경기도 화성시에 속하게 되었다. 화성 매향리 포구에서는 1시간 남짓 걸리지만 당진 장고항에서 배로 불과 20분이면 닿는다.

이곳에는 교실이 2칸뿐인 국화분교가 있었으나 지금은 폐교되고 그 자리에 마을회관이 세워져 있다.

과거 섬은 대개가 유배지였다. 국화도 역시 조선시대에 유배지였다. 원래 국화도는 '꽃이 늦게 핀다' 하여 만화도(晩花島)로 불리다가 일제 강점기 때 국화도(菊花島)로 명칭이 바뀌었다. 사실 예전에는 이곳에 국화가 지천으로 깔렸다 한다. 하지만 지금은 연로한 몇몇 주인에 의해 화단으로 옮겨 심은 국화만 남아 있다. 옛날엔 정치적 유배지였지만 지금 이곳은 도시생활에 찌든 이들을 위한 '문명의 유배지'가 되고 있다.

장고항이나 왜목마을에서 바라보면 국화도와 형제처럼 나란히 토끼섬이 떠 있다. 500미터쯤 되는 국화도와 토끼섬 사이에는 썰물 때에 갯바위와 모래밭이 드러

국화도 전경 | 정치적 유배지에서 문명의 유배지로 변모한 국화도.　　**국화도의 잔국(殘菊)** | 국화꽃은 시들어도 꽃이 떨어지지 않는다.

나 걸어서 건너갈 수가 있다. 이 바닷길 주변에는 고동을 비롯한 각종 조개가 지천으로 깔려 있어 누구든지 호미와 망태기를 하나 들고 나서면 1시간 만에 가득 채워 올 수 있다.

국화도 선착장 마을에서 야트막한 언덕을 넘어서면 전혀 다른 풍경이 나타난다. 바위투성이인 동쪽 해안과는 달리, 조개껍질과 모래가 적당히 어우러진 천혜의 해수욕장이 활처럼 동그랗게 펼쳐져 길게 이어진다. 해수욕장은 경사가 심하지 않아서 안전하게 물놀이를 즐길 수 있으며, 모래와 자잘한 자갈이 섞여 있는 것이 특징이다.

또한 서해답지 않게 물이 매우 맑다. 한 가지 아쉬운 점은 해변에 그늘 없어서 파라솔이나 그늘막 등을 가져가야만 한다. 이 해수욕장의 서쪽에는 매박섬이 있다. 이곳도 토끼섬과 마찬가지로, 썰물 때에는 바닷길을 통해 걸어갈 수 있다.

국화도 해수욕장의 동쪽 끝은 바위지대이고, 부근의 산자락엔 소나무가 자라고 있어서 운치를 더한다. 이처럼 해수욕은 기본이고, 어선도 타 보고 개펄체험도 즐길 수 있는 곳이 바로 국화도다.

현재 22가구에 60여 명의 주민이 살고 있다.

중국

도심 속 생활과 황금빛 가을

중국에서도 우리나라와 마찬가지로 가을이 되면 대규모 국화 축제가 열린다. 2004년에도 역시 10월 23일 오전, 1000마리의 비둘기와 3000개의 오색찬란한 풍선이 동시에 하늘로 떠올랐다. 바로 '金秋菊韻, 都市生活(황금빛 가을, 도심 속 생활)'이란 주제로 제8회 중국 국화전시회가 상하이 푸동지구 세계공원에서 그 성대한 막을 여는 장면이었다.

2004년 전람회는 품종, 과학기술 함양, 전시 규모 및 참가 도시 수 등 여러 면에서 역대 최고의 규모다. 전시회의 전시 면적은 9만 평방미터이며, 전시실 외 관람 장소는 37개에 달한다. 전시실 장식을 위해 쓰인 식물들만 해도 화분 300만여 개에 달하고, 전시하는 품종은 1000여 개다. 그중에는 전에 없던 100여 개의 새로운 품종들이 포함되어 있다. 모두 71개 도시가 참가했으며, 126개의 전시대가 마련되었다.

전체면적이 140.3헥타르인 세계공원 내부에, 국화는 풍부한 색깔, 다양한 꽃잎 모양을 뽐낼 뿐만 아니라 녹목단(綠牡丹, 초록 모란), 먹국(墨菊, 어두운 자줏빛의 국화), 십장주렴(十丈珠帘), 녹의홍상(綠衣紅裳) 등 사람들의 눈을 행복하게 하는 우수 품종들이 함께했다. 이뿐만 아니라 후베이 성의 주요 진(鎭, 중국 행정 구역의 하나)인 푸티엔허(福田河) 진의 당위원회와 정부기관에서는 푸티엔(福田) 개발구와 쥐샹다두(菊鄕大道) 개통 축하의식의 일환으로 2004년 제1회 국화축제를 열었다.

이번 국화축제 중에서는 푸티엔허 유사 이래 첫 번째로 거행되는 대형 잔치가 되었다. 성 내외의 각계각층 지도자와 주요 인사들 800여 명을 비롯해 참가 인원이 무려 1만여 명에 이르렀다. 전체 축제 기간에 국화의 전시평가, 관련상품 추천판매, 상인 모집, 국화 관련 시 읊기 대회 등 각종 행사를 펼치기도 했다. 이에 따라 경축 행사는 물론 교류, 상담 등의 모든 사업을 한데 합친 대형 축제로 발전되었다.

봄의 축제 영춘화회

중국 허난(河南) 성 카이펑(開封) 시는 중국의 7대 고도(古都) 중의 하나로 시내 곳곳에는 옛 송나라 시대 유적으로 가득 차 있다. 소비를 중심으로 한 오래된 도시였으나 요즘 들어 서서히 상공업이 발달하고 있고, 가을에 벌어지는 카이펑 국화축제가 유명하다. 또한 광저우(廣州) 시 북쪽에 위치한 월수공원에서도 매년 봄과 가을 두 계절에 걸쳐 성대한 봄맞이 축제[迎春花會]와 가을맞이 국화축제[菊展]가 열리고 있다.

일본

신쥬쿠교엔 축제(新宿御苑)

신주쿠(新宿) 남쪽에 자리 잡고 있는 넓은 공원이다. 본래 황실 정원이었는데, 일반에 공개된 것은 1949년부터다. 면적이 약 58만 3000평방미터이며 65종류의 벚꽃이 있어 봄에는 벚꽃축제가 장관을 이룬다. 이 공원에는 일본식 정원과 서양식 정원, 어린이 유원지가 있다. 서양식 정원은 프랑스식으로 꾸몄으며 플라타너스 가로수와 훌륭한 온실 등이 있는 도시 속의 오아시스다. 교엔의 담을 따라 조금만 걸으면 신주쿠몬이 나온다. 이곳 정원 잔디밭에서 도시락을 먹으며 휴식을 취할 수 있다. 봄 벚꽃, 가을 국화로 유명한 장소이며, 11월 국화전시회가 열릴 때는 장관을 이룬다.

니이쓰 국화 축제와 야히코 국화축제

니이쓰(新津) 국화축제는 출품 수가 약 2000점 정도되는 국화 대전람회〔新津菊祭り大展覽會〕로 11월에 열린다. 야히코 국화축제(彌彦の菊祭り)는 여느 국화축제와는 다르게 차분하고 기술이 집약된 축제로 국화가 무려 6000여 점이 출품되는 일본 최대의 국화축제다. 매년 1월 1일부터 11월 24일까지 야히코 신사(彌彦神社)에서 열린다.

난요기쿠 축제(南陽菊まつり)

난요기쿠 축제는 10월 중순에서 11월 중순까지 열리는 축제로 난요 시 소쇼(双松)공원에서 열리는 야마가타(山形) 현의 축제로 80여 년의 전통을 자랑하는 도호쿠(東北) 지방에서 가장 오래된 국화축제다. 지역의 장인이 만드는 화려한 국화 인형과 국화꽃들이 전시되는 야마가타의 전통문화다.

이 시기에는 후쿠시마(福島)와 미야기(宮城)에서도 동시에 국화축제가 열린다. 이 외에도 도야마(富山) 후쿠노 국화축제(福野菊祭り)가 있는가 하면 11초에 열리는 삿포로 국화축제(札幌菊祭り) 등도 볼 만하다.

국화인형전(菊人刑展)

후쿠이(福井) 현에는 다케후(武生) 시가 주최하는 다케후 국화 인형 전시회(武生菊人刑展))가 매년 10월 3일~11월 10일 중앙공원(中央公園)에서 열린다. 전시회장에는 각종 국화꽃이 제 모습을 자랑하고 있으며 장내는 온통 국화꽃으로 아름답게 단장된다. 역사를 주제로 한 국화와 국화 인형으로 시대극 무대를 연출시켜 놓은 국화 인형극 극장과 국화 전시장, 특산물관, 유원지, 레뷰(쇼) 등이 있다. 다케후 국화 인형은 호쿠리쿠 지방의 가을을 장식하는 일대 이벤트 중 하나다. 전시 기간 중에는 약 20만 명 이상이 방문한다.

이 국화인형전은 도심에서도 열리는데 오사카(大阪) 국화인형전이 그것이다. 국화꽃과 국화잎으로 만들어 일본의 역사적인 인물이나 전설적인 인물을 표현한다. 절묘한 솜씨로 국화꽃의 기모노를 만들고 전시한다. 히라카타 파크(ひらかたパーク)는 국화 인형 전람회로서는 세계적인 명소가 되었다.

| 편집부 |

기쿠아와세(菊合, 일본 최초의 국화 전시회)

국화전시회를 일본에서는 키쿠아와세(菊合)라고 한다. 국화를 전시하는 매력은 국화와 함께 들어온 국자동(菊慈童) 전설의 요쿄쿠(謠曲, 노의 가사를 노래하는 것)에 힘입은 바가 크다고 한다. 주나라 목왕(穆王)이 자동을 추방할 때 써 준 관음경 마지막 두 구절(偈頌, 19자, 일체의 공덕을 갖추시고 자안으로 중생을 살피시며, 복이 모여드는 바다는 끝이 없으니 ― 관음을 ― 예배하라(具一切德 慈眼視衆生, 福聚海無量 是故應頂礼.)이 국화의 상징가치를 높여 놓았다. 일본 자료에 의하면 890년 전후, 칸표노온토키(寛平御時)에 연 국화전이 최초의 기록이다. 강장제이기도 한 국화의 품종개량이 시작된 것은 켄로크(元祿, 1688~1704) 시대. 일본에도 네덜란드의 튤립처럼 국화가 광기의 열풍을 몰고 온 적이 있었다.

17세기 유럽선매시장에서 바이서로이 품종의 튤립 한 송이 값이 암소 4마리, 돼지 8마리, 양 12마리, 버터 4톤, 치즈 1000파운드, 침대 1개를 합친 값보다 더 비쌀 때가 있었다. 일본 기록은 여린 국화 한 포기 값이 10만 엔을 호가한 적이 있다.

여섯 | 한·중·일 | 상품으로 본 국화

혼자서도 외롭지 않은 가을의 은빛

장생불사약 국화차

중국에선 장수(長壽)를 상징하는 꽃이 국화다. 예부터 9월 9일 중양절에는 지난해에 담가 놓은 국화주를 마시며 장수를 기원했다. 특히 도교에서는 '국화는 신선들이 즐겨 먹었던 선식'이라 하여 국화를 장생불사식품으로 여겼다. 그 전통이 남아 지금도 산사에서 수도하는 스님들이 머리를 맑게 하기 위해 국화차를 즐겨 마신다. 뿐만 아니라 말린 국화 줄기를 끓여 목욕물로 쓰면 신경통, 피부병에 좋고 머리를 감을 때 맑은 국화수를 쓰면 탈모증과 만성 두통이 치료된다고 하여 상품으로 개발되어 있다.

2005년 11월에 출시된 동원F&B의 '시월愛국화차'는 대중화된 국화차로서, 20~30대의 남녀 및 수험생을 위한 고급 화차(花茶)다. 중국 안휘성 황산국화를 사용해 맛이 깔끔하고 국화향이 진하게 나는 제품으로, 오래 보관해도 음료 맛이 변하지 않고 페트병처럼 가벼운 알루미늄 캔에 담겨 있다. 또한 그 향이 마음을 차분하게 안정시켜 주고 머리를 맑게 해 줘 수험생이나 학생에게 도움이 되는 차로서 향후 고급 차 시장의 대표음료로 성장 가능성을 보여 주고 있다.

국화주와 국화차 음료

국화차

겨울철 별미 국화빵

숙면, 긴장 해소를 위한 국화 베개

전북 정읍의 들꽃잠 농장에서는 '들꽃잠'이라는 구절초 베개를 전문적으로 만들어 판매하고 있다. 구절초 꽃잎을 넣어 만든 베개가 숙면에 효과가 있다는 소문이 퍼지자 지금은 손이 딸릴 정도로 주문량이 많다고 한다. 현재는 전문 공방까지 차려 직접 천연 염색으로 베개와 방석은 물론 여인네들의 향주머니 등 다양한 상품을 개발하고 있다.

어지럼증이 없어지고 눈이 밝아진다고 해 국화를 베갯속에 넣어 자는 것은 우리나라에서는 오랜 전통이 되었다. 1123년(인종 1)에 송나라 사신으로 고려에 왔던 서긍(徐兢)이 지은 견문록에서 그는 고려의 향침(菊枕) 제작 방법을 자세하게 소개하면서 신기하게 생각했다. 이로 미루어 보면 중국보다 국침은 일찍부터 우리나라에서 만들어 사용했던 것으로 볼 수 있다.

국침은 예나 지금이나 인기 있는 상품으로서 고가로 거래되고 있다.

국화주

함양이 고향인 김광수(지리산국화주 대표) 씨가 《동의보감》을 토대로 단절되었던 국화주를 복원하기 위해 끈질긴 노력과 수년간 수행착오를 거쳐 그 맛과 향을 재현해 냈다. 그의 노력으로 복원된 국화주는 1987년 국세청으로부터 전통민속주로 지정되어 술을 사랑하는 많은 이들이 즐길 수 있게 되었다.

대중화된 국화주로는 (주)진로에서 출시된 '천국'이 있다. 천국은 달라진 문화 수준, 변해 가는 음주 패턴에 따라 보다 부드럽고 보다 깔끔한 맛으로 대중의 환영을 받고 있다. 천국은 국화 중에서도 특별히 약재로 쓰이는 감국을 우려낸 물에 14

국화 무늬 머그잔

국화향 비누

국화 베개

가지 약초를 다려 빚은 약초술로, 《동의보감》〈수품론(水品論)〉에 전하는 33가지 좋은 물 중에서 불로장생수로 대표되는 '국화水'를 현대적으로 재현한 제품이다.

특히 《동의보감》 오자연종환의 원료 약재인 산딸기, 오디, 산사자, 새삼씨 등의 열매약재를 기본으로 기(氣)를 보하는 더덕, 칡, 생강 등의 약재 맛과 유효 성분을 풍부히 유지하기 위해 상생(相生)과 조화의 원칙으로 약재를 구성했다.

또한 누룩을 사용한 발효주와는 달리 약초의 엑기스를 다려 만들어 맛이 깔끔하고 상쾌하며 기존 약주들이 가지고 있는 오래되고 나이든 이미지와는 달리 약주에 익숙하지 않은 20대와 30대에게도 잘 어울리는 맛과 상표명, 디자인, 병 모양 등으로 구성, 기존 약주와는 다른 신선한 느낌을 준다. │ 편집부 │

여섯 | 한·중·일 | 국화의 고장

새로운 전통을 만드는 국화의 고향

한국

마산

마산에서 국화를 재배하기 시작한 것은 1960년으로 회원동에서 배문수 씨가 시험 재배하기 시작했다. 1961년 국내에서 처음으로 국화 영리 재배를 시작했고 1971년 일본으로 2000만 원 상당의 국화를 처녀수출하게 되었으나 일본 검역국으로부터 진딧물처리를 하면서 국화의 상품가치를 떨어뜨려 실패를 했다. 하지만 현재는 상당수의 국화를 수출하고 있다.

마산은 국화 재배에 꼭 맞는 토질과 연간 안개일수가 적은 온화한 기후조건으로 화색이 선명하고 신선도가 뛰어나 서울 양재동 국화 공판장을 비롯한 전국의 꽃 시장에서 다른 지역 국화보다 한 단에 1000원 이상의 값을 받는다. 또한 절화국 삽수냉장과 관비재배 기술개발 등으로 최고의 품질을 자랑한다. 이에 힘입어 국화재배농가는 해마다 증가해 2004년에는 전국 국화 재배면적의 13퍼센트를 차지하고, 73만 9000본의 수출을 기록하는 등 우리나라 국화산업의 중추적 역할을 담당해 오고 있다.

이러한 국화를 농가에 더욱 장려하고 국제적인 홍보와 시장판로를 열기 위해 만들어진 국화박람회는 2005년 마산 가고파 국화축제로 명칭을 변경해 돝섬 일대를 해마다 각양각색의 국화로 단장하고 있다.

마산 가고파 국화축제는 마산국화라는 이미지를 부각시켜 주고 있으며 국화만을 전시하는 행사가 아닌 지역 시민과 많은 이들의 볼거리 및 외국바이어들을 초청해 수출계약을 맺고 있는 등 많은 것들을 제공하고 있다. 수출계약은 최초 1회에 109만 불이 체결됐으며, 앞으로 많은 나라로의 수출증가를 위해 9억여 원을 들여 2만 9700평방미터에 국화 수출전문 단지를 조성, 양액 재배와 지중 난방, 자동 개폐 같은 자동화시설을 갖추고 대량 생산이 가능하도록 했다.

국화로 만든 강아지 │ 다양한 기술로 개성 넘치는 소비자들의 욕구를 만족시켜 주는 새로운 상품이 속속 등장하고 있다.

축제는 국화전시, 일반화훼 및 분화전시, 국화 일상생활전시, 국화유래 환경농업전시, 농경문화전시, 관상조류가축전시, 판매행사(국화 및 농산물 등), 문화행사(중학생 백일장, 초등학생 그림 그리기 등), 소망등달기 등 다채로운 참여·체험 행사를 열고 있다.

그리고 마산국화의 홍보사절을 뽑는 국화여왕선발대회와 국화약효학술세미나 등의 프로그램으로 향기로운 가을을 즐기려는 관람객들을 유혹하고 있다.

중국

항백국의 고향, 퉁샹(桐鄕)

퉁샹(桐鄕) 시는 저베이(浙北) 항자후(杭嘉湖) 평원 내륙지역과 쥐후호(居扈, 황포강), 항저우(杭州), 쑤진(蘇金) 삼각의 중심에 있는데 후항(扈杭) 고속도로, 320번국도, 징항(京杭) 대운하 전 지역을 가로로 꿰뚫어, 지리상으로 무척 유리하며 교통이 잘 발달되어 있다. 지역 내 지세가 평탄하고 기후가 뚜렷하고 자원이 풍부하며 환경이 무척 아름다워서 본래 "살기 좋은 땅, 실크마을, 꽃들이 만발하는 곳, 문화의 고향"이라고 일컬어지고 있으며, 중국 현대문화의 선구자인 마오둔(茅盾, 1896~1981)의 고향이기도 하다.

1985년에는 국무원이 전국 첫 번째로 대외에 현(시)을 개방하고, 1993년 현(縣) 철폐, 시(市)로 승격시킬 것을 허락했다. 지금은 저장 성 10개 경제발달 현(시)과 제1의 살기 좋은 현(시) 중의 하나이며 계속해서 3번째로 국내생산총액이 96.81억 위안에 들어섰으며, 공농생산총액이 251.08억 위안, 재정수입은 5.66억 위안, 도시 거주민이 평균적으로 벌어들이는 수입은 8371위안이며, 농민의 평균 순수입은 4013위안이다.

예부터 지금까지 아름답고 풍요로운 퉁샹은 아직도 사람을 감동시키는 국화선녀의 이야기가 전해 내려오며 칭송되고 있으며, 성실근면한 퉁샹 사람들은 300여 년의 뽕나무 재배와 국화심기의 전통을 간직하고 있다. 1999년 항백국(杭白菊) 재배면적은 4.5만 무(畝), 총생산 6000여 톤으로 전국에서 1위를 차지하고 있다.

풍부한 역사문화 온축(蘊蓄)에는 국화문화사료와 전창시문(傳唱詩文)이 풍부하며, 국화의 고장 특유의 국화심기[種菊], 국화감상[賞菊], 국화품종[品菊]의 국화 문화가 조성되어 있다. 1995년 5월에는 퉁샹 시 국가농업부에서 "중국 항백국의 고향"이라는 칭호를 내려 주었다. '가을꽃의 제1시(市), 국화풍경의 제일천하' 매년 가을에 열리는 국화절이 되면 이 도시는 국화를 벗으로 삼을 수 있으며, 국화로 여행을 즐기며, 국화로써 활기 찬 도시의 최대 영향력 있는 축제가 되고, 국화는 또한 퉁샹의 꽃이 된다.

개혁개방 이후, 퉁샹은 경제가 신속하게 발전된 것으로 유명하며, 유명인사가 모인 문화의 고장으로서 국내외에 명성을 떨치고 있다. 이곳은 전국 최대의 양모 셔츠 집산지로—푸위안(濮院) 양모 셔츠 시장이 있다. 마오둔이 전에 살던 집, 중국 근대의 산문가·만화가·번역가인 펑쯔카이(豊子愷, 1898~1975)의 연연당(緣緣堂), 서화조각가 첸쥔타오(錢君匋, 1906~1998)의 쥔타오 예술원, 기자이자 사진작가인 후보(侯波, 1924~현재)와 영화 촬영 기사 쉬샤오빙(徐肖冰, 1916~현재)의 후보쉬샤오빙(侯波·徐肖冰) 촬영예술관, 즉 '4황금봉황' 등 명소가 있어 많은 국내외 인사들이 찾아든다. 풍요한 산물, 농후한 물가 마을의 정취와 문화 가득한 퉁샹은 항자후 평원의 귀중한 보배다.

시대가 바뀌어 65만 퉁샹의 아이들은 시위원회·시정부의 지도하에 '우위의 창조, 신세기의 진입, 현대화 추진, 신 퉁샹 건설'의 총목표의 중심에 놓여, 723평방미터의 옥토 위에서 모두 힘을 합쳐 퉁샹을 '경제가 강한 도시, 문화로 유명한 도시, 문명의 신도시'로 건설해 나가고 있다.

| 편집부 |

일본

일본 5대 中菊

　　일본을 상징하는 꽃, 국화 가운데서 5대 중국(中菊)으로 꼽는 것은 에도기쿠(江戶菊), 사가기쿠(嵯峨菊), 이세기쿠(伊勢菊), 히고기쿠(肥後菊), 죠지기쿠(丁字菊)다. 죠지기쿠를 빼면 모두 출산지 지명을 그대로 간직한, 너무 크지 않고 작지도 않은 국화들이다. 이들이 대국(大菊), 소국(小菊)보다 친근감을 주는 것은 낮은 곳에 마주 앉아 눈높이에서 봐야만 아름답고, 특이한 개성을 제대로 알 수 있기 때문이라고 한다. 3000종이 넘는 국화꽃이 모양과 색상 그리고 자태, 개화(開花) 주기 등 전방위 성형수술, DNA 조작에 노출된 상품시장에서 이들 국화는 해마다 열리는 전시회를 통해 일본의 고전적인 심미감각을 세계에 선보이고 전통의 멋을 확인하는 문화행사의 하나가 되고 있다.

사가기쿠

전설에 따르면 사가기쿠는 교토의 다이카쿠지(大覺寺) 경내에 있는 섬에 자생한 야생국을 사가 마을 사람들이 길러서 사가(嵯峨, 786~842) 천황에게 선보인 선물에서 비롯한 꽃 이름이다. 별명은 '불꽃 튀는 부싯돌'. 다이카쿠지는 한문에 능한 시인이며, 상왕인 형의 군대를 격파한 사가 천황의 궁이었다. 1.5~2.0밀리의 미세한 꽃잎들이 일시에 피어 단계적으로 빗자루를 세워 놓은 모양으로 완성되는 사가 국화는 명필로서 역사에 이름을 남긴 천황을 지킨 헤이안조(平安朝) 초기 농민이 발견한 국화다. '사가'라는 이름은 후세에 붙인 것이고, 국화보다 먼저 귀족사회에 정착한 매화를 예찬한 사가 천황의 한시가 남아 있다.

이세기쿠

이세(伊勢)는 나라(奈良)의 야마토(大和) 정부를 위협하는 적의 동쪽 침공 루트를 방어하는 최전방이었다. 일본 고대 국가는 그곳에 천황의 조상신을 모시기로 했다. 아마데라스오미카미(天照大神)의 이세신궁(伊勢神宮)을 세워 '가미카제에 의존'하는 방어망을 친 것이다. 「국화 향기가 퍼지면 나라에는 오래된 부처님들」이라고 바쇼(芭蕉)는 부처와 국화의 관계를 암시했지만 일본 조정은 호류지(法隆寺)의 백제관음을 비롯한 내외의 여러 신(보살, 혼령)을 나라를 지키는 데 동원하고 그 일원에 신들이 좋아하는 향기 나는 풀과 꽃을 심었다. 이세기쿠라는 이름으로 국화를 가꾸기 시작한 것은 에도 시대 중엽인 이세의 마츠사카(松坂) 지방이다. 쯔(津) 성주 (城主)의 보호 아래 국화 재배는 본격화되었다. 이세기쿠의 별명은 '이세의 광국(狂 菊)'. 아무렇지 않던 잎이 갑자기 뒤틀리고 터지고 줄어드는 곡예를 보여 주기 때문 이다.

히고기쿠

이 국화는 히고(구마모토(熊本) 현)의 7대 한슈(藩主) 호소가와(細川重賢)가 가 신들의 덕성을 높일 목적으로 국화 재배를 권장한 데서 나온 18세기 중엽의 특산물 이다. 꽃잎이 홑겹인 히고기쿠는 황색, 백색, 홍색의 순수한 색이 기본이다. 꽃잎 사이가 벌어져 보이고 중간색은 드물다. 피는 모양새에 따라 평화판(平弁)과 관화 판(管弁, 거미다리 모양의 꽃잎) 2종류밖에 없지만 240년 전통을 이어온 히고 국화 단(肥後菊花壇)의 상징적인 구성은 어느 꽃제단에도 뒤지지 않는다는 것이 구마모 토 사람들의 생각이다. 홍, 백, 황은 천지인(天地人)의 삼위일체를 뜻하고 오른쪽 상단과 왼쪽 상단에 평, 관 화판의 배열로 음양의 조화를 꾀하고 있다. 그리고 중세 사회의 윤리에서 현대적 재해석이 가능한 오상의 정신(五常精神), 인·의·예·지·신 을 그 고장(藩) 사람의 국화 꽃말로 표현한다. 한 마디로 "히고기쿠는 기쿠의 본성 인 은일의 극치를 구비하고, 그것을 가꾸고 길러낸 사람의 정신과 기술(技)과 자연 이 아우러진 혼연 일체의 예술"이라는 것이다.

에도기쿠

어린 메이지(明治) 천황을 옹립하고 에도(1603~1867) 막부를 몰아낸 '양이존황 (攘夷尊皇)'파의 새 일본정부는 우선 막부권력의 상징인 도쿠가와 가(德川家)의 저택을 접수했다. 교토에서 올라온 천황의 첫 숙소였다. 이 도쿄의 황궁(仮皇居)은 황태자궁(東宮御所), 아카사카이 궁(赤坂離宮)으로 이름을 바꾼다. 1929년 신쥬 쿠고엔(新宿御苑)으로 자리를 옮길 때까지 아카사카이 궁은 일본 최대의 가을 국화 전시장이 되었다. 대국(大菊)을 포함한 에도기쿠를 비롯해 전국의 우수한 국화꽃들 을 해마다 한 자리에 모아서 '해 돋는 나라' 일본 황실(chrysanthemum throne)의 쇠잔해진 힘을 황금빛으로 충전하는 중양절 행사의 복원이라고 한다. 에도 시대에 는 전국을 분할 지배하는 다이묘(大名)들이 도쿠가와 장군에게 국화를 곁들인 선 물을 바쳤었다. 유신정부가 들어서면서 국화는 신격을 강조하는 천황의 상징화 작 업에 이용된다. 에도 시대에 흔히 쓰인 용마루 기와 문양인 16판 국화문이 자취를 감추었다. 황실 이외의 사용을 엄격히 통제했기 때문이다. 생화도 마찬가지다.

도교 불교의 혼합체계인 신도(神道)의식은 길수(吉數) 8의 배수 16을 천황의 영원불멸을 기원하는 성수(聖數)로 삼게 되었고, 그 배수인 32를 천황의 조상신을 신궁에 불러 내리는 가시와테(拍手) 박자수와 일치시켰다. 구루이기쿠(狂菊), 가카에기쿠(抱えギク)가 대종인 에도기쿠는 파란만장한 120년 국화 전시의 뒷이야기를 재현하듯이 예측할 수 없는 '미친 몸짓'을 자세히 보여 주는 꽃으로 유명하다. 이세기쿠는 그 몸짓이 비슷하지만 꽃잎의 표정이 매일 바뀌는 에도기쿠의 심오한 포즈에는 미치지 못한다고 한다. 「타 오르는 불 속에 버려진 국화를 본 적이 있는가. 몸을 비틀고 괴로워하는 그 모습을 본 사람은 두 번 다시 불 속에 꽃을 던지려 하지 않는다.」 '여자'의 업(業)을 암시한 나카니시 레이(なかにし禮, 1938~현재)의 이 시는 다양한 일본인의 '후루이(震い, 戰慄, 떨림)' 현상을 국화꽃에 담고 있다.

| 박석기 |

· ⟨국화 소재의 한·중·일 명시·명문⟩에는 본문에서 부분적으로 인용한 국화 시(詩) 전문(全文)을 수록했다. 또한 본문에서는
언급하지 않았지만 한·중·일의 대표적인 명시와 명문을 선별해 수록했다. 한·중·일 3국에서 모두 계층과 성별을 막론하고
사랑받던 국화는 문학의 소재로 곳곳에서 개화되었다.(한국·중국: 김상환 정신문화연구원 연구위원, 일본: 김충영 고려대
일문과 교수 선정·번역)

· ⟨한·중·일에서 '국' 자가 들어가는 지명⟩을 한·중·일에서 찾아보았다. 한국의 경우는 읍·면·동·리(시·구·동) 구석 구석까
지 한국국립지리원 자료와 ⟪한국지명총람⟫을 통해 찾아보았다. 중국에는 '국' 자가 들어간 지명이 많으나 이를 정리해 놓은
데이터베이스를 찾을 수 없어 중국 외문출판사 편집위원인 안의운 선생의 도움을 받아 10개 지명만 정리했다. 일본의 '국'
자가 들어간 지명은 ⟪일본 지명사전⟫을 참고로 박석기 선생님과 편집진이 정리했다.

부록

국화 소재의 한·중·일 명시·명문

한국

〈국화를 마주하니 느낌이 있어서(對菊有感)〉| 김부식(金富軾)

늦가을에 온갖 풀 다 말랐는데/ 뜰 앞에 감국만이 서리를 능멸하고 피
었구나/ 풍상에 어쩔 수 없이 점차 시들어도/ 다정한 벌과 나비는 아
직 빙빙 감도네/ 두목은 아스라이 산기슭에 올랐고/ 도잠은 흰 옷 입
은 사람이 오기를 바랐네/ 옛 사람을 생각하며 괜히 세 번 탄식하니/
밝은 달이 문득 황금 술병을 비추네.

季秋之月百草死 庭前甘菊凌霜開 無奈風霜漸飄薄 多情蜂蝶猶徘
徊 杜牧登臨翠微上 陶潛悵望白衣來 我思古人空三嘆 明月忽照黃
金罍

〈국화를 마주보니 느낌이 있어서(對菊有感)〉| 이색(李穡)

인정이 어찌 무정한 식물 같으랴/ 요즈음 부딪히는 일들이 점점 불평
스럽네/ 우연히 동쪽 울타리 향하니 부끄러움이 얼굴에 가득함은/ 진
짜 노란 국화를 거짓 도연명이 마주보기 때문일세.

人情那似物無情 觸境年來漸不平 偶向東籬羞滿面 眞黃花對僞淵明

〈국화를 읊음(詠菊)〉| 어숙권(魚叔權)

국화야, 국화야/ 형은 솔이고 아우는 대나무라네/ 저녁 이슬 마시고/
아침 햇살 받아/ 빛깔은 눈부시고/ 향기는 아름답구나/ 서리 맞은 봉
오리는 저녁 금빛처럼 빛나고/ 비에 젖은 잎은 새벽 구슬 같네/ 세 지
름길을 열고 남산을 바라보며/ 한 못을 거슬러 감곡을 따라가네/ 달고
꽃다움은 절로 늙어가는 나이를 막을 만하고/ 은일함은 도리어 경박
한 풍속을 고칠 만하네/ 향혼이 죽지 않아 옛 정신 완연하고/ 색상은
여전히 남아 본래 면목 지녔네/ 검은 모자 떨어질 때 다시 한 가지 꽂
으니/ 흰옷 입고 오는 곳에 어찌 몇 말의 술인들 꺼릴까/ 국화가 이미
그 지조가 개결(介潔)하니 저절로 참되고/ 사람이 다투어 시로 읊었
으니 누가 가장 사랑했나.
菊 菊 兄松 弟竹 抱夕露 承朝旭 粲粲英英 芬芬郁郁 霜葩耀晚金
雨葉滋晨玉 開三徑望南山 溯一潭追甘谷 眈芳自可制頹齡 隱逸還
堪醫薄俗 香魂不滅 宛舊精神 色相猶存 本來面目 烏帽落時 更看
挿一枝 白衣來處 何嫌酌數斛 物旣合潔其操 自然而眞 人爭播咏
於詩 愛之誰酷

〈9일인데 국화꽃도 없이(九日無菊)〉| 이언적(李彦迪)

노란 동전 같은 국화 따서 술잔에 띄우려/ 산에 올라 괜히 피지도 않
은 가지를 꺾네/ 술병 기울이며 점차 근심 가운데 웃음을 짓고/ 모자
가득 꽂았지만 술 취한 뒤라 신기한 줄 모르겠네/ 차가운 꽃술 늦은
절개로 보답한다 해도/ 맑은 향기 좋은 계절을 저버림을 탄식하네./
사물의 이치가 모두 이 같음이 놀라우니/ 꽃다운 향기를 토함은 때에
맞음을 귀하게 여긴다네.
欲掇金錢泛酒厄 登高空折未開枝 傾壺漸發愁中笑 滿帽難成醉後
奇 冷蘂縱能酬晚節 淸芬堪嘆負佳期 仍驚物理渾如許 吐馥流芳貴
及時

〈혼자 능운대를 찾아(獨尋凌雲臺)〉 | 이황(李滉)

숲을 뚫고 골짜기로 들어가 능운대를 찾아가니/ 곳곳에 풍기는 향기 들국화일세/ 갑자기 단애를 보니 푸른 물이 다다랐으니/ 깊이 사랑하여 이제 집을 옮겨 볼까.

穿林入谷訪烟霞 處處吹香野菊花 忽見丹崖臨碧水 愛深從此欲移家

〈함흥 객관에서 국화를 보고(咸興客館對菊)〉 | 정철(鄭澈)

가을이 다 지난 변방에 기러기 소리 애달프니/ 고향 그리워 또다시 망향대에 오르네/ 은근한 10월의 함산의 국화가/ 중양절 때문이 아니라 나를 위해 피었구나.

秋盡關河候雁哀 思歸且上望鄉臺 慇懃十月咸山菊 不爲重陽爲客開

〈국화(菊)〉 | 김육(金堉)

집둘레와 섬돌 가에 온통 국화 심었더니/ 창문 열면 곳곳마다 국화꽃이 보이네/ 언덕 이룬 누런 금색은/ 돈만 아는 부귀한 집안 같아 보여 싫구려.

繞舍循階皆種菊 開窓隨處可看花 翻嫌堆岸黄金色 却似貪錢富貴家

〈국화를 심고 나서 이장에게 줌(種菊呈李丈)〉 | 장유(張維)

이웃에서 국화 얻어 동편 울에 옮겨 심는데/ 가랑비는 부슬부슬 초록색 가지 늘씬하네/ 무서리 속 국화 활짝 필 때를 기다렸다가/ 탁주 잔 기울이며 시나 한번 지어 보세.

南隣乞菊蒔東籬 煙雨冥冥長綠枝 待到霜天開爛熳 濁醪相對賦新詩

〈우연히 읊음(偶吟)〉 | 오숙(吳翿)

묵묵히 가부좌하고 앉으니/ 방 안에 한 점 티끌 없네/ 노란 국화를 어여뻐하는 뜻은/ 백의의 선비라도 기다리는 듯하네.

默默跏趺坐 堂無一點塵 正憐黃菊意 如待白衣人

〈역졸이 들국화를 꺾어 머리에 꽂은 것을 보고(郵卒採野菊插頭)〉 | 김창협(金昌協)

가련하다 들국화를 아무도 꺾지 않으니/ 붉은 꽃이 쓸쓸히 이슬 젖은
풀 가운데 있네/ 오늘 돌아오다 머리에 꽂으니/ 풍류가 도리어 말 앞
의 아이에게 있구나.

可憐野菊無人採 丹藥蕭蕭露草中 今日得歸頭上揷 風流却在馬
前僮

〈들국화(菊)〉 | 홍세태(洪世泰)

들국화는 본래 주인이 없으니/ 차가운 꽃은 누굴 위해 피었나/ 길가는
사람이 오다가다 꺾으니/ 말 위에 새로운 시 한 수가 있네.

野菊本無主 寒花開爲誰 行人來自折 馬上有新詩

〈이웃 아이가 들국화를 꺾어 왔기에 한 가지를 병에 꽂아 두고(鄰兒折野菊而至 取一
枝插甁中)〉 | 김창업(金昌業)

들국화가 어느 곳에 피었더냐/ 이웃 아이가 꺾어 와 좋아하네/ 숨어
사는 사람이 한 가지 빌린 것은/ 작은 병에 꽂아 두면 알맞기 때문일세.

野菊何處發 鄰兒折來嬉 幽人借一枝 正與小甁宜

〈국화를 심으며(栽菊)〉 | 이진망(李眞望)

맑은 아침에 삽을 들고 가벼운 노을 떨치니/ 비취 잎이 한들거리는 국
화를 심네/ 노란 색은 서리 내린 뒤에도 보리니/ 온 산 가득한 복숭아
와 오얏은 자랑하지 말게나.

淸朝一錘拂輕霞 翠葉離離種菊花 正色且看霜落後 滿山桃李莫相誇

〈국화를 꺾으며(折菊)〉 | 신광수(申光洙)

남산의 가을날 친구 집에서 자고/ 돌아올 때 꺾은 노란 국화/ 가마가 느릿느릿 단풍 숲으로 들어갈 무렵/ 웃음 지으며 여강의 백구한테 자랑하네.

南山秋宿故人家 折得歸時黃菊花 肩輿緩入楓林去 笑向驪江白鳥誇

〈늦가을에(晚秋)〉 | 이덕무(李德懋)

작은 서재에 가을은 너무도 맑은데/ 손으로 갈포 두건 바로잡고 물소리 듣네/ 책상에 시가 있고 울타리엔 국화 있으니/ 사람들은 그윽한 멋이 도연명 같다 하네.

小齋秋日不勝淸 手整葛巾聽水聲 案有詩篇籬有菊 人言幽趣似淵明

〈중양절의 노란 국화(重陽黃菊)〉 | 김정희(金正喜)

꽃망울 맺은 노란 국화 초지의 선승인 듯/ 비바람 속 울타리에 고요한 인연을 의탁했네/ 시인에게 공양하여 끝까지 기다려 주니/ 수많은 꽃 가운데 너를 먼저 꼽는구나.

黃菊蓓蕾初地禪 風雨籬邊託靜緣 供養詩人須末後 襍花百億任渠先

중국

〈이소(離騷)〉 | 굴원(屈原)

아침에 목란에 드리운 이슬로 목을 축이고   朝飲木蘭之墜露兮
저녁에는 떨어진 국화 꽃잎을 주워 배를 채우네.   夕餐秋菊之落英

〈술을 마시며(飲酒)〉 | 도연명(陶淵明)

변두리에 오두막 짓고 사니	結廬在人境
수레와 말의 시끄러운 소리가 하나도 없네	而無車馬喧
그대에게 묻노니 어찌 이럴 수 있는가	問君何能爾
마음이 멀어지니 사는 곳도 절로 구석지다네	心遠地自偏
동쪽 울타리 아래서 국화를 따다가	採菊東籬下
물끄러미 남산을 바라보네	悠然見南山
산기운은 해가 지려니 더욱 아름답고	山氣日夕佳
나르던 새들도 서로 둥지로 돌아오네	飛鳥相與還
이 사이에 참다운 뜻이 있으니	此間有眞意
분변하려 해도 할 말을 잊어 버렸네.	欲辨已忘言

〈국화담 주인을 찾아(尋菊花潭主)〉 | 맹호연(孟浩然)

걸어서 국화담에 이르니	行至菊花潭
마을 서편에 해가 벌써 기우네	村西日已斜
주인은 높은 곳에 올라가고	主人登高去
닭과 개만 텅 빈 집을 지키네.	鷄犬空在家

〈9월에 이별하며(九月送別)〉 | 왕지환(王之渙)

계정 땅은 쓸쓸한데 친구도 드무니	薊庭蕭瑟故人稀
어느 높은 산에 올라 이별하리오	何處登高且送別
오늘 잠시라도 같이 향기로운 국화주를 마시세	今日暫同芳菊酒
내일 아침엔 끊어진 쑥처럼 떠도는 신세되리니.	明朝應作斷蓬飛

〈9일 용산에서 부른 노래(九日龍山歌)〉 | 이백(李白)

구일 날 용산에서 마시니	九日龍山飮
누른 국화가 쫓겨난 신하를 비웃네	黃花笑逐臣
취하여 바람에 떨어진 모자를 바라보다	醉看風落帽

춤추며 달이 사람을 머물게 하는 것을 사랑하네.　　舞愛月留人

〈뜰 앞의 감국을 탄식함(歎庭前甘菊花)〉| 두보(杜甫)

처마 앞 감국을 옮긴 때가 늦어서	簷前甘菊移時晚
푸른 꽃술은 중양절에도 따지 못하네	靑蘂重陽不堪摘
내일 아침 쓸쓸히 취한 술에서 깨어나면	明日蕭條盡醉醒
남은 꽃이 가득 핀들 무슨 소용 있나	殘花爛漫開何益
울타리 밖 들판에 온갖 꽃 많으니	籬邊野外多衆芳
가는 꽃을 따서 마루 가운데 올라가네	釆擷細瑣升中堂
이 감국 괜히 자라 가지와 잎만 무성하여	念玆空長大枝葉
뿌리 내릴 곳도 없이 풍상에 얽혀 있네.	結根失所纏風霜

〈행군한 지 9일 만에 장안의 옛 동산을 그리며(行軍九日 思長安故園)〉| 잠삼(岑參)

억지로 높은 산에 올라가려 해도	强欲登高去
아무도 술 보낼 사람 없는 것을	無人送酒來
아득히 고향 국화를 어여삐 여기니	遙憐故園菊
응당 전장가에서도 꽃을 피웠으리.	應傍戰場開

〈몽득과 술 사 마시며 후일을 기약함(與夢得沽酒閑飲 且約後期)〉| 백거이(白居易)

젊어서도 생계에 마음 두지 않았거늘	少時猶不憂生計
늙어서 누가 능히 술값을 아끼랴	老後誰能惜酒錢
함께 일만 전으로 술 한 말 사서	共把十千沽一斗
서로 바라보니 나이 일흔에 세 살 모자라네	相看七十缺三年
한가로이 경전과 역사책 뒤적이다	閑微雅令窮經史
취하여 듣는 맑은 노래 관현악보다 낫구려	醉聽淸吟勝管絃
국화 노래지고 국화주 익을 때를 기다려	更待菊黃家醞熟
그대와 한바탕 거나하게 취하여 보세.	共君一醉一陶然

〈국화〉 | 원진(元稹)

가을에 핀 떨기가 집을 둘러싸니 도연명의 집 같은데	秋叢繞舍似陶家
울타리 주위에 해가 점점 기우네	遍逸籬邊日漸斜
꽃 가운데 국화를 편애하는 것이 아니라	不是花中偏愛菊
이 꽃이 피고 나면 다른 꽃이 없기 때문이라네.	此花開盡更無花

〈국화꽃 꺾으며(折菊)〉 | 두목(杜牧)

울타리 동편에 국화 길 깊숙한데	籬東菊徑深
몇 송이 꺾어 외로이 시를 읊네	折得自孤吟
빗속에 옷은 반이나 젖었지만	雨中衣半濕
코를 가리고 읊는 마음 알겠네.	擁鼻自知心

〈초겨울에 즈음(初冬作)〉 | 소식(蘇軾)

연꽃이 벌써 다 말라 비 막을 덮개 없는데	荷盡已無擎雨蓋
국화는 시들어도 서리를 업신여기는 가지 남아 있네	菊殘猶有傲霜枝
한 해의 좋은 경치 그대는 모쪼록 기억하라	一年好景君須記
바로 유자가 누렇고 귤나무 푸를 때를.	正是橙黃橘綠時

〈황국(黃菊)〉 | 양만리(楊萬里)

앵무새 붉은 치마인 양 동전처럼 잘랐는데	鶯樣紅裳錢樣裁
찬 서리 서늘한 이슬이 가을 먼지에 흩뿌리네	冷霜涼露濺秋埃
붉고 자줏빛 다른 꽃보다 조금 늦게 피지만	比他紅紫開差晚
시절에 오면 마침내 핀다네.	時節來時畢竟開

일본

산봉우리 마주하여 국화주 기울이고/ 물가에 앉아서 오동나무 거문고를 뜯네/ 귀가할 것도 잊고서 명월 나오기를 기다리니/ 어찌 밤 깊어가는 것을 마음에 둘 수가 있으리요.
對峯傾菊酒 臨水拍桐琴 忘歸待明月 何憂夜漏深
- 교부오(境部王), 〈가을날 나가야오(長屋王)의 댁에서 신라 사신의 환송연을 벌이다(秋日於長王宅宴新羅客)〉,《가이후소(懷風藻)》51번

산가(山家)의 격자창은 유곡(幽谷)에 임하고/ 솔숲은 저녁 강물 흐름을 면하여 섰네/ 주연(酒宴)에 멀리서 온 사신을 맞이하여/ 이별의 연석에서 시문의 향연을 열었네/ 해거름의 서늘한 바람에 매미는 울기를 멈추고/ 명월 뜬 가을 하늘을 기러기 날아가네/ 국화 띄운 이 부국주(浮菊酒)를 기울여/ 먼 길 떠나가는 객의 여수를 달래 주고자 하네.
山牖臨幽谷 松林對晩流 宴庭招遠使 離席開文遊 蟬息涼風暮 雁飛明月秋 傾斯浮菊酒 願慰轉蓬憂
- 히로니와(安倍広庭), 〈가을날 나가야오(長屋王)의 댁에서 신라 사신의 환송연을 벌이다(秋日於長王宅宴新羅客)〉,《가이후소(懷風藻)》71번

심었을 적엔 꽃필 것 기다리다 지쳤던 국화/ 빛바래 지고 마는 가을을 만날 줄이야.
うへし時花まちどをにありしきく うつろふ秋にあはむとや見し
                    - 오에 치사토(大江千里),《고킨슈》271번

이리 심으면, 가을 안 올 적에는 피지 않는가/ 꽃이야 지겠지만, 뿌리까지 마를소냐.
植へしうへば秋なき時やさかざらむ 花こそちらめ根さへかれめや
                    - 아리와라 나리히라(在原業平),《고킨슈》268번

가을의 국화, 향내 날 동안만은 머리에 꽂자/ 꽃보다 단명할지 모를
이 내 몸일지라도.
秋の菊にほふかぎりはかざしてむ 花よりさきと知らぬわが身を
                    - 기노 쓰라유키(紀貫之),《고킨슈》276번

색 바랜 모습, 가을의 국화꽃은 한 해 동안에/ 두 번씩 아름답게 피는
꽃이라 하리.
色かはる秋のきくをば一年に ふたたびにほふ花とこそ見れ
                        - 작자 미상,《고킨슈》278번

「시든 모습」이라는 것, 절정기의 꽃보다도 더 아름다운 데가 있다.
…… 꽃이 시들어 가려는 모습이야말로 정취가 있다.
しほれたる」と申こと´花よりもなを上の事にも申つべし。 ……
花のしほれたらんこそ面白けれ
                    - 제아미(世阿彌),《후시카덴(風姿花伝)》

눈도 안 떼고 보면서 지내리라 하얀 백국(白菊)을/ 이 꽃보다 나중에
피는 꽃이 없기에.
目も離れず見つつ暮らさむ白菊の 花より後の花しなければ
                      -《고슈이슈(後拾遺集)》349번

이토록이나 깊은 붉은 빛 띠며 변색하여도/ 역시 그대는 국화라 말 좀
해 주시구려.
かくばかり深き色にもうつろふを 猶君きくの花と言はなん
                    - 기요카게(淸蔭),《고센슈(後撰集)》963번

국화와 관련된 한·중·일 지명

한국

강원도   국지동菊芝洞(영월군 남면 광천리)/국지동菊芝洞(영월군 남면 조전리)/국기(화천군 화천읍 동촌리)/국사랑菊沙郎(횡성군 청이면 속실리)

경기도   국리菊里(국말, 평택시 현덕면 방축리)/국원동菊園洞(파주시 탄현면 법흥리)/국동菊洞(안성시 죽면 능국리)/국리菊里(이천시 호원읍 진압리)/국리菊里(이천시 장호원읍 오남리)/국수菊水(중앙선 국수역)/국화도菊花島(화성시 우정면 국화리)

경상남도 국계菊溪(김해시 주촌면 원지리)/국계菊溪(함안군 법수면 강주리)/국계菊溪(함양군 유림면 국계리)/국곡菊谷(함안군 군북면 소포리)/국골(하동군 적량면 동리)/국동菊洞(산청군 시천면 원리)

경상북도 국곡菊谷(청송군 부남면 중기리)/국골菊谷(영덕군 창수면 삼계리)/국골(의성군 비안면 현산리)/국당菊堂(경주시 강동면 국당리)/국동菊洞(의성군 옥산면 입암리)/국리菊里(안동시 풍천면 금계리)/국전菊田(고령군 쌍림면 월막리)

대구광역시   국살(菊室)(동구 공산1동)

인천광역시   국촌菊村(강화군 내가면 황청리)/국화리菊花里(강화군 강화읍 국화리)

전라남도   국동菊洞(여수시 국동)/국동(함평군 나산면 원선리)/ 국성菊城(나주시 남평읍 서산리)/국화리(완도군 청산면 국산리)

전라북도   국동菊洞(순창군 쌍치면 학선리)/국정菊汀(국정동, 정읍시 이평면 두전리)/국촌菊村(완주군 소양면 해월리)/국평(임실군 오수면 대명리)

충청남도   국곡菊谷(공주시 반포면 국곡리)/국동菊洞(공주시 탄천면 국동리)/국동菊洞(논산시 가야곡면 함적리)/국촌菊村(당진군 고대면 진관리)/국촌리菊村里(연기군 서면 국촌리)/국화동菊花洞(예산군 대술면 장복리)

충청북도   국동菊洞(괴산군 청안면 읍내리)/국동菊洞(청원군 내수읍 국동리)/국하동菊花洞(국화동, 옥천군 청산면 인정리)

중국

北京市 东城区 菊儿胡同/ **云南省** 昆明市 盘龙区 菊花村/ **山东省** 威海市 环翠区 菊花顶/ **陕西省** 西安市 菊花园/ **江西省** 婺源县 菊径/ **浙江省** 庆元县 菊水/ **四川省** 菊母村/ **河南省** 菊潭公园/ **辽宁省** 兴城市 菊花岛乡/ 菊花岛

일본

岡山   菊山(きくやま)
京都   菊鉾町(きくほこちょう)/菊谷川(きくたにがわ)/京都 菊本町(きくもと

ちょう)/菊水鉾町(きくすいぼこちょう)/菊屋(きくや)/菊屋町(きくや
ちょう)/菊ケ丘(きくがおか)

群馬	菊地(きくじ)
宮城	菊面石(きくめんせき)
岐阜	菊松郷(きくまつのごう)/菊井町(きくいちょう)/菊地町(きくちちょう)
大分	菊本村(きくもとむら)/菊山村(きくやまむら)/菊屋町(きくやまち)

大阪　菊丘南町(きくがおかみなみちょう)/菊丘町(きくがおかちょう)/菊水通
(きくすいとおり)/菊水通(きくすいどおり)/菊屋町(きくやまち)

東京　菊柳橋(きくやなぎばし)/菊野台(きくのだい)/菊屋橋(きくやばし)/菊川
(きくかわ)/菊川橋(きくかわばし)/菊川町(きくかわちょう)/菊坂(きく
さか)/菊坂田町(きくさかたまち)/菊坂町(きくさかちょう)/菊坂台町
(きくさかだいまち)

兵庫　菊谷町(きくたにちょう)/菊水山(きくすいやま)/菊池町(きくいけちょう)

福岡　菊原町(きくはらまち)/菊池神社(きくちじんじゃ)/菊多郡(きくたぐん)/
菊多浦(きくたうら)/菊多關(きくたのせき)/菊田藩(きくたはん)/菊田
蔣(きくたのしょう)

北海道　菊岡(きくおか)/菊丘(きくおか)/菊面澤(きくめんさわ)/菊水(きくす
い)/菊水南町(きくすいみなみまち)/菊水東町(きくすいひがしまち)/菊
水北町(きくすいきたまち)/菊水上町(きくすいかみまち)/菊水西町(き
くすいにしまち)/菊水元町(きくすいもとまち)/菊野(きくの)/菊亭農場
(きくていのうじょう)

山口	菊川(きくかわ)/菊川(きくがわ)/菊ケ浜(きくがはま)
山梨	菊島(きくがしま)/菊花山(きくかざん)/菊地堂(きくちどう)
石川	菊水町(きくすいまち)/菊川(きくがわ)
神奈川	菊名(きくな)

愛媛　菊間(きくま)/菊間港(きくまこう)/菊間浜(きくまはま)/菊間川(きくま
がわ)/菊本町(きくもとちょう)/菊一村(きくいちむら)/菊川(きくがわ)/
菊ケ森(きくがもり)

愛知　菊里町(きくざとちょう)/菊元町(きくもとちょう)/菊園町(きくぞのちょ
う)/菊田(きくた)/菊井(きくい)/菊住(きくずみ)/菊坂町(きくざかちょ

う)/菊ノ尾通(きくのおとおり)

熊本	菊鹿(きくか)/菊鹿盆地(きくかぼんち)/菊水町(きくすいまち)/菊陽(きくよう)/菊池(きくち)/菊池郡(きくちぐん)/菊池城(きくちじょう)/菊池神社(きくちじんじゃ)/菊池阿蘇スカイライン(きくちあそすかいらいん)/菊池堰(きくちぜき)/菊池往還(きくちおうかん)/菊池川(きくちがわ)/菊池平野(きくちへいや)/菊池渓谷(きくちけいこく)/菊池温泉(きくちおんせん)
長野	菊屋小路(きくやこうじ)/菊澤村(きくざわむら)
靜岡	菊浜(きくはま)/菊川(きくがわ)/菊川町(きくがわちょう)/菊川平野(きくがわへいや)
鳥取	菊里村(きくさとむら)/菊里郷(きくさとのごう)
千葉	菊間(きくま)/菊間藩(きくまはん)/菊間天神山古墳(きくまてんじんやまこふん)/菊間縣(きくまけん)
青森	菊池館(きくちだて)/菊川(きくかわ)
栃木	菊水町(きくすいちょう)/菊川町(きくがわちょう)/菊澤村(きくさわむら)

찾아보기

참고문헌

국화의 어원과 관련어 풀이

能濟華,《中國文化報告書 菊花》, 上海科學技術出版社, 1998

張云亮(外),《菊花》, 北京科學技術出版社, 2003

何小顏,《花與中國文化》, 人民出版社, 1999

聞銘(外) 編,《中國花文化辭典》, 黃山書社, 2000

中村 浩,《植物名の四季》, 東京書籍株式會社, 1987

최영전,《한국민속식물》, 아카데미서적, 1992

이상희,《꽃으로 보는 한국문화》, 넥서스, 1998

安田 勳,《花の履厘號》, 東泊大學出版會, 1982

陸俊偸(外) 編,《中國花莖》, 上海文化出版社, 1993

顧雪梁 主編,《中外花語花趣》, 浙江人民出版社, 2000

孫書安(編著),《中國慓博物別名大辭典》, 北京出版社, 2000

麓 次郎,《四季の花事典》, 八坡號房, 1985

岡の谷幹雄, キワ 試文堂新光社, 2004

朴炳善,《국화 재배와 관상》, 五星出版社, 2003

卡岐 編,《傲霜鬪雪》, 江蘇古榜出版社.

유불선의 경계가 따로 없는 국화

《악학습령》 94

유교의 덕목과 도교와의 만남

〈도잠전(陶潛傳)〉,《송서(宋書)》

범성대(范成大),《범촌국보(范村菊譜)》

육유(陸游),《검남시고(劍南詩稿)》

응소(應邵),《풍속통의(風俗通義)》

《澄懷錄》

《西京雜記》

화태에서 찾은 수명장수로서의 국화

齊藤正二,《植物と日本文化》, 八坂書房, 1979.10

渡辺秀夫,《詩歌の森》, 大修館書店, 1995.5

遠藤壽一,〈菊と老い·病·死〉,《言語と文芸》, 櫻楓社, 1998.11 수록

미치자네와 미시마 유키오

末木文美士,《日本佛教史》, 新潮文庫

丸山眞男,《현대정치의 사상과 행동》
網野善彦,《동서가 다른 일본의 역사》
三島由紀夫,《천황 황실사전》

뭇 꽃들 지고 마지막 피우는 꽃
《樂學拾零》583
《樂學拾零》448
〈전원사시가〉10-6,《仙石遺稿》
《東國歌辭)》86
《海東歌謠》一石本 533
《金玉叢部》32
《樂學拾零》1093
《樂學拾零》94

정인군자 인인지사의 국화
전종서 저, 이홍진 역,《宋詩選註》, 형설출판사, 1989
심경호 역,《당시읽기》, 창작과 비평사, 1998
심경호 역,《당시개설》, 이회출판사, 1998
유종목,《宋詩選》, 서울대학교출판부. 2001
《漢詩大系》24卷, 日本: 集英社, 1964
入谷仙介,《宋詩選》(上下), 日本: 朝日新聞社, 1979
여악집선,《宋詩紀事》(上下), 中國: 上解古籍出版社, 1983

국화에 의탁한 장수에의 꿈
本間洋一,〈菅原道眞の菊の詩について〉,《東洋文化》第55號, 1985.10
齊藤正二,《植物と日本文化》, 八坂書房, 1979.10

국화선녀와 아우소년의 백국전설
《中國兒童文學全集》

중양절에 의탁한 자기 완성의 미담
《우게츠 모노가타리(雨月物語)》

계절화와 장식화로서의 국화도
《請來美術(書·繪畫)》
《日本美術史年表》
《日本繪畫史圖典》

길상 문양에 치우친 국화문
마이클 설리번, 김기주 역,《중국의 산수화》, 문예출판사, 1992
홍선표,《조선시대회화사론》, 문예출판사, 1999
弓場紀知,〈元時代の陶磁器〉,《世界美術大全集》東洋編 7 元, 東京: 小學館, 1999

이성미,〈四君子의 象徵性과 그 歷史的 展開〉,《한국의 미》, 18 花鳥四君子, 중앙일보사, 1985
《世界陶磁全集》6 江戶 (一), 小學館, 1981
《世界陶磁全集》7 江戶 (二), 小學館, 1981
《世界陶磁全集》8 江戶 (三), 小學館, 1981
《世界陶磁全集》9 江戶 (四), 小學館, 1981
《世界陶磁全集》13 遼-金-元, 小學館, 1983
《世界陶磁全集》14 明, 小學館, 1983
《世界陶磁全集》15 淸, 小學館, 1983

장식 문양으로 나타나는 국화

동경대교양학부 일본사연구실 편, 김현구·이언숙 역,《일본사개설》, 지영사, 1994
失部良明,《日本陶磁の一万二千年》, 平凡社, 1994
佐佐木丞平, 이원혜 역,〈일본의 문인화〉,《미술사논단》4, 한국미술연구소, 1996
이성미,〈四君子의 象徵性과 그 歷史的 展開〉,《한국의 미》18 花鳥四君子, 중앙일보사, 1985
《陶磁大系》古瀨戶 6, 平凡社, 1972
《陶磁大系》伊万里 19, 平凡社, 1973
《陶磁大系》柿右衛門 20, 平凡社, 1979
《陶磁大系》鍋島 21, 平凡社, 1972

장수를 꿈꾸는 여인의 꽃 국화

한국문화상징사전편찬위원회,《韓國文化 상징사전》1, 동아출판사, 1992
담인복식미술관,《澹人服飾美術館 개관기념도록》, 이화여자대학교출판부, 1999
이학,《韓繡文化》, 한국자수문화협의회, 1986
이경자·홍나영·장숙환,《우리 옷과 장신구》, 열화당, 2003

문방공예에 꽃피운 은일선비의 풍격

국립민속박물관,《조선양반생활의 멋과 美》, 2003
국립중앙박물관,《朝鮮時代 文房諸具》(도록), 1992
김희수·김삼기,《木家具》, 국립민속박물관, 2003
〈국화〉,《韓國文化상징사전》, 동아출판사, 1992
순천대학교박물관,《風流와 雅趣》, 2004
영남대학교박물관,《면과 선의 세계》, 2001
오세창 편,《근묵(槿墨)》, 성균관대학교박물관, 1992
유홍준,〈시전지(詩箋紙)와 시전지 목판화 연구초(抄)〉,《면과 선의 세계》, 영남대학교박물관
이화여자대학교박물관,《文房具100選》, 1988
이화여자대학교박물관,《螺鈿漆器·華角工藝》, 1989
임영주,〈우리나라 전통 장신구의 무늬와 상징〉,《天工의 솜씨를 찾아서, 2001 장신공예의 멋
        과 향기展》, 한국문화재보호재단, 2001
혜균,《전통미술의 소재와 상징》, 敎保文庫, 1991
호암미술관,《선인들의 오랜 벗, 사군자》, 2001
한국정신문화연구원,〈국화〉,《한국민족문화대백과사전》

향과 약효로 어우러진 신의초
李時珍, 〈菊〉, 《本草綱目》
吳任臣, 《山海經廣注》
張華, 《博物志》
范成大, 《范村菊譜》

꽃 중의 꽃
이기문 편저, 《개정판 속담사전》, 일조각, 2001
서정서 책임편저, 《세계속담대사전》, 한양대학교출판부, 1998

부록|한국의 명시·명문
《동문선(東文選)》 제12권
《목은고(牧隱藁)》 19권
《패관잡기(稗官雜記)》 1권
《회재집(晦齋集)》 1권
《퇴계선생문집(退溪先生文集)》 4권
《송강집(松江集)》 원집 1권
《잠곡유고(潛谷遺稿)》 제2권
《계곡선생집(谿谷先生集)》 제33권
《천파집(天坡集)》 1권
《농암집(農巖集)》 2권
《유하집(柳下集)》 11권
《노가재집(老稼齋集)》 3권
《도운유집(陶雲遺集)》 1책
〈영처시고(嬰處雜稿)〉 2, 《청장관전서(靑莊館全書)》 제2권
《완당집(阮堂集)》 10권

일본의 명시·명문
境部王, 〈가을날 나가야오(長屋王)의 댁에서 신라 사신의 환송연을 벌이다(秋日於長王宅宴新羅客)〉, 《가이후소(懷風藻)》 51번
安倍広庭, 〈가을날 나가야오(長屋王)의 댁에서 신라 사신의 환송연을 벌이다(秋日於長王宅宴新羅客)〉《가이후소(懷風藻)》 71번
大江千里, 《고킨슈(古今集)》 271번
在原業平, 《고킨슈》 268번
紀貫之, 《고킨슈》 276번
작자 미상, 《고킨슈》 278번
世阿彌, 《후시카덴(風姿花伝)》
《고슈이슈(後拾遺集)》 349번
清蔭, 《고센슈(後撰集)》 963번

집필진 약력

| **김문성** | 고려대학교 신문방송학과 졸업. 언론중재위원회 심의실 근무. 경서도명창 고 김옥심추모사업회 회장, 현재 국악방송에서 〈김문성의 신민요 80년〉을 진행하고 있다.

| **김문학** | 조선족 3세로 중국 심양에서 태어남. 동북사범대학 일본문학과 졸업. 일본 도시샤(同志社) 대학교 대학원 졸업. 교토 대학교 객원연구원 역임. 히로시마 대학교 박사과정 수료. 현재 일본 쿠레 대학교 사회정보학부 강사. 저서로는《반문화 지향의 중국인》,《한중일 3국인 여기가 다르다》,《벌거숭이 삼국지》등이 있다.

| **김병종** | 동양철학 박사. 서울대학교 미술대학장 역임. 현재 동 대학교 미술대 동양학과 교수. 대영박물관, 온타리오미술관, 국립현대미술관 등에 개인 작품 소장. 국내외 개인전 21회 실시. 대한민국문화예술상, 미술기자상 수상. 저서로는《중국회화연구》,《화첩기행》등이 있다.

| **김상환** | 한학자, 고문헌연구소 소장, 현재 고문헌을 수집·정리하며 한시와 초서, 주역 등 고전을 강의하고 있음. 탈초, 해제, 국역한 책으로는《표암 강세황》,《설촌가수집 고문서집 가장 간찰첩집》,《한국간찰자료선집4》,《일체경음의》,《각사등록1》등이 있다.

| **김용철** | 서울대학교 고고미술사학과 학사·석사. 도쿄 대학교 미술사학과 박사. 일본과 한국을 중심으로 한 동양미술사 전공. 현재 성신여자대학교 대학원 미술사학과 초빙교수.

| **김종덕** | 서울대학교 농생물학과 졸업. 경희대학교 한의과대학 및 동 대학원 졸업. 한의학 박사. 현재 순천향대학교 및 열린사이버대학교(OCU) 강사. 사당한의원 원장, 농촌진흥청 고농서 국역위원. 저서로는《사상체질을 알면 건강이 보인다》,《이제마평전》등이 있으며,《국역 식료찬요》(번역)가 있다.

| **김충영** | 한국외국어대학 일어과 졸업. 일본 중세문학 전공, 일본 쓰쿠바(筑波) 대학 박사과정 수료, 문학박사. 현재 고려대학교 문과대학 국제어문학부 일어일문학과 교수. 저서로는《일본 고전의 방랑문학》등이 있다.

| **김현자** | 이화여자대학교 국문학과 졸업. 동 대학에서 석사·박사 학위 받음. 현재 이화여자대학교 국문학과 교수. 저서로는《시와 상상력의 구조》,《한국 현대시 작품 연구》,《한국 여성 시학》등이 있다.

| **박석기** | 청구대학교 영문과 졸업. 콜럼비아대학교 언론대학원 졸업(상징사전 연구). 한양대학교 언론학 강사 역임. 현재 한국유엔협회 이사. 한국문화상징사전 책임 편찬. 논문으로《커뮤니케이션으로서의 전설 루머》가 있다.

| **방병선** | 서울대학교 공과대학 및 동 대학원 졸업. 동국대학교 대학원 미술사학과에서 석·박사 학위 받음. 현재 고려대학교 고고미술사학과 교수. 저서로는《조선후기 백자연구》,《순백으로 빚어낸 조선의 마음, 백자》,《토기 청자 2》(공저)가 있다.

| **손철주** | 국민일보 문화부장과 동아닷컴 취재본부장 역임. 현재 학고재 편집주간. 저서로는《인생이 그림 같다》,《그림 아는 만큼 보인다》등이 있다.

| **심경호** | 서울대학교 국문학과, 동 대학원 졸업. 교토 대학교에서 박사 학위 받음. 현재 고려대학교 한문학과 교수. 저서로는《한시로 엮은 한국사 기행》,《김시습 평전》,《한문 산문의 미학》등이 있다.

| 윤열수 | 원광대학교 사학과 졸업. 동국대학교 대학원 사학과 불교미술 전공. 동국대학교 미술사학과 박사과정 수료. 에밀레 박물관 학예실장, 삼성출판박물관 학예실장 역임. 문화관광부 문화재전문위원. 가회박물관 관장. 저서로는 《한국의 호랑이》, 《한국의 무신도》, 《龍, 불멸의 신화》 등이 있다.

| 이규태 | 연세대학교 졸업, 1959년 조선일보사에 입사하여 문화부장, 사회부장, 논설위원, 논설주간, 논설고문 역임. 저서로는 《한국인의 의식구조》(전4권), 《서민의 의식구조》, 《선비의 의식구조》, 《서양인의 의식구조》, 《동양인의 의식구조》, 《뽐내고 싶은 한국인》, 《한국 여성의 의식구조》(전2권), 《한국학 에세이》(전2권), 《신열하일기》, 《한국인, 이래서 잘산다》, 《한국인, 이래서 못한다》 등 100여 권이 있다.

| 이상희 | 고려대학교 법학과, 경북대 대학원 졸업. 진주 시장, 산림청장, 대구직할시 시장, 경상북도지사, 내무부 장관, 건설부 장관, 수자원공사 사장, 한국토지공사 사장 역임. 저서로는 《꽃으로 보는 한국문화 1·2·3》, 《우리 꽃 문화 답사기》, 《매화》 등이 있다.

| 이어령 | 서울대학교 문리과 대학, 동 대학원 졸업. 이화여자대학교 교수, 이화여자대학교 기호학연구소 소장, 《조선일보》, 《한국일보》, 《중앙일보》, 《경향신문》 등 논설위원 역임. 초대 문화부 장관. 현재 《중앙일보》 고문. 저서로는 《축소지향의 일본인》, 《흙 속에 저 바람 속에》 등이 있다.

| 이종철 | 서울대학교 인류학과를 졸업, 영남대학교대학원 졸업. 국립민속박물관 관장, 국립전주박물관 관장 역임. 현재 한국전통문화학교 총장. 저서로는 《우리 민속 도감》, 《서낭당》(공저)가 있다.

| 장숙환 | 이화여자대학교 사학과, 동 대학원 의류직물학과 졸업. 서울여자대학교 의류학과 박사 학위 받음. 현재 이화여자대학교 생활환경대학 의류직물학과 특임교수이며, 동 대학 담인복식미술관 관장. 저서로는 《전통장신구》, 《전통남자장신구》, 《우리 옷과 장신구: 韓國傳統服飾, 그 原形의 美學과 實際》(공저) 등이 있다.

| 정양모 | 서울대학교 사학과 졸업. 한국미술사학회 회장, 국립경주박물관 관장, 국립중앙박물관 관장 역임. 현재 연세대학교 국학연구원 객원교수·문화재위원, 문화재위원회 위원장. 저서로는 《고려청자》, 《너그러움과 해학》 등이 있다.

| 정재서 | 서울대학교 중국문학과 석사, 박사 학위 받음. 하버드 옌칭 연구소 연구원, 1994~1999 《상상》 편집위원 역임. 현재 이화여자대학교 중어중문학과 교수, 신화학자. 저서로는 《산해경역주》, 《불사의 신화와 사상》, 《한국 전통사상의 특성연구》, 《동아시아 연구, 글쓰기에서 담론까지》, 《동양적인 것의 슬픔》, 《도교와 문학 그리고 상상력》, 《정재서 교수의 이야기 동양신화》, 《만화이야기 동양신화》, 《세계의 고전을 읽는다 - 동양편 1·2》 (공저)가 있다.

| 진태하 | 국립대만사범대학 대학원 중국문화과 박사과정 졸업. 현재 명지대학교 국어국문학과 명예교수, 한국국어교육 학회 명예회장, 전국한자교육추진총연합회 상임집행위원장. 저서로 《生活漢文》, 《아, 白頭山》, 《東方文字뿌리》, 《漢字를 가장 쉽게 익히기》, 《IQ EQ 도전 漢字 1, 2, 3, 部首編》, 《완전정복 취업漢字》 외 다수가 있다.

| 최강현 | 홍익대학교 국어국문학과 교수 역임. 저서로는 《한국기행문학연구》, 《한국기행가사연구》, 《한국고전 수필신강》, 《조선외교관이 본 영치시대 일본》, 《조선시대 포쇄일기》, 《미수 허목의 기행문학》, 《계해 수로 조천록》, 《갑사 수로 조천록》, 《휴당의 연행일기 1·2》, 《기행가사 자료선집 1》, 《오우당 연행록》, 《홍순학의 연행유기와 북원록》, 《조선시대 우리 어머니》, 《보진당연행일기》가 있다.

| 허 균 | 홍익대학교 동 대학원에서 한국미술사 전공. 우리문화연구원징·문화관광부 문화재전문위원·문화재감정위원 ·문화재청 심사평가위원, 한국정신문화연구원 책임편수연구원 역임. 현재 한국민예미술 연구소장으로 활동 중. 저서로는 《전통미술의 소재와 상징》, 《고궁산책》, 《전통문양》, 《문화재 및 전통문화 관리기능의 효율적 방안연구》(공저), 《뜻으로 풀어본 우리 옛그림》, 《사찰장식 그 빛나는 상징의 세계》, 《한국의 정원, 선비들이 거 닐던 세계》, 《한국인의 미의식》 등이 있다.

비교문화상징사전
한·중·일 문화코드읽기는
동북아시아의 문화적 이해를 돕고자
유한킴벌리의 지원으로 출판됩니다.

한·중·일 문화코드읽기 | 비교문화상징사전

국화

책임편집 | 이어령
펴낸이 | 노영혜

기획위원 | 문국현 이은욱
편집위원 | 이규태 박석기 정철진
편집책임 | 오세기
편집진행 | 이영란
경영관리 | 윤재환
경영지원 | 김영수 손경자
마케팅 | 박치원 김상수 김종찬 심미화
제작 | 이창형

펴낸곳 | 도서출판 종이나라(주)
경기도 양주시 광적면 우고리 86-4 (우 482-845)
서울사무소 | 서울시 중구 장충동1가 62-35 종이나라빌딩 6층 (우 100-391)
전화 | 2264-7667 FAX | 2264-0671
홈페이지 | www.jongienara-book.co.kr

등록일자 1990. 3. 27
등록번호 제1호

초판 1쇄 인쇄 2006. 4. 10
초판 1쇄 발행 2006. 4. 20

ⓒ 유한킴벌리, 2006
이 책의 저작권은 유한킴벌리(주)에 있으며, 내용과 그림은 허락 없이 사용할 수 없습니다.
이 책의 판매권은 (주)도서출판 종이나라에 있습니다.

ISBN 89-7622-404-3 04380
세 트 89-7622-400-0 04380

·저작권자와 협의하여 인지는 붙이지 않습니다.
·잘못 만들어진 책은 바꿔 드립니다.

※ 알림: 〈한·중·일 문화코드읽기〉에 게재된 참고 도판은 사전합의에 의해 사용했으며, 저작권자의
소재 파악이 불가능한 몇몇 도판은 부득이하게 게재했사오니 연락주시면 소정의 게재료를 지불하겠
습니다. 이 점 양지해 주시기 바랍니다.